novum pro

Andrä Christ

Gott-Engel-Mensch-Teufel-Wahrheit
Sinn des Lebens

novum pro

www.novumverlag.com

Bibliografische Information der Deutschen Nationalbibliothek:

Die Deutsche Nationalbibliothek verzeichnet diese Publikation in der Deutschen Nationalbibliografie. Detaillierte bibliografische Daten sind im Internet über http://www.d-nb.de abrufbar.

Alle Rechte der Verbreitung, auch durch Film, Funk und Fernsehen, fotomechanische Wiedergabe, Tonträger, elektronische Datenträger und auszugsweisen Nachdruck, sind vorbehalten.

© 2013 novum publishing gmbh

ISBN 978-3-99026-849-0
Lektorat: Dr. phil. Ursula Schneider
Umschlagfoto:
Mike_kiev | Dreamstime.com
Umschlaggestaltung, Layout & Satz:
novum publishing gmbh
Innenabbildungen: Andrä Christ (55)

Die vom Autor zur Verfügung gestellten Abbildungen wurden in der bestmöglichen Qualität gedruckt.

Gedruckt in der Europäischen Union auf umweltfreundlichem, chlor- und säurefrei gebleichtem Papier.

www.novumverlag.com

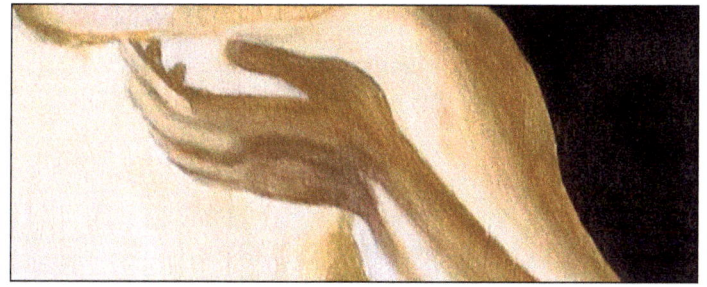

Der Herr reicht uns seine Hand,
ergreifen muss sie der Mensch selbst.

Vorwort

Diese Schrift ist bestimmt kein Unterhaltungsroman, im Gegenteil. Sie rüttelt an den inneren Grundfesten der Menschen, welche dem Glauben an das Göttliche nicht mehr zugetan sind. In unserer Gesellschaft ist das eine große Mehrheit. In dieser Schrift geht es im Wesentlichen wieder um die Wahrheit über den Sinn in unserem menschlichen Leben.

Vorweg: Mein größter Dank geht an das „Göttliche", es gab mir die Initialzündung, dieses Buch zu beginnen, und während des Schreibens die Gnade, die volle Wahrheit zu erhalten und diese niederschreiben zu dürfen. Dies zu erleben war das Größte und Erhabenste in meinem Leben, nämlich die Liebe des Herrn zu empfinden. Es gab für mich noch eine Hilfe, eine Hilfe, welche mir zur Seite stand, wenn Zweifel aufkamen, wenn die irdische Bodenhaftung ins Wanken geriet, wenn tiefe Gespräche erforderlich wurden, wenn es darum ging, mich von profanen, beruflichen Dingen freizuhalten. Meiner Frau war es gegeben, diese Leistungen neben ihren beruflichen und familiären Erfordernissen zu vollbringen. Hier sage ich ein inniges Dankeschön für den großartigen Einsatz, welchen Du, meine Liebe, für dieses Buch geleistet hast.

Einleitung

Diese Schrift stellt dem Grunde nach eine Klage des Herrn an die gesamte Menschheit dar und wendet sich im Wesentlichen an die drei folgenden menschlichen Grundeinstellungen.

Für den gläubigen Menschen könnte seine Zugehörigkeit zu Gott eine wesentlich festere werden.

Für den „gläubigen" Atheisten ist es so: Dieser glaubt ohnehin nur an sich selbst, an seine Unfehlbarkeit, und hat die feste Überzeugung, dass nach dem Tod eine weitere Existenz tabu sei. Mit dieser etwas billigen Masche erlauben sich solche Charaktertypen eben alles, meist in negativer Hinsicht für die Mitmenschen. Trotzdem wäre es auch für diese Menschen von Vorteil, sich dieser hier beschriebenen Tatsache, wenn auch nur mit einem kleinen arroganten Seitenblick, anzunehmen. Spätestens nach ihrem Tod werden die Seelen dieser Verstorbenen, nämlich ihr eigenes Ich, brutal mit der Wahrheit konfrontiert werden. Das sollten sie schon jetzt bedenken.

Für alle anderen Menschen, welche zwischen den zwei vorgenannten Varianten liegen, lässt sich durch diese Schrift Enormes oder auch weniger bewirken. Ein gewaltiger Anstoß, je nach Ausgangsposition, wird trotzdem zum Guten stattfinden.

Ich bitte den Leser, beim Studium dieser Niederschrift langsam vorzugehen. Bei besonders anspruchsvollen, tiefen Passagen einmal nur „darüberrumpeln" und prüfen, wie Ihr Unbewusstes, Ihre Seele reagiert, denn auch für Sie ist das meist absolutes Neuland dieser beschriebenen Tiefgänge. Es ist egal, wie lange Sie brauchen, wie oft Sie manche Abschnitte lesen, wie oft Sie dieses Buch weglegen oder aber später wieder danach greifen werden – oder

Sie werfen es enthemmt in eine Ecke, aber Sie werden es irgendwann wieder aufheben. Egal, es ist die Pflicht jeden Lesers, etwas davon in seine Seele zu versenken, erfühlend zu lernen, lernen, Gott entgegenzugehen, denn er wird niemals mehr mit seinem Reich auf Erden kommen. Lernen Sie, wieder zu beten, wenn Sie in Not sind, den „Vater unser" hilft. Das, was Ihnen hier mitgeteilt wird, werden Sie kaum in dieser Art jemals vorher erfahren haben. Aber eines ist sicher, Sie werden aus dieser Thematik als Neugeborener, Gläubiger, glücklich wissender Mensch hervorgehen, falls Sie guten Willens sind, denn das ist der wahre Sinn dieser Schrift.

Der größte Gewinn im Leben eines Menschen kann nur sein, die Wahrheit zu finden und mit dieser Gott näher zu kommen. Ohne den wahren Glauben an den Herrn, an unseren Gott-Vater ist jedes beseelte Wesen (beseelt sind ohne Ausnahme alle, auch die, welche dies ablehnen) schutzlos dem Luziferischen preisgegeben.

Der Verfasser

Unsere heutige, hochtechnisierte Welt, die sogenannte Erste Welt, vollgepfropft mit hochintelligenten, hochintellektuellen Menschen, Wissenschaftlern aller Spezialgebiete. Das Ziel all dieser ist es, die Welt von morgen zu konstruieren. Diese Welt wird täglich neu konstruiert, mit einem unvorstellbaren Aufwand an Geld- und Menschenopfern. Diese Konstrukteure haben immer nur eines im Sinn, sie arbeiten für und am Menschen der Zukunft. Ein Teil dieser Wissenschaftler will unbedingt herausfinden, wie das Universum entstanden ist. Der sogenannte *Urknall* hätte alles, auch die Menschheit, ins Rollen gebracht. Der Aufwand dafür ist unvorstellbar.

Die chemische Industrie erfindet immer neue Mittel, um die Ernährungsgrundlage der Menschheit zu verbessern. Es gibt Versuche, mit Chemie Unkraut zu entfernen und neue Pflanzen zu erfinden.

Die Pharmaindustrie arbeitet ständig hochintelligent an chemischen Produkten, welche den Menschen bei Krankheiten helfen sollen.

Die technische Medizin erfindet immer tollere Maschinerien, um Krankheiten besser erkennen zu können bzw. den Tod weiter hinauszuschieben.

Die Fahrzeug- und Flugindustrie, die Kücheindustrie, die Möbelindustrie, die Gesundheits-, Erholungs- und Unterhaltungsindustrien, sie alle arbeiten hochspezifisch, immens motiviert, mit unglaublich wunderbaren neuen Verbesserungen aufwartend, am Wohl des Menschen. Alles muss noch besser werden, dem Menschen soll es durch die gewaltigen Initiativen all dieser Macher immer besser gehen in dieser Welt, immer besser.

All die vorher genannten Konstrukte sind im Prinzip wirkungslos bis kontraproduktiv, denn dem Großteil der

Menschheit geht es in Wirklichkeit immer schlechter. Nur denen, welche aus diesen Gegebenheiten Kapital schlagen, denen geht es scheinbar wirklich gut. Wie lange noch? Eigentlich müsste die Menschheit doch längst resigniert haben, aber nein, es kommen wieder Junge nach und jede Generation will das Rad für sich neu erfinden. Niemand nimmt das gute Alte und baut daran weiter, wie es so schön formuliert heißt – „Weiter auf Generationen aufbauen."
Das viel zitierte Schicksal mussten die Menschen einfach hinnehmen, die schlimmsten Dinge durchstehen ohne Gegenwehr, nicht einmal die viel gerühmte Wissenschaft hatte irgendeine brauchbare Aussage zum Phänomen des Schicksals. Man wusste nur, es schlug zu, unerwartet, und zwar bei jedermann, d. h. es gab immer nur eine Wirkung, die sicht- und greifbar war, aber wo blieb die Ursache? Niemand kümmerte sich darum oder fragte nach dieser *Ursache*, ist sie geheim? Nur für die Dummheit und Trägheit ist diese Ursache geheim. Würde das Auffinden der Ursache erforscht und Allgemeingut werden, wäre das die Hoffnung auf ein besseres Leben. Allerdings mit vorheriger, oft schwerer Abarbeitung von karmischen Belastungen, aber der Lohn bliebe nicht aus, falls dieser Weg beschritten würde, angefangen beim einfachen Arbeiter bis zum höchstdotierten Wissenschaftler, Politiker usw.
Die Liebe der Menschen zwischen Mann und Frau, zwischen Homos und Lesben begründet sich in erster Linie aus der Sucht nach Erotik. Das Kommen und Vergehen dieser Lieb- oder Leidenschaften hat eigentlich einen nicht erklärbaren Hintergrund. Der uns einleuchtende Grund ist eigentlich nur der Zweck der Vermehrung. Von dem himmlisch scheinenden Liebesverhältnis bis zum Absturz in die elende Jammersphäre ist oft nur ein kurzer Zeitraum. Den einen trifft es mehr, den anderen weniger. Es geht vorbei und man verliebt sich wieder, oftmals oder auch selten. Die Gefühlswelten können dabei von himmelhoch jauchzend

bis zu Tode betrübt sein, länger oder kürzer verweilen. Am meisten dann, wenn nur die erotische Komponente wirksam ist. Natürlich bedient man sich auch dafür des Wortes Liebe. Wenn bei dieser Art von Liebe auch noch Kinder ins Spiel kommen, dann kann es dramatisch werden. Meistens sind es dann die Frauen, welche stärker leiden, ganz zu schweigen von den heranwachsenden Kindern.

Die sogenannte Liebe war schon immer ein Grund für Mord, Totschlag, Kriege und Verbrechen. Die Eifersucht war die Triebfeder für solche Ungereimtheiten im menschlichen Leben, wobei man Eifersucht gekoppelt mit Angst sicher auch erwähnen muss. Jeder Mensch war, ist oder wird irgendwie in dieses Phänomen involviert, nicht wissend, dabei in die größte karmische Falle zu tappen oder getappt zu sein. Ist es wieder das Schicksal jedes Einzelnen oder ganzer Völker, welches hier grausam oder himmlisch, ohne sichtbaren Grund, warum, eigentlich wie spielerisch (das Schicksal spielt den Ball) eingreift?

Die Liebe kommt, die Liebe geht und hinterlässt meist einen Scherbenhaufen voller unverdauter Gefühlswelten. Wenn die Ahnungslosigkeit der Menschen weiterhin siegt, dann muss man das alles wohl dem nicht berechenbaren Schicksal, vermischt mit Zufall, zuordnen, eben für diesen Teil der Ahnungslosen. Für die wahre Liebe, auch in Verbindung mit der Erotik, bedarf es mehr. Jeder Partner sollte für sich gut im Leben stehen können, durchwachsen mit ethischen Anlagen einer gewissen Interessensgleichheit – und das Wesentliche: Harmoniebedürfnis unter Einbeziehung des Höchsten, nämlich Gott. Wenn man sich dann zueinanderneigt und gemeinsam diese Eigenschaften weiterträgt und diese auch dem Nachwuchs mitgeben kann, dann sind der wahren Liebe keine Grenzen gesetzt, man könnte sie dann als „himmlisch" bezeichnen.

Diese Art einer Beziehung erfordert Grundlagen. Nicht das Schicksal spielt hier Regie, sondern das positiv erarbeitete Karma von jedem der beiden, denn beide mussten diese Vorarbeit – vorbereitend – bereits geleistet haben. Zusammen sollte man die größte Liebe, die Liebe, welche über allem steht, die Liebe zu Gott erreichen. Diese ist nur dann erreichbar, wenn einem Gott vorher seine Liebe schenkt. Nur so kann die wunderbarste Liebe im gesamten Universum entstehen und ewig wirken.

Das, was wir Menschen beim Ausdruck „Schicksal" empfinden, ist ein Wirrwarr von Gedanken, Gefühlen, Annahmen, Erleben, Erleiden und etwas niemals „Fassbares".

Alle Völker und alle Menschen haben das Schicksal in seiner Wirkung erlebt, sie haben diese Kraft nach oben und von oben kommend projiziert. Von den Göttern, von der Vorsehung, von allen sonstigen Vorstellungen. Das „Schicksal" wurde dem Menschen auferlegt. Schwer oder leicht, voll Freude oder grausam. Von alters her bis heute – ein völlig ungeklärtes „Schicksal!" Eine willkürlich auftretende Veränderung aus allen möglichen Gründen, manchmal auch ohne Gründe, scheinbar hervorgerufen aus dem

Nichts. Ein klassisches Produkt dafür ist Verdis Oper „Die Macht des Schicksals".

Das Schicksal trägt eine gewaltige Macht, in alle Richtungen weisend, in sich, eine Macht aus dem Bösen und eine Macht aus dem Guten.

Alle Völker und die Menschen aller Zeiten erleiden grausame Schicksalsschläge oder erfahren fallweise kurzfristig auch Gutes. Das trifft auf Glaubens-Institutionen aller Richtungen, auf einzelne Menschen, auf große Herrscher und Feldherren genauso zu wie auf einzelne Kleriker und sonstige Berufssparten. Die Philosophen haben darüber Tausende von Abhandlungen geschrieben, aber nur die wenigsten entsprachen der Wahrheit. Weltreligionen, Konfessionen, Sekten usw. stellten mit sehr wenigen Ausnahmen die absurdesten Überlegungen an, um das Schicksal zu erklären oder gar zu beweisen – allerdings für diese meist zum eigenen Vorteil.

Aus den Uraltüberlieferungen und Schriften wissen wir, dass immer und überall auf dieser Welt das Schicksal auf Völker, Nationen und Menschen einwirkte und dass das bis heute nicht anders geworden ist. Die Wirkung des Schicksals macht vor niemandem halt, weder vor Arm, Reich, Gut, Schlecht, Gescheit, Dumm, König, Kaiser, Frau oder Mann, es ist nicht berechenbar.

In Wahrheit ist es keine ungezügelte, nur auf das Verderben des Menschen ausgerichtete Macht, es ist auch keine von den Menschen nach „oben" zu den Göttern oder sonstigen Fantasiegebilden projizierte Macht. Es ist auch keine Macht des Zufalls, die Macht des Schicksals. Es ist eine exakte, präzise, zielorientierte, unfehlbare, gnadenlose, durch nichts zu beeinflussende Macht. Diese Macht gibt es seit der urmenschlichen Generation, der bereits beseelten menschlichen Generation, also seit es uns Menschen überhaupt gibt.

Der Herr selbst hat diese Macht eingewoben in seine Gesetzlichkeit. Diese Macht ist ein Wunderwerk, ähnlich einem zentralen, universellen, geistig spirituellen Computersystem. Für unser doch sehr beschränktes, sterbliches Gehirn einfach nicht vorstellbar. Jedes menschliche Wesen seit Urzeiten ist in dieses System exakt involviert und wird es so lange bleiben, bis die Wiederverbindung mit Gott unserem Herrn erfolgt sein wird. Wir müssen den „Herrn", der über allem steht und auch das Wesen Mensch in die Welt gebracht hat, unbedingt in unsere Überlegungen mit einbeziehen. Wie an anderer Stelle die menschliche Entstehung erläutert wird, ist es vorstellbar, dass der Herr für seine neuen (alten) Wesen in einer vollkommen geänderten Lebensumgebung auch entsprechende Gesetzes-Grundlagen schaffen müsse.

Sinn der Menschwerdung war, den Ungehorsam seiner „Kinder" auch bestrafen zu können, ihnen aber trotzdem den Weg zurück zum Herrn unter bestimmten Voraussetzungen offen zu lassen. So wurde eben das erwähnte System geschaffen, welches jedes einzelne menschliche Wesen in seinen gesamten Lebensläufen verfolgt, beobachtet und sämtliche Taten, ob gut oder böse, exakt aufzeichnet. Das war eine Vorsichtsmaßnahme des Herrn. Seine Kinder waren ja enorm veränderten Lebensweisen ausgeliefert, aber es war das, was sie wollten. Ihre eigene Entscheidungsfreiheit, die hatten sie damit erhalten und mussten nun mit dieser neuen Verantwortung umgehen lernen. Jeder Mensch, wie bereits bekannt, durchläuft seit seiner Erschaffung Leben, Tod und Wiedergeburt in ununterbrochener Folge, so lange, bis seine Läuterung erreicht ist, um in seine Urheimat bei Gott heimkehren zu dürfen. Wie bei so vielem sind die Menschen auch bei dieser Tatsache ahnungslos.

So kommen wir auf den Punkt dieses Systems, dieser sogenannten Macht. Diese Macht ist kein Schicksal, ist nicht willkürlich, diese Macht hat eine Ursache und natürlich eine Wirkung. Diese Macht ist ein von Gott geschaffenes Gesetz, das Gesetz des Karmas.

Dieser Name hat sogar einen großen Bekanntheitsgrad. Es gibt menschliche Gemeinschaften, welche ganz normal nach diesem Gesetz leben. Auch Philosophen hatten den Sinn des Karmas erkannt, leider aber nur sehr wenige. Auch einige östliche Religionen und vor allem noch existierende Naturreligionen tragen das Karma in sich. Die katholische Kirche hat das Karma bereits vor ca. 350 Jahren nach dem „Geschehen" auf Golgatha verworfen ... leider!
Und wir, wir Super-Intelligenten der heutigen Zeit, lehnen diesen „Unsinn" natürlich auch ab. So etwas hat doch im 21. Jh. keinen Platz, wir sind längst von unserer großartigen Technik und Wissenschaft viel besser aufgeklärt und unsere eigenen Herren geworden. Erschreckende 95 % der Menschheit leben mit diesen oder ähnlichen Gedanken ahnungslos dahin und werden weiterhin von ihrem unerklärbaren Schicksal geschlagen. Es wird nicht einmal nach der Ursache gefragt. Aber es ist die Wahrheit, darüber gibt es keinerlei Disput. Dem dummen Ahnungslosen reicht eben auch die Wirkung, die spüren sie wenigstens. In unser heutiges, bis in den Himmel hochgejubeltes Wissen und die Technik auf allen Gebieten mischt sich bereits ein großes Unbehagen, auch unter den Wissenschaftlern. Die Zeit könnte auch da vielleicht heilsam werden. Im Grunde genommen ein sehr logisches, einfaches Gesetz. Die Norm sagt, für jede schlechte Tat, egal welcher Art, gibt es je nach Schwere ein genau abgestuftes Punktesystem, in diesem Fall einen Minuspunkt. Die guten Taten erhalten genauso, je nach Wirkungsgrad, einen Pluspunkt. Die Genauigkeit von + und − ist gespeichert und abrufbar. Es lässt sich zu jedem Zeitpunkt die jeweilige karmische Belastung eines Menschen in % von 100 sofort in + oder − stehenden Zahlen ablesen. Da auch alle menschlichen Gedanken in dem System aufbereitet werden, können sich Ergebnisse vor einer Stunde zur nächsten schon wieder verändert haben, natürlich auch in Sekundenbruchteilen. Der Mensch

ist ja so von sich eingenommen, dass er meint, nur er könne Computersysteme gestalten. Wir als lächerliche Spezies waren noch nicht einmal irdisch, da wurde schon das Universum von Urzeiten an gelenkt, gelenkt mit seinen gesetzten Maßnahmen. Das unbestechliche Gesetz des Karmas sollte eigentlich den Menschen voll und ganz bewusst sein, damit wäre ein vernünftiges, vertrauensvolles Miteinander gewährleistet.

Wir Menschen leben in einer eigentümlichen Weltanschauung: Gehen wir von der in hohem Ausmaß voranschreitenden Naturzerstörung aus, einer Zerstörung, welche einer unvorstellbaren Gier Einzelner und ihrer Umgebung nach Reichtum entspringt. Jede Generation seit der voranschreitenden Technik ist daran beteiligt. Die heutigen „Sager" gehen mit einer grausamen technischen Zerstörung ans Werk, ohne Rücksicht auf die nach ihnen kommenden Generationen. Ihre Kinder und Enkel, so denken sie wahrscheinlich, würden das von ihnen geschaffene Vermögen und sonstige Werte und Werke noch genießen können, dann, ja dann „hinter mir die Sintflut", schließlich lebt man ja nur einmal.

Wir Menschen machen es uns leicht, eben zu leicht. Die genannte Anschauung trägt sich ja in alle Schichten der Menschen hinein, was hinter mir sein wird, ist egal. Und so wird unser von Gott gegebenes Erbe seit Anbeginn der Menschheit zerstört, zerstört von der Triebfeder „Gier". Die Annahme dieser vorbeschriebenen Tatsachen unterliegt nur einem gewaltigen Irrtum.

Diese Mächtigen von gestern, zusammen mit ihrer Generation, sind dann selbst die „Nutznießer" der von ihnen gewünschten Sintflut. Ja, sie selbst sind es, die wieder hineingeboren werden in das vorher von ihnen verursachte Chaos in ihrem damaligen Leben. Nun stehen sie selbst in Armut, Verzweiflung, Not und Krankheit in diesem Leben, in das sie wieder hineingeboren wurden, welches sich jetzt geprägt zeigt von ihrer vorherigen Gier.

Wir Menschen stehen vollkommen ahnungslos den wahren göttlichen Kräften und Gesetzen gegenüber, welche an uns ihre Anwendung finden. In diesem Fall das ewige Rad der Wiedergeburt, bis wir uns selbst daraus befreit haben.

Heute bin ich nach langem Studium, aus purer Neugierde begonnen, aus enormem Interesse fortgesetzt, zuletzt mit der wunderbaren Führungshilfe des Herrn zu einem Ergebnis gekommen – zum Ergebnis der Wahrheit. Der Sinn des menschlichen Lebens steht klar vor mir, vom Herrn bestätigt. Unglaublich, aber doch wahr. Diese Wahrheit ist einfach logisch, vom menschlichen Sinn gesehen.

Vor einem sehr langen Zeitraum befand ich mich in himmlischen Sphären als ein rein geistiges, mit gewaltiger Energie aufgeladenes, spirituelles Wesen, zusammen mit zahlreichen Ebenbildern. Da für uns weder Zeit noch Raum galt, konnten wir uns mit unserer Energie im gesamten Bereich unseres Sonnensystems frei und blitzschnell bewegen. Unsere „Aufgabe" war, diese unendlichen Weiten mit harmonischer Energie zu gestalten. Der von uns über alles geliebte Herr war Gott, unser Vater.

Sämtliche Planetensysteme „im Himmel" bestanden ebenfalls aus geistig spirituellen Energiebündeln, waren also keinerlei Festkörper. Für die Vorstellungskraft eines menschlichen Gehirns ist diese Sphäre nicht wirklich zu verstehen oder zu beschreiben. Dazu kann nur eine gewaltige Gefühlsenergie mit spirituellem Einschlag etwas aussagen. Das Erfassen dieser Dimensionen und Wesen ist mit den Gedanken eines sterblichen, menschlichen Gehirns fast unmöglich. Der erforderliche Aufbau von mehreren Hierarchien misst sich an den unendlichen Weiten des Universums. Die hierarchische Aufgabenteilung ist pyramidenförmig von oben nach unten zur Basis gegliedert und besitzt ein großartiges

Zusammenspiel von Welten und Wesen ungeahnten Ausmaßes. Für uns unvorstellbar: Es gibt hier nur das „Gute" in diesen Welten, angereichert mit Harmonie und Liebe. Bedeutend für uns Menschen ist die unterste Ebene dieses himmlischen Reiches. Das ist die Ebene, in der die Seelen der jeweils verstorbenen Menschen zuwandern, wohl schon behaftet mit einem Geistkörper. Die Ankunft auf dieser Ebene ist eher triste. Alle in Geistkörper umgewandelten Seelen sind aus dem menschlichen Dasein mit einer mehr oder weniger karmischen Belastung behaftet, d. h., sie haben aus ihrer Lebenszeit eher „schlechtes Tun" mitgebracht. Daraus resultiert auch das grausige Gefühl in dieser neuen Situation. Es ist ein trübsinniges Hin- und Herwandern ohne Sinn und Ziel, dies mit allen anderen Wesen und den ständigen Neuzugängen. Alles düster – mit keinerlei Anweisungen. Beim Übergang in den Todeszustand wird einem noch sein vergangenes Leben abgespielt und da gibt es genug Punkte zur Beunruhigung. Fast alle wollen natürlich zurück in die menschliche Welt, in die gewohnte Umgebung, zu ihren Lieben und Angehörigen. Das können sie auch kraft ihrer Form- und Substanzlosigkeit als Geistkörper. Es ermöglicht ihnen, sehr rasch überall hinzukommen, entgegenstehende feste Körper bilden kein Hindernis. Der nächste Schock: Alle noch Lebenden, welche sie durch den Tod verlassen mussten, sind vollkommen unempfindlich gegenüber den Annäherungsversuchen der toten Geister. Eine Verständigung ist ausgeschlossen. Vielleicht gelängen ihnen ein Windhauch, ein Poltern oder sonstige kleine Annäherungsversuche, aber die Lebenden können mit derartigen Andeutungen nichts anfangen, sie stehen in Trauer. Und so können die Toten ihr eigenes Begräbnis mit ansehen und das ist für sie in dieser ohnehin misslichen Situation nicht gerade erbauend. So oder so ähnlich ist die unterste himmlische Ebene zu beurteilen. Als Vorbereitung für uns alle, wenn es einmal so weit ist, denn der Tod kommt todsicher.

In der Verzweiflung einer so grauen Situation lernt so manches Wesen wieder beten, nachdenken, was im Leben alles schlecht getan wurde, sodass es Reue überkommt. Für diese Wesen, welche wieder beten und bereuen können, tut sich ein Licht auf, eine Hoffnung, die sofort wieder zusammenbricht, wenn die Sehnsucht zurück zur Erde ausbricht, zu stark wird. Sofort wird das allgemeine Befinden wieder sehr schlecht. Es ist eine Frage des seelischen Gefühls, bis man dahinterkommt, dass die Sehnsucht zurück in die irdische Vergangenheit alles wieder schlechter macht, während die Hinwendung an das Edle, an das Gebet, an die Reue, an Gott Vater ein helles, verschönertes Erleben bewirkt.

Mir bekannten verstorbenen Menschen, welche sich aus dieser grauen Situation meldeten, diesen Seelen durfte und konnte ich große Hilfe leisten, wenn sie guten Willens waren. Fast alle wurden in eindringlichen Beratungen und Gesprächen so weit gefördert, dass sie bald diese schaurige Ebene verlassen durften und in die nächste höhere, wesentlich hellere und schönere Ebene wechseln durften. Für mich waren das immer enorme Erfolgserlebnisse. Für jede gerettete Seele bin ich dem Herrn dankbar, vor allem dafür, dass er mir die Kraft und die Möglichkeit für diese Hilfeleistung gegeben hat. Es klingt für die Kleingläubigen, nur dem materiellen Denken Hingegebenen, unglaubwürdig. Das wird allerdings für diese später ein Problem, denn nach ihrem jeweiligen Ableben werden sie zwar nur einen geringen Teil der Wahrheit erleben, aber immerhin so viel, um ihre Ungläubigkeit anzuzweifeln. Einige sehr harte Hürden werden sie wohl noch nehmen müssen, bis eine kleine Läuterung eintritt.

Wo ist jetzt eigentlich mein Thema geblieben?

Mein damaliges Leben in diesem wunderbaren Reich des Himmlischen bei Gott war schön und herrlich. Warum sich damals etwas bei unseren engelhaften Freunden einschlich, ist schwer nachzuvollziehen. Vielleicht hat der Herr selbst ein bisschen nachgeholfen, um aus der vorhandenen Statik mehr Dynamik in das Weltgeschehen hineinzubringen. Jedenfalls kam eine gewisse Unzufriedenheit in der Engelsmenge auf, immer schön war vielleicht auch nicht mehr schön, so könnte die Empfindung gewesen sein. Eigentlich sehr „menschliche" Gedanken. Gewisse Teile der Himmelsmannschaft wurden etwas aufmüpfig.

Das Ziel war, mehr Selbstständigkeit, mehr eigene Entscheidungsmöglichkeiten zu haben. Wie das gehen sollte, war natürlich nicht in ihrer Vorstellung vorhanden. Zwischen was sollte man sich entscheiden dürfen? Denn das Gute oder Böse als Entscheidungsträger gab es ja nicht. Egal wie, man wollte nach undenklichen Zeiträumen einmal etwas anderes. Eine kleine Revolte nahm ihren Anfang. Auch ich schloss mich ihr an, ohne eine Ahnung, einfach so. Das erinnert wieder an menschliche Eigenschaften, wie wir sie bis heute ständig erleben.

Der Herr unser Gott hatte sich schon einen Plan zurechtgelegt, aber diesen behielt er noch bei sich. Jedenfalls, bis die Zeit gekommen war, denn dann würde es den Stoff – Zeit, Raum, Gut und Böse – geben, aber das musste ja alles erst geschaffen werden. Heute kann ich niederschreiben, wie der Plan aussehen sollte:

1. Im bestehenden Reich konnte es einfach keine Differenzierungen geben, da es keine gegensätzlichen Pole gab.
2. Also musste das Böse in Form des luziferischen Prinzips ins Boot geholt werden.
3. Eine Wohnmöglichkeit für die neu zu gestaltenden Wesen musste ebenfalls geschaffen werden.
4. Der Planet Erde wurde dazu auserwählt, dieses ganze Szenario aufzunehmen. Selbst noch in geistiger Energieform vorhanden, musste sie (die Erde) neben sich ein Double, aber in verfestigter, materialisierter Form, annehmen und dulden.
5. Dasselbe geschah mit allen Planeten in unserem Sonnensystem, somit bekam alles Geistige auch Feststoffliches verpasst.
6. Die Erde wurde in langen Zeiträumen verfestigt und mit Leben erfüllt, pflanzlicher, tierischer und menschlicher Natur, unförmige Lebewesen, die sich langsam durch die Zeiten bewegten.
7. Das Sterben nach einem bestimmten Lebensabschnitt wurde eingeführt. Der Tod trat in das neue Leben.

Wir alle da oben sahen das mit gemischten Gefühlen, konnten aber keinen Sinn darin erkennen, was der Herr mit diesen zusätzlichen Festformen, die er zu den bereits bestehenden geistigen schuf, wollte. Es war einfach ein Rätsel. Das Leben auf der Erde wurde immer mannigfacher, es lief nach dem Prinzip „fressen und gefressen werden".

Die menschliche Spezies hatte sich am meisten vorangebracht, Gruppen gebildet, Sprache entwickelt, Gerätschaften und eigene Wohnunterkünfte geschaffen. Das Leben verlief so, dass die notwendige Nahrung beschafft werden konnte, die Fortpflanzung erfolgte und alles in einer gewissen Harmonie stattfand. Es geschah ohne wirkliche Bösartigkeiten, jeder bekam, was er brauchte, war zufrieden und hatte noch nicht das Bedürfnis, seinen Nachbarn etwas wegzunehmen. In diese Situation hinein begann der Herr Veränderungen zu gestalten. In einer Großaktion wurden sämtliche Revolutionäre vom Himmel auf dieser neuen Erde jeweils in einen dieser menschlichen Körper inkarniert (es war synonym mit der Vertreibung aus dem Paradies). Die Seelen der Engel fanden sich plötzlich in einer menschlichen Gestalt wieder. Die Bewusstheit aus früherem Erleben schwand langsam. Jetzt kam auch die erwünschte Dualität ins Spiel. Das luziferische Prinzip wurde plötzlich wirkmächtig und der Teufel war somit los (sowohl als auch). Das Gute und das Böse im beseelten Menschen wurden Wirklichkeit und damit das, was ja gewollt wurde, nämlich selbst zu entscheiden und zu bestimmen, ganz nach dem eigenen Willen. Bei dieser gesamten Aktion wurden alle außer Sinnen gesetzt und konnten sich nicht zurechtfinden. Manche hatten die „Falle" des Herrn gleich erkannt und strebten aus Gründen der Sicherheit zurück, denn noch ging es, noch war nichts Böses geschehen in diesen neuen menschlichen Seelen. Luzifer hatte noch nicht zugeschlagen. Allerdings lag das Böse auf der Lauer und konnte sich bei manchen von uns schon einhaken. Mit dem Neid begann es und der Hass breitete sich dadurch auch langsam aus. Das Gegenpolige war voll im Gange, bis der erste Mord geschah (Kain und Abel). Ich selbst versuchte, mich auf einem Mittelweg einzureihen. Der Aufwand um das tägliche Leben nahm zu, die Gefahren durch die Dualität wurden größer. Das bisher uns nicht bekannte Altwerden, Tag und Nacht, Sommer und Winter, Leben und der Tod waren gewaltige Ereignisse und gewöhnungsbedürftig. Für diejenigen von uns, welche sich noch nicht in Gemeinheiten, Bosheiten usw. verstrickt hatten, war eine gewisse Verbindung via unserer Seelen mit dem Herrn vorhanden, es gab auch noch die Möglichkeit der Umkehr, wie vorweg schon erwähnt. Langsam dämmerte es uns, dass wir auf unser Leben selbst entscheidend einwirken und es gestalten können. Dass der Herr uns diese Art des Lebens zugedacht hatte, konnten wir nicht ahnen. Eigentlich kam es einer Strafe gleich, allerdings verdient. Andererseits bot diese Lebensart auch Interessantes in Form von neuen Gefühlswelten – anders als aus unserer gewohnten Liebe kommend. Hass, Schadenfreude, Bosheit, Gewalt, Todesangst, Krankheit und vieles mehr machten uns zu schaffen.

Der Herr hat uns Verhaltensweisen in Form der Zehn Gebote mitgegeben und uns wissen lassen, dass bei Verletzungen dieser Gebote saftige Strafen zu erwarten sind. Zu unserer Überwachung wurde eine gesetzliche Grundlage nebst genaueren Aufzeichnungen installiert. Später nannte man dies das karmische Gesetz.

Das Leben wurde sehr bunt und variabel. Allerdings machte der Luzifer immer wieder gute Freundschaften mit manchen von uns, mit tollen Versprechungen, falls sie die Gesetze und den Herrn nicht mehr ernst nehmen würden. Dafür versprach er, der Höllen-Fürst, ihnen Herrlichkeiten auf Erden, denn der Himmel war weit und dies war ohne Plage schnell zu erreichen. Die ersten Todesfälle traten aus Altersgründen ein. Es war erschreckend, wie das vorher noch volle Leben körperlich in den Zerfall überging.

Diejenigen von uns, welche den Anordnungen des Herrn treu blieben, wussten, dass die Seelen der Verstorbenen nach oben wanderten und auf einer der unteren Ebenen ein regeneratives Leben, fast wie früher als Geist-Energie-Körper, führten. Allerdings ging am Ende dieses Daseins der Weg durch eine neue Geburt wieder ins irdische Dasein über. Dieser Kreislauf Geburt-Tod-Geburt-Tod nahm seinen Anfang und hat bis zum heutigen Tage Gültigkeit. Allerdings hat die gesamte betroffene Menschheit davon bis heute keine Ahnung (bis auf ganz wenige).

Auch ich machte keine Ausnahme, der sogenannte 1. Tod erfasste mich und ich geriet in das Rad der Wiederholung. Nach meinen Recherchen dürfte es mir gelungen sein, diese gewaltigen Zeiträume karmisch mittelmäßig überstanden zu haben. Ich kam weder sehr nahe an die höllischen noch an die himmlischen Zonen heran. Im jetzigen Leben befand sich meine Seele bei meiner Geburt sogar im karmischen Plus-Bereich. Über die Vergangenheiten meiner Seele, d. h. meine jeweiligen Verkörperungen, habe ich noch wenig nachgeforscht, da dieselben für mich derzeit keine Wertigkeiten besitzen.

Jetzt wieder zurück zur allgemeinen Vergangenheit.

Der Mensch wusste von seinem jeweiligen Vorleben niemals etwas. Er hatte natürlich auch kein Wissen über seine karmische Belastung. Langsam, aber stetig nahmen die schlechten Eigenschaften der Menschheit allgemein über den gesamten Globus zu. Raub, Mord, Kriege und dgl. liefern uns aus der Menschheitsgeschichte Tausende von Beispielen.

Jetzt muss man einen Gedanken an das Karma heften. Generell ist anzunehmen, dass Menschen, die in ihren jeweiligen Leben sehr Schlechtes getan oder Verbrechen verübt hatten, für Kriege die Verantwortung trugen und dgl. mehr, dass diese im nächsten Leben in eine schreckliche, leidvolle Situation hineingeboren wurden und heute noch werden, so lange, bis … Diese Menschen müssen ein Vielfaches an Leid ertragen, wegen dem, was sie früher jemandem zugefügt hatten.

Wir wissen aus der Geschichte von grauenhaften Einzelschicksalen, wir wissen von der furchtbaren Verelendung ganzer Volksstämme, wir sehen das Leiden rund um uns. Es ist kaum vorstellbar, dass all das von dem Vorerwähnten herkommt. Die Menschen hadern immer mit ihrem Schicksal, aber es ist ihr eigenes Tun, von dem sie natürlich nichts mehr aus ihrem Vorleben wissen, denn das ist der eigentliche Grund. Nicht das Schicksal schlägt zu, sondern des Menschen grausame Taten holen ihn ein. Das Gesetz des Karmas erledigt den Rest bzw. sorgt eben für die Bestrafung dieser Taten. Im Grunde genommen hat das teuflische Prinzip seit diesen fernen Zeiträumen ganze Arbeit geleistet. Die Grausamkeit, die von Luzifer in das menschliche Wesen eingebracht wurde, hat sich verselbstständigt. Wenn ein Mensch in seinem jeweiligen neuen Leben ein gutes, anständiges, treues und gläubiges Leben führt, dann ist ein etwaiger Schicksalsschlag besonders unverständlich und sogar Gott wird nicht verstanden (Hiob). Das Karma verzeiht niemals getane Schlechtigkeiten. Wenn diese arg genug waren, kann ein Mensch mehrere Strafen und Geburten durchleben und er leidet noch immer an den vor langen Zeiten verübten unrechten Handlungen.

Wenn diese Tatsachen in der menschlichen Wahrnehmung Einzug hielten, dann könnte die Menschheit langsam einer Besserung entgegengehen.

Wenn ich mein enorm großes Wissen (getraue ich mir wirklich zu sagen) über die Wahrheiten dieses Lebens betrachte, sind sie nicht nur schön und gewaltig, sondern auch ebenso leidvoll und traurig, besonders die derzeitige Aussichtslosigkeit die Menschheit betreffend.

„Gott leidet"

Er leidet an dieser schlechten Situation, welche über seine „noch immer Kinder" gekommen ist. Wir Menschen leiden, Gott leidet – aber der Teufel lacht. Und genau dieser muss bekämpft werden. Er steckt in jedem Menschen und sorgt für dessen Schlechtigkeit, bei einem mehr, beim anderen weniger (genau wie dieser es zulässt). Die Menschheit muss sich des Teufels entledigen, den „inneren Schweinehund" ablegen, dann wird ihr Leid ein Ende nehmen und vor allem das größte Leid, das Leiden des Herrn, beendet werden. In Wirklichkeit liegt alles an jedem Einzelnen selbst.

Lerne beten, lerne Gott suchen, lerne DICH selbst kennen. Versuche es zumindest.

Denn irgendwann hat alles ein Ende, vor allem auch die Geduld unseres missachteten, geschändeten Herrn und Gott. Dann wartet mit Freuden auf uns alle die Hölle und ihr Chef, der Teufel, hat sein Ziel erreicht. Aus dieser wahren Trinität muss einer ausgeschieden werden zum Wohle eines Duos – Gott Vater und seine Kinder.

Die früheren, menschenähnlichen Körperwesen lebten und wuchsen zusammen mit den damaligen tierischen und pflanzlichen Lebensformen in dem ihnen von Gott gegebenen Natur-Lebensraum der damals noch etwas wilden Erde heran. Diese menschenähnlichen Wesen näherten sich körperlich in langen Zeitfolgen immer mehr dem Aussehen der Spezies Mensch. Ihre Lebensart glich aber noch der der tierischen Welt auf dem Niveau: fressen und gefressen werden.

Gott der Herr hatte diese materielle Welt mit all diesen Lebewesen aus der ehemals geistig spirituellen Welt heraus entwickelt, um lebens- und strafgerechte Bedingungen für seine aufmüpfig gewordenen Engel (gefallene Engel) aufzubauen. Diesen Himmelswesen ging es nämlich darum, mehr Selbstbestimmung und Entscheidung über sich selbst zu bekommen. In ihrer bisherigen Welt konnte nur über Gut oder Gut entschieden werden (was ja keine Entscheidung ist), das Böse gab es nicht, dieses musste der Herr nun auch in Form des luziferischen Prinzips in die neu von ihm geschaffene Welt hineinverweben. Im weiteren Verlauf dieser Neugestaltung der irdischen Lebensform sollten diese Engelswesen bzw. ihre Seelen in die körperhaften Menschenwesen inkarniert (eingewebt) werden, damit erhielt der Mensch ein *Ich*-Bewusstsein und wurde mit der unsterblichen Seele einer ehemaligen Engelsseele von Gott bedacht. Der nun materialisiert-seelische Mensch war geschaffen, konnte denken und das Wesentliche war, er konnte für sich selbst freie Entscheidungen treffen (das war es doch, was die früheren aufmüpfigen Engel gewollt hatten). Die Vertreibung aus dem Paradies war somit Wahrheit geworden.

Die Sehnsucht nach den früheren, wunderschönen Sphären bei Gott erwachte bald in den Seelen der neuen Gattung Mensch. Aber die Gedanken dieser Menschen konnten dem wenig abgewinnen, denn diese waren damit beschäftigt, dem Körper Befriedigung zu geben, denn Essen, Trinken, Fortpflanzung hatten jetzt Vorrang. Der Mensch wollte einfach überleben in diesem unwirtlichen Daseinskampf, er war immer auf der Suche nach Möglichkeiten, besser leben zu können. Die körperliche Befriedigung beherrschte das primäre Denken des Menschen. Körperlichem Wohlbefinden, Lust und Freude galten die Gedanken, denn das Gehirn ist Teil des Körpers und somit mit diesem verbunden. Stoffliches ist dem Verschleiß unterworfen, denn im Endeffekt ist all dies zerstörbar. Dem menschlichen Leben wurde damit eine Begrenzung gesetzt, allem Stofflichen des Menschen samt seinem Gehirn und somit auch seinem Denken.

Die menschliche Seele aber, welche aus der Engelszeit übernommen wurde, kennt keine Begrenzung, denn sie stammt vom Herrn und ist unsterblich. Beim Tod, beim Absterben des menschlichen Körpers, entschwebt die Seele in eine Region im untersten Bereich der höheren Welten, um dort bis zur nächsten Wiedergeburt zu verweilen, mit Aufgaben und Prüfungen bedacht. Wie sehr sich die menschliche Seele von den menschlichen Gedanken zu Lebzeiten unterdrücken ließ oder ob gar das seelische Empfinden beim Menschen stärker war als der materielle Gedanke im gesetzlich karmischen Sinn, danach richtet sich alles, was Zukunft ist. Von katastrophalem Leiden bis hin zu edlen Freuden reicht die Erlebenspalette des Menschen im Leben und auch die der Seele im Zwischenleben. Die Beurteilung über Stärke des Schädlichen oder der Schönheit obliegt dem ehernen Gesetz Gottes, dem Gesetz des Karmas. Die allgemeine Katastrophe besteht darin, dass der Mensch von der Existenz dieses Gesetzes nichts ahnt bzw. auch nichts davon wissen will.

Beobachten wir wieder die Menschen aus der Zeit nach deren Prägung im ICH-Bewusstsein:

Es bildeten sich verschiedene Großfamilien, Gruppen, Stämme usw., welche zusammen friedlich lebten, arbeiteten, sich vermehrten und dies mit Demut, niemand störte diesen Frieden. Vor allem blieben sie im natürlichen, ihnen von Gott gegebenen Lebensbereich. Das Sterben machte ihnen keine Probleme, da dieses neue Phänomen auch mit der Natur verbunden war.

Ja, sie pflegten auch regen Kontakt mit den Seelen ihrer Verstorbenen. Das war Aufgabe des spirituellen, am höchststehenden alten Weisen, meist unterstützt von einem Weisen-Rat. Jedenfalls hatten die älteren Generationen mit ihren Lebenserfahrungen das Sagen und sie gaben diese an die Jungen weiter. Die Seelen aus den anderen Welten unterrichteten diese Weisen darin, was der jeweilige Stamm und seine Menschen tun sollten, etwa bei Krankheit, klimatischen oder gesellschaftlichen Problemen. Sie konnten sich darauf verlassen und wurden von diesen über das Wesentliche belehrt. Es gab Rangordnungen, Arbeitsteilungen, alles, was eigentlich zur Kommunikation erforderlich war. Sogar ein Gericht, bestehend aus dem Alten-Rat, hatte fallweise Entscheidungen zu fällen. Diese Menschen waren demütige Menschen, sie schöpften und bekamen das, was sie zum Leben benötigten. Durch die enge Verbindung mit den verstorbenen Seelen (Geisterbeschwörung) war das berühmte Rad der Wiedergeburt im Gleichgewicht, d. h., diesen Menschen war klar: Sie lebten, starben, gingen durch die höhere geistige Welt und wurden wiedergeboren. Die Stammes-Weisen konnten sogar die Inkarnationen der jeweiligen Menschen nachvollziehen. Diese Gruppen oder Stämme waren nicht daran interessiert, irgendwelche Schätze zu horten. Sie benötigten keine Prunkbauten, sie lebten in ihren von der Natur zugewiesenen und selbst konstruierten Behausungen. Es gab kaum Feinde, denn was hätten diese rauben sollen?

Solche Kleinst-Stämme leben heute noch vereinzelt in unzugänglichen Gebieten, fast noch auf die gleiche Weise und nach Mustern wie vor zigtausend Jahren. Das Leben gestaltet sich im Einklang mit der Natur und ihrer Naturreligion im absoluten Gleichgewicht und mit dem Höchsten verbunden. Karmische Belastungen kommen ja kaum zustande.

Die seinerzeit gefallenen Engel hatten ihre Möglichkeiten bekommen, in der materialisierten menschlichen Form selbst Entscheidungen über ihr Leben zu treffen, ja, sogar treffen zu müssen. Leider hat sich bei vielen, leider sehr vielen, Wesen der Luzifer in deren Gedankenwelt eingenistet. Dadurch wurde viel Unheil im menschlichen Denken und Handeln erzeugt und die Verwirrung mit dem karmischen Gesetz war die Folge. Deshalb schafften es nur noch wenige Menschen, zurück in ihre angestammte Heimat zu finden, zurück zu Gott.

In der weiteren Evolution der Menschheit mischte Luzifer kräftig weiter mit, er brachte neue Möglichkeiten an die Menschen heran, lehrte sie, wie leicht damit das Leben sein konnte, schürte Neid und Hass, ließ den Menschen Erfindungen machen, die er nur zum eigenen Wohle nützen sollte. Damit stachelte er wieder die anderen an (statt dass sich diese selbst anstrengten), es sich zu nehmen und sich anzueignen, das war ja einfacher. Damit wurde der Krieg aus der Taufe gehoben. „Teufelswerke" wurden erfunden und konstruiert, Waffen hergestellt, Forschungen betrieben. Viele Menschen ließen sich vom Teufel ihr angeborenes Gewissen ausschalten und hatten dadurch die Möglichkeit, erfolgreich, aber gewissenlos zu handeln. Daher blieb es im Zuge dieser Entwicklung nicht so wie bei den vorher beschriebenen Stämmen und ihrer Zufriedenheit, im Gegenteil. Die Gier war erwacht, Luzifer hatte sich in den Köpfen der Menschen eingenistet und dies mit großem Erfolg.

Mit so großem Erfolg, dass heute die Gier bereits die größte Macht in unserer Welt geworden ist.

Durch die genannte luziferische Entwicklung wurde all das bereits Angeführte wie Neid, Hass, Mord, Raub usw. „salonfähig". Die Menschen schufen sich eigene Gesetze und so machte sich der Großteil dieser damaligen Menschheit (jeder Einzelne) schuldig. Sie alle mussten daher vor das Gesetz gestellt und verurteilt werden. Aber von welchem Gesetz? Von einem willkürlichen Gesetz der Mächtigen, von Gesetzen, welche zurechtgebogen wurden, oder vom Gesetz Gottes?

Mit Gott war das so eine Sache. Dem niederen Massenvolk wurde der jeweilige Herrscher als Allmacht hingestellt oder die Masse schaffte sich selbst Götter in Form ihrer Lebensräume wie Flüsse, Meere, Berge, Wälder usw. Aber was geschah mit einem ehrlichen, alle Menschen gleich behandelnden Gesetz? Niemand hatte die Autorität, um das zu schaffen oder zu gestalten. Gott hatte es längst eingebracht, geheim zur Zeit der menschlichen Beseelung. Ganz wenige Menschen wie Mystiker oder Weise wussten davon. Auch die großen Philosophen ahnten es, aber wer glaubte ihnen? Wieder nur ein kleiner Kreis von Menschen – die vor Gott Demütigen. Und so musste das für den Menschen geheime Gesetz von Gott, das Gesetz des Karmas (das Werk als Summe der guten und der bösen Taten), für jeden Menschen bindend werden. Alle Taten, egal welche, sind in der Seele des Menschen in alle Ewigkeit gespeichert und die Summe aller seiner Taten zu jeder Sekunde abrufbereit, d. h., es gibt für jeden Menschen eine ablesbare Aussage seiner jeweiligen karmischen Belastung oder eben keiner. Das ist allerdings selten anzutreffen, schon gar nicht in Zeiten wie diesen.

Das karmische Gesetz ist vollkommen unbestechlich und konsequent in der Ausübung.

Der ahnungslose Mensch bezeichnet die ihn treffenden großen und kleinen Unannehmlichkeiten, bis hin zu Unfällen, als „sein Schicksal", ein „Hungerleben" bei Armut und Krankheit. Ihn treffende Gewalttaten, über ihn kommende sonstige Katastrophen – alles ist einfach unbeugsames, unberechenbares Schicksal. Die Wahrheit: Alles sind Strafen nach einem exakten System und sie werden vom karmischen Gesetz unbarmherzig exekutiert, nicht nur in diesem Leben. Falls die Belastung zu groß ist, kann der Abbau sogar mehrere Menschenleben benötigen. Irgendwann müsste es ja den Einfachsten (Dümmsten) klar werden, dass es besser wäre, sich zu menschlicher Anständigkeit zu bequemen, als fürchterliche Strafen im Leben sowie auch zwischen Tod und neuer Geburt ertragen zu müssen.

Denken wir an Folgendes: Im weiteren Verlauf des menschlichen Daseins häufen sich die Gräueltaten, Anschläge, Brutalitäten, Bösartigkeiten usw. in einem derartigen Ausmaß an, dass die Masse der Straftäter immer größer wird, was in deren nächstfolgenden Leben geahndet werden muss. Es werden riesige Katastrophen kommen, um an diesen üblen Menschen ihre Strafe dem Gesetz nach zu vollstrecken. Das zeigt uns heute bereits das Elend der Menschen in Dürregebieten, zeigen Seuchen, Kriege usw. bis hin zu Einzelleiden. Die schlechten Taten werden immer mehr, deswegen müssen die Strafmaßnahmen eben um der höheren Gerechtigkeit willen so ausgeweitet werden. In der heutigen Welt gibt es nur noch etwa 10 % der Menschen, welche nicht karmisch belastet sind. Dies sollte jedermann doch zu denken geben. Was ist aus dem einfachen, aber glücklichen Leben der anfangs erwähnten Naturvölker geworden? Eine kleine Minderheit in weit entlegenen Gebieten. Und dies so lange, bis sie von der Gier der Barbaren, die heute sogenannte Zivilisation, ausgerottet wird.

Sollte es die Möglichkeit einer präzisen Messung der karmischen Belastung eines jeden Menschen geben und für ihn einsehbar werden?

Dies würde zwar Schreckensbilder erzeugen, aber viele würden sofort ihr Leben ändern und umkehren in die richtige Richtung, wieder in diese gehen lernen. Angst macht gefügig, Angst vor wahrhaft unbeschreiblich schrecklichen Leiden, je nach Grad der Belastung. Es gibt Messungen, jedoch würden die meisten diesen Messungen aus Bequemlichkeit lieber keinen Glauben schenken und die Gier mit dem teuflischen Hintergrund wieder siegen. So lange, bis die Lebensqualität der Menschheit so weit sinkt, dass sie nicht mehr lebenswert und für die Befriedigung der Gier nichts mehr vorhanden ist. Die karmischen Belastungen aber erhöhen sich immer mehr. Und das Ende?

Keine Sorge, die menschlichen Seelen sind unzerstörbar, ewig und gehören zu Gott. Der Herr hat genug Platz im Universum, um diese „Gefallenen" der kompletten Ableistung ihrer Strafen in Form von Leiden jeglicher Art zu unterziehen. Das karmische Gesetz ist gerecht und niemand kann sich diesem Gesetz entziehen, höchstens der Teufel persönlich nimmt sich einige zur Umerziehung mit in sein Reich. Für die gilt dann das ohnehin permanente, ewige Schreckensgesetz. Zeit ist kein Thema in diesen Regionen.

Schrittweise und in sehr langen Zeiträumen werden die ehemaligen menschlichen Seelen in ihren lange andauernden Leidensformen der Abstrafungen geläutert, glücklich, in ihre angestammte Heimat mit ihrer gereinigten Seele zu ihrem Herrn im Himmel zurückkehren zu dürfen. Nie wieder werden sie abtrünnig werden.

Der Herr über alle Welten und Wesen hat den Menschen erschaffen. Er hat ihn erschaffen, damit er seine ursprünglich gewünschte Dualität kennenlernen und erleben kann. Eine wunderbare Konstruktion, Herr, hast du in Form dieser neuen Wesen geschaffen und an alles gedacht. Die Überlebens- bzw. Lebensfähigkeit des Menschen hast du an den zur Verfügung stehenden, ebenfalls von dir, Herr, geschaffenen Lebensraum angepasst. Dein eigenes Wesen in Form der unsterblichen Seele hast du ihm belassen und damit seine Gefühlswelt großartig ausgebaut. Du hast ihm damit das Empfinden und Erfühlen von Gefahr, Gut und Böse, von Liebe, Treue, Harmonie, Schönheit und Hässlichkeit gegeben, das Erfühlen der gesamten, ihn umgebenden Natur. Und vor allem konnte er mit dieser Gefühlswelt zu dir als wahrer Vater, dem über alles waltenden Gott, immer in geborgener Beziehung stehen. Mit der Kraft des Glaubens konntest du diesen Menschen auch zutrauen, mit ihren Fähigkeiten sinnvoll umzugehen. Herr, du hast ihm noch etwas Wesentliches in sein Konstrukt eingebaut, etwas sehr Gefährliches, Zweischneidiges, nicht Berechenbares, nämlich das Gehirn – „den Gedanken". Die unsterbliche Seele bzw. Gefühlswelt kontra sterbliche Gedankenwelt.

In deiner Liebe zu den von dir geschaffenen Wesen wurde diese Welt der Gefühle, die Welt des Guten und Erhabenen, also deine Welt, von dir so stark angenommen, dass diese Wesen einfach den Weg zu dieser – deiner – Welt einschlagen werden. Was sich später ereignete im Wesen des Menschen während seiner Evolution, war zu diesem Zeitpunkt für dich, Herr, wohl unvorstellbar. Für dich war die Liebe in Harmonie ein Postulat, zu dem früher oder später jedes menschliche Wesen finden musste. Du hast nie angenommen, dass sich in die Welt der sterblichen Gedanken der Teufel so stark einnisten und dem Menschen bereits im irdischen Leben ein himmlisches Dasein hineinprojizieren könnte. Die menschlichen Wesen hatten ja intuitiv die Sehnsucht nach dem herrlichen Leben, bevor sie als Menschen eingekleidet wurden. In dieses Leben wolltest du, Herr, sie ja wieder zurückführen, eben nach dieser Strafexpedition, welche diese ehemaligen Engelswesen heraufbeschworen hatten.

Genau dort setzte Luzifer an, an der archaisch vorhandenen Sehnsucht, und benützte die Gedankenwelt, um so viel als möglich die Seelen-Gefühlswelt abtöten zu können. Ein schönes Leben war nach satanischer Art leicht zu haben. Man nehme einfach dem Nachbarn seines weg und schon konnte sich der Reichtum anhäufen. Dieser Weg wurde von den Menschen angenommen und die Geburtsstunde sämtlicher Zerwürfnisse nahm ihren Anfang. Gewalt erzeugte Gegengewalt und die jeweiligen Mächtigen mit ihren Grausamkeiten wurden zu Idolen hochstilisiert.

Herr, du musstest tatenlos dem wahnsinnigen Treiben deiner „Kinder" zusehen. Strafen konntest du sie mit einbrechenden Naturkatastrophen, Seuchen und dgl. Die, die übrig blieben, waren zwar anfangs gezähmter, aber dann nahm alles wieder seinen gewohnten, wieder schlechter werdenden Gang.

Vor ca. 2000 Jahren hast du den wohl schmerzlichsten Entschluss aller Zeiten gefasst, nämlich dich selbst für deine Kinder in der Spiritualität von Christus in die Schlacht zu werfen, um diesem Wahnsinn ein Ende zu bereiten. Was taten sie? Sie haben dich dafür gemordet. Und trotzdem, in deinem fürchterlichen Schmerz hast du ihnen noch die „Auferstehung" gezeigt.

Das hatte wohl eine nachhaltige Wirkung, fast bis heute. Allerdings nur für eine kleine Minderheit. Die Menschheit hat fast nichts daraus gelernt.

Das Gehirn dieser manipulierten Wesen hat sich durch die teuflischen Gedanken so manifestiert, dass wohl aus diesem Grund eine enorme Zahl von psychisch kranken Menschen resultiert und diese immer mehr werden. Wie die Welt der heutigen Menschheit aussieht, ist wohl bestens bekannt. Luzifer hat die Oberhand und bestimmt somit die sogenannten Schicksale der Menschen zu seiner Freude.

Der Herr leidet unsäglich, er muss tatenlos zusehen, was aus seinen Kindern geworden ist. Seine Kinder, die er trotzdem liebt, haben sich dem Sterblichen verschrieben, somit dem Teufel und nicht dem unsterblich Göttlichen. Der Großteil der Menschen leidet unendlich, weil er den wahren Weg zurück verloren hat. Den Weg, der dorthin führt, wo sie alle einst herkamen, zur Liebe, zum Vater, zum Herrn, zu Gott. Der Herr leidet wesentlich mehr als seine Kinder, er leidet **um** seine Kinder, und diese Kinder leiden ausweglos und für alle Zeiten an ihrer Einfältigkeit, wenn nicht von den Menschen ein Weg aus dem Leid gefunden wird.

„Wir müssen den Weg zurück zu Gott finden!"

Alle Religionen verbreiteten in ihren Anfängen die Wahrheit, welche sie von oben übermittelt bekamen. Sehr anschaulich und gut, es sollte auf die Menschen befruchtend wirken. Die Menschen waren auf dem besten Weg, die für sie verständliche Wahrheit auch anzunehmen und ihr Leben darauf einzurichten. In den Gremien der Religionsverbreiter machte sich im Verlauf der Zeit auch eine andere Bewegung breit, eine Bewegung, welche das Ziel der Materialisierung der Werte hatte, d. h. das Verbiegen der Wahrheiten in Richtung der eigenen materiellen Machterweiterung und der Gier. Dem Volk wurde natürlich alles Mögliche vorgegaukelt, sogar, dass man selbst Stellvertreter Gottes auf Erden sei. Auch bei allen anderen Religionen kamen andere Ziele als der Ursprung zum Tragen. Die großen Werte des wahren Menschentums wurden in Machtausübung umfunktioniert.

Gott ist alles.
Der Mensch ist nichts.

Im gesamten Universum existieren keine Materialformen, keine Festigkeit, alles ist geistig unerschöpflich schwebende Energie. Es gibt keine Polarisierung, nur Harmonie und Bewegung. Seine gewaltige Größe, sich zugleich in Vielheiten aufteilend, verschaffte ihm blitzschnell Einblick in alle Geschehnisse im gesamten All – alles waltend, formend, gestaltend, wissend bis in die fernsten Vergangenheiten, bis hin zu allem Zukünftigen. All dieses in Harmonie haltend, das ist Gott unser Herr. Der Mensch muss geschaffen werden, heraus aus der Göttlichkeit – erst dann sehen wir weiter den Verlauf dieser Geschichte.

Diese seit Ewigkeit bestehende Art des Universellen veranlasste den Herrn, ein neues Geschehen einzuleiten. Gott wollte der seit Ewigkeit bestehenden Harmonie etwas entgegensetzen, ein duales System. Ein Experiment zu versuchen – war es das, was er dachte, oder doch mehr?

Die gewaltigen Scharen der schaffenden Engel in den jeweiligen Systemen erlebten sich in einer paradiesischen Welt in Harmonie, Freude und Liebe. Alles war vollkommen, zu vollkommen, sodass hin und wieder etwas aufkam, aufkam, da eben nichts Neues mehr geboten wurde, vielleicht aber auch aus Langeweile wegen des ewig Gleichen. Es gestaltete sich teilweise eine etwas unruhige Strömung in bestimmten Engelsbereichen.

Dem Herrn gefiel diese Strömung, er machte sich dieselbe zunutze und half etwas nach, damit sich eine gewisse Unzufriedenheit im Himmelsvolk ausbreitete und die Wesen Lust bekamen, eine gewisse Selbstentscheidung und Eigenverantwortung für sich selbst zu erstreben. In himmlischen Sphären konnte diesem Wunsch ja nicht entsprochen werden, da Harmonie und Liebe keine Gegensätzlichkeit kannten, und diese wäre ja Voraussetzung von Eigenentscheidungen gewesen. Zwischen Gut und Böse konnte man nicht wählen bzw. sich entscheiden, es gab ja keine Dualität.

Gott der Herr hatte sich folgendes Szenario vorgestellt: Gegensätze konnte es nur bei körperhaften Wesen geben, denn ein fester Körper, z. B. aus Fleisch, benötigt Nahrung, um zu überleben, nach dem uns bekannten Motto: fressen und gefressen werden, auf sich selbst gestellt, kämpfend um das Überleben. Gott bastelte an einem Plan, um einerseits seine Idee eines Experimentes zu verwirklichen und andererseits eine Strafmaßnahme für seine unzufriedenen Engel zu erhalten. Eine sehr schlaue Idee.

Dieser Plan würde allerdings eine riesige Veränderung im Bereich einiger Planetensysteme erfordern. Feste Form-Wesen bräuchten auch feststoffliche Unterlagen, festen Grund, Wasser usw. Im gesamten Himmelsraum gab es ja nur Luft, Energie, Bewegung und Geist, aber nichts Festes, auf dem man ein duales System hätte aufbauen können. Also musste der Plan zur Erschaffung dieser neuen Welt in Angriff genommen werden, wohl mit allen sich daraus ergebenden Konsequenzen. Auf jedem der zu schaffenden sieben Welten sollte je ein Planet als Träger für zukünftiges, feststoffliches Leben auserkoren werden.

So wie bei den anderen sechs Welten wurde auch in unserem Sonnensystem ein Planet vom Herrn ausgewählt, eben der Planet Erde, welcher sich zum Träger zukünftiger stofflicher Wesen eignen würde. Alle Himmelskörper in unserem Sonnensystem einschließlich der Erde selbst mussten zusätzlich zu ihrem bereits vorhandenen Geist-Energiekörper einen adäquaten Festkörper gestalten. Es erfolgte somit auf Anordnung Gottes eine gewaltige Verkörperungswelle mithilfe von enormen geistigen Energien. Diese Festkörper waren erforderlich, um den beginnenden dualen Lebensformen eine Existenz zu ermöglichen. Der Herr hatte mit dieser seiner Gestaltung ein gewaltiges Neuland begonnen mit enormen Veränderungen in den sieben Welten, etwas noch nie da Gewesenes im ewigen, universellen Kreislauf. Bis es zu den gewünschten Festigkeiten durch sich ständig wiederholende Prozesse von chemischen Energien kommen konnte, verbrauchte es riesige Zeiträume, wobei Zeit und Raum damals gar nicht existent waren. Aber alles floss in die gigantische Evolution ein. Zeit und Raum entstanden. Auch die Ablösung des Mondes von der beginnenden Erde erfolgte in diesem Prozess. Die Form der Erde glich sich aus, pendelte sich in ihre vorgegebene Bahn ein, sodass sich eine optimale Lebensmöglichkeit von Flora und Fauna ergeben konnte. Dazu bildete sich im Laufe der Zeit eine entsprechend lebensfreundliche, klimatisch günstige Erdoberfläche aus.

Zuerst begann sich die gesamte Flora in allen Varianten, in Feucht- wie auch in Trockengebieten anzusiedeln. Der Herr ließ durch chemische Prozesse Lebewesen in den Gewässern und später auch an Land entstehen. Alles feststoffliche Gebilde aus Fleisch und Blut in unterschiedlichsten Formen. Die Auswahl bzw. das Aussehen dieser mannigfaltigen Lebensformen überließ Gott einem Team, dem Team seiner geistigen Engelswesen. Diese befassten sich über undenkliche Zeiten hinweg mit diesem „Thema".

Allerdings gestaltete der Herr das Lebewesen „Vor-Mensch" selbst und so begann das tierische Leben in all seinen Arten. *Vorderhand* war auch das zukünftige menschliche Wesen in die tierische Welt eingebunden. Der Beginn der Gegensätzlichkeit war gegeben, das duale System somit ermöglicht.

In diese Lebenskonstellationen waren eingebunden die Vermehrung (Zeugung), das Helle und das Finstere (Tag und Nacht), Kälte und Wärme und die neuen Lebenszeiten, welche mit dem Absterben der jeweiligen Körperlichkeit endeten.

Anders bei den Pflanzen und Bäumen, diese starben wohl auch ab, aber sie kamen wieder, früher die Pflanzen, etwas später die Bäume, so wie das Wachstum aus dem Schoss der Mutter Erde reifte. Dies war eine absolute Notwendigkeit, um den Grünbereich bzw. Sauerstoff-Lieferanten der Erde für immer zu erhalten, vor allem für die Tier- und Vormenschenwelt, denn Tier und Mensch waren sich in ihrer Lebensweise noch gleich. Ihr Leben bestand aus nur einmalig, dann starben sie ab in das Nichts.

Nun konnte der eigentliche, tiefere Sinn der allseits bekannten Vertreibung aus dem Paradies Gestalt annehmen, allerdings nicht mit der Schlange und dem Apfel, sondern mit den gefallenen Engeln – das war der eigentliche Beginn.

Der Herr hatte die Vorbereitung auf dem Planeten Erde so weit gestaltet, dass er seinen Plan nun schon fast vollziehen konnte. Aber noch fehlten einige Notwendigkeiten für den zukünftigen, irdischen menschlichen Lebenslauf.

Er liebte seine Kinder, seine himmlischen, beseelten Wesen sehr, sie waren doch ER selbst. Eines war deshalb sicher: Strafe ja, aber nicht zu hart, und vor allem konnte jeder Einzelne seiner Lieblinge jederzeit zurückkehren. Sie alle mussten wieder heimkommen in ihre Heimat, in ihr wunderbares Leben bei Gott, denn der Herr liebte sie alle und konnte auch auf ihre Tätigkeiten im Universum nicht verzichten. Gott konnte sich aber nicht sicher sein, wie sein Plan wirklich ablaufen würde, wie die darin künftig vorkommenden Wesen sich verhalten würden in ihrer neuen, polarisierenden Art.

Vorerst gab es Richtlinien über Verhaltensweisen, Lebensregeln, Verpflichtungen usw. und dann ein Gesetz zur Überwachung der Vorgaben. Dieses Gesetz war sehr präzise ausgeklügelt und es war auch daran gedacht, jedes stoffliche Wesen einzeln mit einem rein geistigen Sendercode zu versehen. Niemand wusste davon, denn dieser Sender hatte die Aufgabe, später alle Vorkommnisse, egal welcher Art, exakt an die Zentrale, an ein gewaltiges, geistiges Energie-

Computer-System außerhalb des Planetensystems zu senden. Diese Anlage sollte eine enorme Speicherkapazität erhalten, um auf Abruf sämtliche Daten bekannt geben zu können, in Zukunft von jedem einzelnen Wesen auf „Knopfdruck" für den Herrn abrufbar zu sein. Für welche Wesen sollte das eben Aufgezeigte gedacht sein? Es befanden sich Pflanzen, Tiere bzw. Mensch-Tiere auf der neuen Erde und reine Geistwesen aus den oberen himmlischen Sphären zur Kontrolle des gesamten Geschehens.

Der Dualität fehlte noch der wahre Gegensatz zum Guten. Das Böse musste gestaltet werden.

In seiner eigenen, bisherigen Welt hatte Gott niemals das Böse in irgendeiner Form einbezogen. Eine Polarisierung fand nirgendwo statt. Auch der Herr begab sich dadurch auf ein neues, für ihn fremdes Gebiet, wenn er sich nun das Böse in Gestalt der Hölle (mit dem „Fürsten" namens Luzifer, Teufel, Satan, Uriel) ausdachte und in die materielle Welt brachte. Es war Gottes Wille, den Teufel als Gegenpart in das menschliche Leben zu holen. Jetzt war es so weit, die Seelen der Engel inkarnierten sich in die vorhandenen tier-menschlichen Wesen. Die göttlichen Seelen der Engel verkörperten sich in diesen Wesen.

Ein gewaltiger Aufbruch in der Menschwerdung.

Der Mensch bekam dadurch ein Ich-Bewusstsein, konnte denken, bewusst handeln und so begann die neue Ära der materiellen Welt sich zu gestalten – vergleichbar dem Mythos der Vertreibung aus dem Paradies (die Engel verloren ihr Paradies). Das Ich erhielt nun ihre gewünschte Unabhängigkeit, hatte die Wahlmöglichkeit und ihre eigene freie Handlungsfähigkeit. Das neu geschaffene luziferische, d. h. teuflische Prinzip konnte nun als Gegenpol beim Menschen wirksam werden, allerdings nur in Gedanken. Im Gehirn des Menschen konnte dieses Negativum Fuß fassen.

Die neue Seele des Menschen, d. h. die ehemalige Seele der Engel, die göttliche Seele, war nur für das Gute, für die Liebe, für die Harmonie, für Weisheit, Religion, Gefühl und Gewissen, für gute Taten, die Ethik, einfach für das sinnvoll Positive verantwortlich. Das gute Denken via Seele stand nun im Gegensatz zum schlechten Denken via luziferisches Prinzip. Die Dualität ist in den Menschen selbst hineinverlagert worden. Nur der Mensch allein konnte ab jetzt über sein Leben Entscheidungen fällen. Der Herr dachte, der Teufel würde niemals mehr als ein Drittel der Menschen für sich verbuchen können. Und diese würde er früher oder später wieder zurückgewinnen. Luzifer aber begann, langsam und beständig in die Gedankenwelt bzw. in die Gehirne der Menschen einzudringen, um dort eben auch für sich stetig wirken zu können. Von Haus aus überwog nach der Menschwerdung, nach der Ich-Werdung das Religiöse, d. h. der Versuch, die Wiederverbindung mit Gott zu erwirken und so wieder zurück ins Paradies zu gelangen.

Den eingeborenen Seelen der Menschen wurde schon langsam bewusst, dass dieser Tausch ihres Lebensraumes um ihrer Selbstständigkeit willen nicht das war, was sie sich vorgestellt hatten. Sie sahen sich erstmals mit dem Tod konfrontiert, ein Schreckensgedanke, nicht wissend, was nachher geschehen würde und ob es ein Nachher überhaupt gäbe. Diejenigen unter ihnen, welche ihre Lebenstaten in ihren Seelen positiv verzeichnen konnten, durften dieses Nachher nutzen, um in ihr verlorenes Paradies zurückzukehren. Das konnte im ersten Ich-Leben des Menschen und nach dem ersten Tod noch leichter geschehen. In diesem ersten Leben hatte das luziferische Prinzip noch nicht so viele Möglichkeiten, Unheil zu bewirken und seine Opfer in die Netze des karmischen Gesetzes zu verstricken. Bei den nachwachsenden Generationen bekam der Teufel mit seinem schädlichen Wirken immer mehr Macht über die menschlichen Gedanken und konnte diese zunehmend manipulieren. Neid, Gier, Habsucht, Brutalität, Selbstverherrlichung und Bösartigkeit begannen sich in den Denkweisen der Menschen auszubreiten.

Der erste Totschlag erfolgte (Kain und Abel). Damit hatte der Mensch ein Mittel gefunden, um unliebsame Mitmenschen einfach unschädlich zu machen. Das, was später Krieg genannt wurde, ward geboren. Mit dem Beginn des Tötens waren alle anderen luziferischen Schlechtigkeiten im Menschen erwacht und fast wie selbstverständlich geworden. In das menschliche Denken hatte sich teilweise das Böse eingenistet, die göttliche Seele hatte es immer schwerer, das Denken positiv zu beeinflussen. Zu schön wurden die teuflischen Versprechungen und Vorgaukeleien im Gehirn des Menschen ausgebreitet. Das gute Gewissen wurde stark vom schlechten Gewissen gefordert.

Dem Herrn war ein Fehler unterlaufen. Er hätte das karmische Gesetz den Menschen vorweg bewusst machen müssen.
Er hatte das Tierische im Menschen unterschätzt. Verbunden mit teuflischen Gedanken wurde die Gefahr für die menschliche Seele, das Unbewusste im Menschen unter Druck zu setzen, sehr groß, d. h., der Mensch hatte keine Ahnung davon, dass er für seine schlechten Taten ungeahnte Repressionen würde erleiden müssen. Es konnten sich aber auch immer Menschen mit erhabenem Geist, Mut und Gottesgerechtigkeit behaupten, um so auf diese immer größer und schlechter werdende Gesellschaft positiv einzuwirken. Der Zuzug von Engelswesen, welche sich in dieses schon verworrene Erdenleben einmischen wollten, um positive Hilfestellung zu geben, nahm stark zu. Die Bevölkerung wuchs und wir befinden uns derzeit in Gedanken ca. 100 000 Jahre vor unserer Zeitrechnung.
Wenn man so eine Stammesgruppe aus früheren Zeiten betrachtet, so besticht das familiäre, harmonische Zusammenleben. Es war wie ein kleines Regelwerk, jeder hatte

darin seinen Platz und seine Aufgaben zu erfüllen. Diese Menschen erfühlten noch ihr ehemals geführtes „oberes" Leben und kamen vor allem mit dem Problem des Sterbens sehr gut zurecht. Der spirituelle Kontakt mit allen Verstorbenen bzw. den Ahnen erfolgte ganz normal. Die Kontaktperson dafür war der Stammesälteste oder eben ein spirituell besonders begabter Mann. Die „Jenseitigen" gaben Wissenswertes über das Leben, das Sterben, über das Wiedergeborenwerden, über das Gesetz des Karmas und des jenseitigen Bereiches. Der Lebensraum dieser Stämme war meist so gestaltet, dass sie sich Nahrung und Unterkunft beschaffen und ihre Kultur pflegen konnten. Es wurden keine unnötigen Bauwerke errichtet, keine Schätze gehortet und keine möglichen Nachbarn belästigt. Familie und Nachwuchspflege hatten einen großen Stellenwert.

Das war Gottes Gedanke für das Leben seiner nun menschlich gewordenen Seelen, in solch einer Harmonie zu leben und zu sein.

In solchen Lebensverhältnissen hatte nicht einmal das karmische Gesetz wesentliche Arbeit. Das Unglaubliche ist, dass solche Stämme vereinzelt heute noch leben, nach Hunderttausenden von Jahren in derselben Art. Diese Menschen wurden von der Vernichtungsmaschinerie der sogenannten Kulturnationen übersehen.

Gott sei Dank!

Diese Stämme hatten eine wahre Kultur, eine Menschenkultur. Da funktionierte das Fühlen und dadurch entstanden Harmonie und Zufriedenheit. Die Gier, der große Feind der Menschheit, konnte in dieser Umgebung nicht gedeihen. Das karmische Gesetz, verbunden mit dem Rad der Wiedergeburt, hatte einen sehr starken, geheimen Einfluss auf die Menschheit. Gott dachte daran, dass es Fälle geben würde, bei denen der erforderliche Strafvollzug im entsprechenden Ausmaß in einem Leben bei Weitem nicht ausreichen würde, und so erfolgte zwangsläufig das Konstrukt des karmischen Rades. Geburt, Sterben, Leben im Zwischenbereich, Wiedergeburt – so lange, bis jeder einzelne Mensch je nach Strafmaß unter mehr oder weniger fürchterlichen Seelenqualen wieder zurückfindet zu dem, was seine Seele ihm sagt. Das karmische Gesetz exekutiert die vorgesehenen Strafen exakt. Immer wieder wurden die menschlichen Seelen, diese „Unsterblichen", von schlechten Gedanken und Handlungen der sterblichen Menschengehirne unterdrückt. Diese Seelen mussten zusehen, wie diese teuflischen Gedanken der jeweiligen menschlichen Körper den Auftrag zum Morden, Plündern, Vergewaltigen usw. gaben. Mussten leider tatenlos zusehen, wie die von Gott geschaffenen Menschen grauenvolle Taten untereinander und gegeneinander begannen. Diese armen Seelen, Kinder Gottes, waren doch aus der Engelswelt ausgezogen, um selbst Entscheidungen treffen und ihr Schicksal in die Hand nehmen zu können.

Die Menschenwesen machten jetzt das, was ihnen ihre ebenfalls sterblichen Gehirne, von teuflischen Gemeinheiten gesteuert, befahlen. Das menschliche Denken ist über die seelische Gefühlswelt mit luziferischer Hilfe gewaltig hergefallen, hat es eingeschränkt oder sogar zum Schweigen gebracht. Beim Eintritt des Todes stirbt das menschliche Gehirn mit dem sonstigen Fleischlichen ab und verwest. Die einst so stolzen, grausamen Gedanken des Menschen verwesen mit. Diese Gedanken waren *Ursache* für schreckliche Taten, die *Wirkung* dieser wurde in die menschlichen Seelen eingekerbt. Nur die vom Menschen durch seine *Gedanken* (seinem Bewusstsein) geschundene *Seele* bleibt über, nach dem Tod hat sie mit ihrem Ich die volle Verantwortung zu tragen.

Je nach menschlichem Handeln und Tun während des Lebens sieht sich dieses *Ich* mit seiner Seele nach Eintritt des physischen Todes einer unheimlichen Gestalt gegenüber. Einer Gestalt mit der geschriebenen, bebilderten Lebenstafel in der Hand mit der Aufzeichnung aller Taten, den guten und den schlechten. Alles exakt für die Seele nun nachvollziehbar, was der Körper mit seinem Bewusstsein alles so im Leben getrieben hat. Nach diesem Saldo kann diese Gestalt milder, aber auch noch viel, viel schrecklicher werden. Das Gesetz des *Karmas* hat die Unterlagen, exakt aufgelistet, geliefert und je nach Gewichtung oder sonst einem Wertmaßstab tritt nun die Exekution des Gesetzes in Kraft. Die Ursache nach dem Gesetz der Kausalität hat das vergangene menschliche Leben mit seinem Tun geprägt. Die Wirkung unterliegt nun dem karmischen Gesetz.

Der menschlichen Seele, der „Unsterblichen" und ihrem beigestellten Ich werden nun unbeschreibliche Grauenhaftigkeiten angetan, wesentlich mehr, als sie einst selbst im Leben angerichtet und dadurch im körperlichen Leben die Ursache dafür geschaffen haben. Wenn wir all das Anhaftende, noch an Schlechtem anhaftende in Leid so gewichtet kennen würden, so wüsste jeder Mensch, wie viel er bei seiner sicher erfolgenden Wiedergeburt noch an Leid aus seinem vorangegangenen Leben abzuarbeiten hätte bzw. wie viel Leid er noch über sich ergehen lassen müsste.

Jetzt drängt sich die Frage auf: Hätte der Herr das karmische Gesetz bekannt gegeben, wären dann viele Untaten unterblieben? Aus Angst vor den schrecklichen Strafen? Angst wollte Gott nicht verbreiten, aber die Wirksamkeit des Teufels hat er immens unterschätzt, nämlich das „Fleisches-Denkvermögen". Dieses hat seine göttlichen Wesen, seine Seelen auf ihre wahrliche Aufgabe vergessen lassen.

In der gesamten damaligen Welt waren schon bei vielen Völkern religiöse Bestrebungen in Gang gesetzt worden, dem Menschen seine ethische, religiöse Seite bewusst zu machen. Der Herr hat nach Sichtung der verschiedenen schlechten und guten menschlichen Strömungen und deren

Ungereimtheiten nachgedacht. Schon vorher hatte er sehr viele freiwillige Engel auf die Erde beordert. Engel, welche sich in menschlicher Gestalt opferten, um an der guten Sache zu arbeiten und den anderen beizustehen. Aber Luzifer fand trotzdem immer wieder neue Opfer. Generell suchte und sucht die Menschheit immer nach einer hohen, geistigen, übermenschlichen Führung, um dadurch die immer härter und furchtbarer werdenden (vermeintlichen) Schicksalsschläge in den Griff zu bekommen.

Die Menschheitsgeschichte in ihren Hinterlassenschaften ist voll von weisen Schriften, von weisen Männern, welche die Wahrheit kannten und sich deshalb auch bemühten, den jeweiligen Generationen diese nahezubringen und weiterzugeben – den Sinn des menschlichen Lebens. Und dieser Sinn ist einzig die Zuwendung zum Guten, zu Gott. Das galt und gilt für alle Völker und ihre Menschen rund um den Erdball. Im Weiteren die Rückkehr dorthin, wo wir einst als noch nicht gefallene Engel hergekommen sind. Es zu schaffen, es zu erreichen ist das einzige wahre Ziel, welches die Menschheit zur Rückkehr, zur Wahrheit, zu Gott erreichen muss. Bei allen Völkern gab es Mysterien-Kulte mit verschiedenen Methoden, aber immer mit dem gleichen Ziel *Religion* = sich wieder mit Gott verbinden. Die Herrschenden wollten immer nur eine für sie gute Nachricht aus dem unbekannten und doch gefürchteten Jenseits erhalten. Durch Zauberei, Wahrsagerei, Magie, Orakel usw. Von den wirklich Wissenden kam niemals eine Nachricht, die blieb geheim, nur sie hatten Zugang zu den Entscheidungen des Herrn. Die nicht wissende Masse samt ihren Anführern, Königen und sonstigen gesellschaftlichen und selbst ernannten Größen formten ihre Gedanken über eventuell Anbetungswürdiges und Sichtbares. Angefangen beim Amulett bis zu den höchsten Bergen, Seen, Flüssen, Tiergestalten, Sonne, Mond, Sterne und so fort. Eine Menge von Pseudo-Göttern entstand. Man wollte das Schicksal für sich gütig stimmen, mit allen möglichen haarsträubenden Ideen und Opfergaben bis hin zu Menschenopfern. Die Welt des Luzifers hatte mit diesen Menschen die hellste Freude. Sein Vorhaben ging auf in der unvorstellbaren Dummheit dieser Menschen.

Um solche „heiligen" Orte herum nisteten sich selbst ernannte Priester, Scharlatane und dgl. ein. Diese verstanden es sofort, durch Manipulation alle Pseudogläubigen oder Irrgläubigen, bei den Herrschern angefangen bis zum Fußvolk, von sich zu überzeugen, und konnten dadurch hohe Ränge, Macht und Vermögen erreichen. Die Einfalt war ein guter Nährboden. Das Geschäft mit dem Übersinnlichen hatte immer Saison, auch heute. Die Menschen hatten davon keine Ahnung, die Priester auch nicht, sie taten nur so und spielten Schicksal mit unterschiedlichen Erfolgen, wie es der Zufall eben wollte.

Wenn man bedenkt, was in der Hunderttausende von Jahren alten Menschheitsgeschichte von diesen Geschlechtern getan wurde, egal was es war, es konnte nur ahnungslos gewesen sein und zu nichts führen. Die wenigen Weisen, welche die Wahrheit kannten, hatten keine Chance, den Irrsinn der Menschheit in puncto Glauben zu ändern. Der Teufel war fast in alle gefahren und führte das Regiment der Aussichtslosigkeit. Gott der Herr hatte seine liebe Not, er konnte den von ihm selbst installierten Luzifer nicht bremsen. Die einzig Brauchbaren waren die kleinen, abgeschieden lebenden *Naturstämme*, sie hatten ihre Lebensfunktion und den Glauben an Gott von Anfang an bekommen und nie verloren. Dann gab es noch einige *Wissende* aus den Mysteriums-Schulen und ähnlichen Institutionen.

Die Menschen, alle auf der gesamten Erde, hatten das, was sie wissen sollten, längst vergessen bzw. verdrängt unter der kräftigen Beihilfe des luziferischen Prinzips. Was sollten sie eigentlich wissen, die Menschen?

Sie wurden von den Seelen der Engel aus dem Paradies in ihrer Körperlichkeit inkarniert, der menschlich-tierische Ur-Körper wurde beseelt.

Es war gedacht, dass dieses menschliche Konstrukt mit seinen Ich-Bewusstsein und seiner Denk-Welt durch seine unsterbliche Seele den göttlichen Kontakt nicht verlieren würde.

Die neuen Wesen hätten kraft ihrer göttlichen Seelen dem luziferischen Einfluss mehr Widerstand leisten müssen.

Der schrecklich anmutende Tod sollte überwunden werden mit dem Glauben an die Auferstehung, mit dem Ziel, das göttliche Paradies wieder zu erreichen.

Überhaupt und allgemein sich mit dem Gedanken vertraut zu machen: Es gibt eine andere, übersinnliche Welt. Jeder Mensch muss das für sich allein mittels seines Gefühls, seiner göttlichen Seele und unter mäßiger Beihilfe seiner Gedanken herausfinden. Können würde das jeder Mensch, es ist allerdings nicht bequem. Sünden vergeben, Sündennachlässe, Versprechen eines schöneren Leben im Jenseits und dgl., von wem auch immer gegeben, auch mit Spenden oder Errichtung von noch so gewaltigen Bauwerken religiöser Natur in Verbindung gebracht, sind wertlos, da es das einfach nicht gibt. Jeder einzelne Mensch hat sein Tun im Leben am Ende selbst zu verantworten, es ist nicht übertragbar. Das karmische Gesetz wacht darüber sehr genau.

Sollte ein Mensch glauben, durch die Vernichtung eines unbequemen Menschen, eines Feindes, Millionen von Andersgläubigen usw. los zu sein, irrt er gewaltig. Die Menschenseelen sind unsterblich, sie kommen alle wieder zum Leben zurück, früher oder später, oder sie schleichen sich als Geister nachts im Traum in die Seelen der Peiniger und Töter, um ihnen starkes Unwohlsein zu bereiten.

Wir kennen ja aus der Geschichte viele Völker, welche den Versuch durch ihre Priester hin zum Monotheismus machten, um den Glauben an einen Gott zu fördern. Der

Herr wusste, er musste der Vielgötterei etwas Wesentliches entgegensetzen. Je nach geografischer Länge, nach Volksmentalitäten usw. sollte in jedem dieser Völker und Artgemeinschaften eine Persönlichkeit entstehen, eine „wissende" Persönlichkeit. Sie sollte aufgebaut werden, um den Völkern religiöse Verhaltensregeln, Gerichtsbarkeiten, Wissen und dgl. wieder neu zu vermitteln.

Das mit dem Sterben, mit dem Tod und der Auferstehung, wie sollte man einer menschlichen Gesellschaft das nahebringen? Einer Gesellschaft, welche zwar schon vom Paradies gehört hatte, sogar vom himmlischen Paradies, aber für die die Entfernung dahin einfach zu groß ist. Sich das Paradies im Leben zu gestalten, das liegt schon näher. Mit einer gewissen Brutalität konnte man sein Paradies auf Kosten anderer, auch auf Kosten von Millionen anderer, wunderbar gestalten. Was ist in dieser Hinsicht nicht schon alles in der Menschheitsgeschichte durch die unzähligen Jahre hindurch geschehen. Prachtbauten, riesige Reiche, große Schiffe, gewaltige Waffen bis hin zu den verschiedensten, makaberen Jenseitskulten. Alles hatte einen Beginn, alles hatte ein Ende, nichts konnte bis in die Ewigkeit bestehen. Nichts gab es, was das Sterben verhindern konnte, was ewige Jugend versprach oder in das Jenseitige hineinschauen ließ.

Der Mensch hat nur eine vordringliche Aufgabe in seinem Leben zu erfüllen:

die Voraussetzungen für seine Rückkehr zu schaffen. Für seine Rückkehr dorthin, woher er vor unendlichen Zeiten herkam, in seine Urheimat. Dorthin, wo ein Leben in Harmonie und Liebe, ohne Leid, Krankheit und Tod möglich ist. Der Mensch hat leider diese seine Aufgabe, welche nur seinem eigenen Wohle dient, verdrängt, vielleicht auch vergessen wollen. Zu viele Scheinwelten haben ihn durch den luziferischen Einfluss bezaubert. Wunderbare Scheinwelten, allerdings ohne Dauer. Spätestens der unausbleibliche Tod löste sie auf, wenn sie nicht schon früher zusammenbrachen – diese Scheinwelten. Jede Generation wird von ihren Alten angehalten, dasselbe zu machen in dem irren Glauben: „Man lebt ja nur einmal", und mit dem noch verrückteren Zusatz: „Gott hat es ja so gewollt."

Und im Leben sieht es ja auch so aus. Das Ziel einer Ausbildung ist, viel Wissen zu sammeln und dies umzusetzen, um gut leben zu können. Woher trotzdem die unendlichen Menschenmassen kommen, deren Leben nur aus Armut, Krankheit und Leid besteht, ist nicht besonders interessant, oft unverständlich. Daher ist es auch nicht wichtig, sich darüber Klarheit zu verschaffen. Das Interesse würde sich allerdings schlagartig ändern, wüssten alle, ob Arm oder Reich, über sich (siehe Karma) Bescheid.

Was hat der Herr in die materialisierte Welt hineinverwoben?
– Tag und Nacht
– Die Jahreszeiten
– Absterben, wachsen, gedeihen, Ernte
– Karma
– Tod
– Wiedergeburt
– Das Böse
– Das Leid
– Die Freude
– Das Gute
– Den Glauben
– Die Philosophie
– Die Religion

Der Verlust eines Menschen, den man liebte, ist ein sehr schlimmer Verlust im Leben. Ist es ein Abschiednehmen für immer? Dann heilt es die Zeit, d. h. die weiteren, vielseitigen Ereignisse im Leben des Hinterbliebenen. Sie erfordern so viel Aufmerksamkeit, dass das Leben von früher etwas verblasst. Der Mensch haftet im Jetzt, in der Vergangenheit und wenig in der Zukunft. Der Verlust eines Menschen, mit dem man eine große seelische, d. h. spirituelle Verbindung hatte, ist besonders arg, solange die Betroffenen sich nicht in geheimer Verbindung zwischen den Welten wiederfinden. In dieser möglichen Kommunikation zwischen hüben und drüben ist eine Art Wiederkehr der früheren Zeit möglich, vor allem der gemeinsamen Interessen, falls – und das ist wesentlich – diese Interessen mit Gott zu tun haben. Nicht nur das gemeinsame Leben mit all seinen Facetten, auch die gemeinsam erlebte Harmonie und vor allem der unerschütterliche Glaube, verbunden mit der Annäherung an Gott und der damit erwachsenden Liebe zu ihm, sind der beste Garant für das leichtere Verschmerzen des Verlustes eines geliebten Menschen. Eben nur eines physischen Verlustes, die höhere geistige Verbindung ist unzerstörbar. Es geht hier nicht um den Glauben an irgendeine Konfession in dieser Welt. Konfessionen können Denkanstöße geben, aber man muss selektieren, denn sehr viele von ihnen sind unbrauchbar und kontraproduktiv für das Wesentliche. Die sinnlichen Denkanstöße sollte man selbst ausbauen.

Der durchschnittliche Mensch verbringt in seinem Leben in unseren Breiten sehr viel an Zeit mit vollkommen wert- und sinnlosem Zeug. Darin sind Freudiges und Angenehmes eingeschlossen, vor allem in der Zeit bis zur Ausreifung eines Menschen. Wenn er ab diesem Zeitraum nur 5 % seiner Bemühungen dem widmen würde, was wirklich wichtig ist und vor allem vor dem er in ständiger Angst lebt (Leid und Sterben), dann hätte er ein viel gesünderes, schöneres und aussichtsreicheres Leben vor sich. Anstatt sich selbst zu beweinen und zu bedauern, sollte er das, was er Gefühle nennt und glaubt zu haben, einmal sezieren. Da käme einiges ans Tageslicht. Legte man das, was da an Schlechtem herauskommt, in die pralle Sonne, dann könnte es leicht verbrennen.
Sein eigenes echtes, ehrliches Gefühl lässt ihm Folgendes ausrichten:

Prüfe den Grad deiner Selbstüberschätzung und deiner Selbstherrlichkeit und fahre die Grade herunter.
Prüfe den Grad deiner Unbeherrschtheit und fühle ein Mittelmaß.
Prüfe den Grad deiner Brutalität und werde weicher, sonst wirst du dumm.
Prüfe den Grad deiner Feigheit und setze positive Taten dagegen.
Prüfe den Grad deiner Ehrlichkeit und traue dich zur Wahrheit.

Prüfe den Grad deiner Liebesfähigkeit, ob nicht der Großteil Eigenliebe ist.
Prüfe deine Gefühlswelt, ob diese nicht zu viel von deinem realen Denken beherrscht wird.
Prüfe den Grad deiner Gier und frage dich, ob du das wirklich alles benötigst (bedenke, in deiner letzten Stunde kannst du nichts mitnehmen).
Prüfe, ob du in der Lage bist, seelisch-geistige Werte zu verstehen und diese umzusetzen.
Prüfe deine fühlenden Gedanken, ob sie Gott den Herrn und seine Existenz annähernd empfinden lassen.

Es sind hier einige wesentliche Punkte angeführt. Zeilen, welche man sich mitnehmen sollte, wenn man ganz für sich allein ist. Irgendwo, wo man sich wohlfühlt und Stille herrscht (solltest du noch Stille vertragen). Wenn du mit dir zufrieden bist, auf einem Berg, am Meer, in einem gemütlichen Raum, im Wald oder Ähnlichem. Schweife mit deinen ehrlichen Gedanken über diese Zeilen, Punkt für Punkt, nicht auf einmal, aber immer wieder. Nicht feige oder oberflächlich weglegen, mit der Zeit kommen die Gedanken von selbst und du musst ihnen Antwort geben. Es ist eine harte Arbeit, zäh muss man sein und Mut muss man haben, bis langsam ein lichtes Gefühl erwärmend wirkt. Auch wenn du dabei anders geworden bist, gehe trotzdem weiter. Die Umwelt liebt zwar keine „anders Gewordenen", weil diese für sie so stark erscheinen, dass einfach Neid aufkommt und man dich deshalb wieder zurückziehen möchte in den alten, gleichmäßigen, ungeistigen und niveaulosen Freudensumpf. Andere Partnerschaften, gleichwertigere, werden sich einstellen, denn es gibt viele wertvolle Einzelgänger. Sie trauen sich nur nicht heraus aus sich und in die Umwelt hinein. Trotzdem traut euch, gemeinsame geistige Werte verbinden. Das bewirkt große Stärke und lässt die sogenannten „Normalen" nachdenken. Darüber nachdenken, wie arm und hilflos sie eigentlich sind, vor allem wirklich Wertvollem gegenüber – vor allem Gott gegenüber. Bei all diesen Versuchen, sein Leben zu durchleuchten, werden lichte, hilfreiche Kräfte bemerkbar, von denen man früher keine Ahnung hatte. Man muss ihnen nachgehen und sie zu sich ziehen. Man kann sie verlieren, aber man muss sie immer wieder suchen, finden, einholen und festhalten. Und wenn Sie jetzt nachsehen, was Sie alles in der prallen Sonne verbrannt haben, ist das sicher nicht wenig und Ihr Leben wird wesentlich leichter und lichter.

Mit Genugtuung und Stolz sollte man das sehen und erkennen. Die Sonne hat eine ungeheure Kraft, sie hat noch etwas – sie ist göttlich, genau so, als wenn wir unsere Seelen rein gebrannt hätten, auch dann wären sie göttlich geworden. Die Seele ist wahrlich unsterblich, deine weite Fantasie auch, aber deine reinen Gehirngedanken nicht – sie sind sterblich. Die Seele, dein wahres *Ich*, wird dich durch alle Leben begleiten, schau auf sie und vor allem horche auf deine Seele, sie weiß einfach das Richtige. Lasse deine Gedanken niemals so stark werden, dass dadurch deine Seele Unterdrückung erfährt. Denke daran: Du kannst die unglaublichsten körperlichen Leistungen vollbringen, sogar spektakuläre Leistungen, damit Bewunderung erzeugen, es zeigt deinen Mut. Aber eines musst du wissen, du benötigst viel, viel mehr Mut, um die Wahrheit deines Lebenssinnes zu finden. Die Bewunderung allerdings kannst nur du dir dann selbst geben. Auch Gott wird dich bewundern und lieben – das wäre das Höchste im menschlichen Leben. Erreichen werden diese Ziele leider nur wenige, denn die Anstrengung ist gewaltig, aber man hat die Pflicht, es wenigstens zu versuchen.

Ein ins All geschossener Flugkörper hat normalerweise einen permanenten, unsichtbaren Kontakt zu den Leuten, welche ihn konstruiert haben. Auf der sehr weit entfernten Bodenstation erfolgt auch die Steuerung dieses Körpers im Weltraum. Durch unvorhergesehene Einflüsse im All könnte allerdings dieser Kontakt gestört werden oder ganz verloren gehen. Dann wäre dieser Flugkörper für den Konstrukteur für immer verloren. Dieses Gerät soll ja Berichte senden, wie es in seiner neuen Welt aussieht. In so einem Fall muss dann wieder ein anderes Gerät im All forschen und berichten, denn die Konstrukteure warten auf brauchbare, verwertbare Nachrichten.

Die menschliche Seele käme einem Wunderwerk unserer heutigen Technik gleich – ist in der Wirkungsweise allerdings dieser so weit überlegen, dass sie einfach diesem Vergleich entschwindet. Die Technik ist Material, die Seele ist Spirit, geistige Energie. Material ist vergänglich/sterblich, Geist göttlich/unsterblich. Die menschliche Seele wäre in etwa mit dem vorher erwähnten Flugkörper vergleichbar – allerdings nur sehr entfernt. Der menschliche Körper ist beheimatet in seiner Seele, reist dadurch durch das Leben und wird ebenfalls durch eine unsichtbare Verbindung mit seinem Konstrukteur aus weiter Ferne dirigiert. Beide, der Flugkörper und die menschliche Seele, sind auf ihrer Reise gewaltigen Gefahren ausgesetzt, hier Meteoriten und sonstige frei herumfliegende, feste Teile und dort das überall nach Opfer suchende und lauernde luziferische Prinzip. Beide unterliegen auf ihren Wegen der Gefahr, von ihrem Zentrum abgelenkt, gestört oder gar abgeschnitten zu werden. Der Flugkörper könnte durch äußere Einflüsse zerstört werden, die Seele jedoch nicht.

Der Flugkörper aus Materie ist nach einer Trennung von seinen Dirigenten für diese für immer als verloren zu betrachten, entweder im gewaltigen Raum nicht mehr auffindbar, vielleicht auch schon zerstört durch Kollision mit anderen fliegenden Gesteinen, oder verglühend beim Absturz auf den Planeten Erde. Auf jeden Fall für die Konstrukteure verloren. Die geistige Seele im Menschen kann niemals verloren gehen, sie besteht nicht aus Materie und ist als Geist-Körper unsterblich für alle Zeiten. Die Verbindung der Seele zu ihrem Konstrukteur – zu Gott – kann weder unterbrochen noch zerstört werden. Das ist eben der Unterschied zwischen Materie und der geistigen Energie.

Der Mensch hat natürlich die Möglichkeit, kraft seiner Gedanken, welche aus seinem allerdings sterblichen Gehirn kommen, Druck auf die Seele auszuüben – in dem Sinne, dass dieser Mensch die seelisch-göttlichen Werte nicht mehr anerkennen soll, um sich eben lieber den fleischlichen Genüssen hinzugeben und sich dem Verführer und der Gestalt des Teufels mit seinen enormen Verlockungen zuzuwenden. Für den Menschen ist dies angenehmer, als sich der disziplinierten Seele anzuschließen. Die Seele hat eine große Verantwortung und zugleich eine schwere Leistung zu vollbringen, nämlich ihre angeborene, spirituelle Geistigkeit mit dem gehirnmäßigen Gedankengut ihres materiell menschlichen Trägers in Harmonie zu bringen. Dabei müssen die menschlichen Gedanken ebenfalls eine kraftvolle Arbeit leisten. Nach dem Sterben des Menschen ist die Seele wieder frei, allerdings nur bedingt. Die einzelne, einmalige Seele eines ehemals gefallenen Engels wurde nach der Ausweisung aus dem Paradies unzählige Male in neuen menschlichen Körpern inkarniert bzw. materialisiert. Dadurch befindet sie sich im ewigen Kreislauf durch die vielen Wiedergeburten zum Zwecke der Läuterung. Erst nach Eintritt dieser Läuterung ist dieser Kreis unterbrochen und die Seele kann sich von Gott wieder eingliedern lassen in die Reihen der geistig spirituellen Energiewesen – zu den Engeln (von diesen wurde diese Seele einst als abtrünnig gefallener Engel ausgewiesen).

Der Mensch müsste auf lange Zeit sich immer wieder mit diesem seinem Sterben auseinandersetzen, um gemäß dem Satz „Lerne zu sterben, erst dann wirst du glücklich leben" die Wahrheit zu erkennen.

Die Kernfrage ist: Wie lernt man sterben?

Der Satz mutete mich sehr brutal an, als ich ihn das erste Mal hörte, obwohl ich damals schon leicht spirituell „angehaucht" war. Trotzdem hat mich dieser Satz geschockt bis in die Seele hinein. Damals dachte ich, diese Gegensätzlichkeit könnte niemals zusammenpassen. Eine Unmöglichkeit. Wenn dieser Satz auch von einem sehr großen „Weisen" aus dem Osten stammte, war er für mich doch weder erklär- noch erfühlbar. Meine Neugierde und mein weiteres, noch Jahrzehnte andauerndes Studium brachten mich viel später nochmals zu diesem Satz. Er ist für mich volle Wahrheit geworden. Die immerwährende Suche nach dieser Wahrheit hat das mit sich gebracht, was ich jetzt gedrängt bin niederzuschreiben. Aber wie soll man einem heutigen Menschen, auch wenn er ein gutgläubiger Mensch ist, so einen in sich widersprüchlichen Satz nahebringen? Ich darf einiges aus meinem in diese Richtung deutenden Erleben berichten.

Die erste, mich im Innersten erschütternde Nachricht aus einschlägigen Büchern erfuhr ich durch meine Neugierde: „Du lebtest schon vor deiner Geburt in einem anderen Leben und so auch nach deinem Tod in einem weiteren Leben." Viele Berichte gab es aus Erlebnissen von Menschen, welche sich in diesem Leben an Einzelheiten aus früheren Zeiten, an Gegenden erinnern konnten, in denen sie niemals waren, niemals hätten sein können – und trotzdem? Mein Unbewusstes sträubte sich anfangs gegen etwas, was es nach meinen bisherigen Lebenserfahrungen gar nicht geben konnte. Nicht der Gedanke war es, der mich etwas betäubte, denn so eine angebliche Tatsache nachzuempfinden, war sicher nicht einfach. Die Seele war es, welche so etwas bei mir im Körper noch nie erlebt hatte. Es ergaben sich plötzlich starke Gefühlsschwankungen. Wie sollte ich damit gedanklich umgehen? Je mehr das Gehirn sich dieser Angelegenheit annahm, umso unruhiger wurde mein Innenleben. In meinem Inneren geschahen Umwälzungen, kein angenehmes Gefühl. Über solche Themen konnte man ja mit niemandem sprechen. Dann bekam ich Hilfe, Hilfe von einer weltweit anerkannten Persönlichkeit, C. G. Jung. In seinem Buch „Praxis der Psychotherapie" konnte ich diese Unglaublichkeit bestätigt finden. Das war der Anfang für mich, meine Neugierde kam wieder in Schwung mit der Frage: „Was steht hinter unserem Leben?" Was ich vorher in der Bibel und von Philosophen gelesen hatte, vor allem von den alten Griechen, dann Schopenhauer und seine Zeitgenossen – alles faszinierte mich. Jetzt begann ich, in den Büchern der Psychologen zu stöbern, Frankl, Freud (weniger), Teilhard de Chardin, Erich Neumann usw. und natürlich C. G. Jung mit seinem Buch „Zur Psychologie westlicher und östlicher Religion". Besonders er, dieser große Meister, öffnete mir einen ganz neuen Weg nach Osten, ebenso auch Evans-Wentz mit dem Buch „Das tibetanische Totenbuch". Beim Studium dieses gewaltigen Werkes nebst vielen anderen kam es in meinem unbewussten seelischen Bereich einfach zur Ausschaltung meines Ichs, es war zu viel, was hier plötzlich von den jenseitigen Energien auf mich einwirkte. Ich fühlte mich grauenhaft, der Boden wurde mir weggezogen, meine Gedanken bewältigten nur mehr das Nötigste zum gewohnten Weitermachen. Meine Wohlstands-Umgebung verstand ich nicht mehr und sie verstand auch mich nicht mehr. Ich verordnete mir eine Lesepause und versuchte, mich so weit über Wasser zu halten, ohne einen Psychotherapeuten aufsuchen zu müssen. Zwei *Visionen* in einer sehr leidvollen Situation:

Im Ausdruck und an Schönheit ein nicht zu überbietendes Bild, ein schönes, farbkräftiges Antlitz eines Mannes, ein Gesicht voller Würde, Klarheit und Offenheit. Ein leicht vertrauensvolles Lächeln, alles in Harmonie und mit Tiefe, ein liebendes Antlitz. Es kam ganz langsam aus dem Nichts und verschwand auch langsam wieder dorthin. Ich war damals in einem psychischen Niedergang begriffen, betete seit langer Zeit wieder vor dem Kreuz – aus Verzweiflung. Dann offenbarte sich mir dieses zweite Bild. Ein gewaltiger gotischer Dom aus purem, glanzvollem Gold, unbeschreiblich schön anzusehen. Und ich bekam noch eine Hilfe. Ich lernte meine spätere Frau kennen, ein großartiger Mensch mit starken Wurzeln in den geistigen Tiefen der menschlich-göttlichen Welt. Bis heute eine wunderbare Gemeinschaft in allem und für alles. So konnte meine Neugierde wieder frohlocken. Ich begann weiterzulesen und auch das berühmte Buch fand seinen Leseabschluss. Es begann allerdings, mich zu verändern, hin zu einer größeren Tiefe. Noch weitere Bücher aus der östlichen Philosophie folgten. Dann geschah aber etwas sehr Bemerkenswertes. Diese beiden vorgenannten Visionen erschienen in meinen Gedanken und in meinem Fühlen immer wieder. Eines Tages, urplötzlich, war mir klar, dieses wunderbare Antlitz war Gott selbst und er zeigte mir über die zweite Vision des gotischen Domes meinen richtigen Weg. Dieser war nicht im Osten zu finden, sondern hier bei IHM. Viel später wurde mir das auch bestätigt. Einige Zeit danach konnte ich keinen Anschluss an das Lesen mehr finden, bis ich mich eines Tages vor der Auslage einer Buchhandlung befand. Circa 30 Bände in Taschenbuchformat reihten sich aneinander, im Halbkreis formiert. Ich konnte mich an den Buchtiteln nicht sattsehen, denn der Autor war ein gewisser Dr. Steiner. Noch wusste ich nichts von dem berühmten Pädagogen und Philosophen. Das änderte sich rasch, denn die nächsten ca. 20 Jahre wurden das einfach meine Literaturbücher – bis zur Neige. Eigentlich bis zum Sterben lernend. Nach diesen Studien begann die gewaltigste Zeit für mich – bis zum heutigen Tage.

Der Herr selbst hatte meine Führung übernommen. Ich habe den Auftrag, aus meinem erworbenen Wissen und aus meiner Gefühlswelt diese Schriften zu verfassen, welche vielen Menschen dienlich sein sollen. Meine Neugierde und ich haben die Wahrheit über den Sinn des menschlichen Lebens gefunden.
Die Wahrheit ist Gott!

Da sich bei mir mehr oder weniger die geistig spirituellen Ereignisse überstürzten, finde ich es am besten, wenn ich mein Mysterium aus der Sicht des Herrn schildere. Dabei gehe ich einige Zeit zurück.

Der Herr:

„Mein Lieber, Du hast es durch Deine großen Anstrengungen geschafft, in einem Zeitraum von ca. bald 50 Jahren Dein vorgenommenes Ziel, die Wahrheit über den Sinn des menschlichen Lebens zu erfahren und das Wissen darüber, zu erreichen. Seit ca. 35 Jahren ließ ich Dich beobachten und mir auch über Dich berichten – durch Eliat, Deinen damaligen Schutzengel. In all diesen Jahren gab es für Dich viel Leid, aber auch Freude. Dein Karma schwankte so zwischen minus 120 % und minus 20 %, geboren wurdest Du mit einem Plus von 30 % (karmisch gesehen). Trotz Deiner geistig spirituellen Studien hast Du es nicht geschafft, Dein Karma ins Positive zu bringen. Gut, Du musstest Dir eine neue Lebensbasis schaffen und viel kämpfen, aber mit Deinem oft wilden Temperament auch oft Schädigungen hinnehmen. Dann ist es Dir vor mehr als 4 Jahren gelungen, eine Entscheidung zu treffen, eine Entscheidung, welche Dich auch ans Messer, im wahrsten Sinne des Wortes, hätte liefern können. Mit dieser mutigen Entscheidung ist Dein Karma plötzlich an die + 100 % Grenze emporgeschnellt. Ab diesem Zeitpunkt habe ich begonnen, mich vermehrt um Deinen weiteren Weg zu kümmern. Auch konnte ich Dir viel Wissen vermitteln, denn Du warst ja kaum zu bremsen. Natürlich habe ich Dein Innenleben stark durcheinandergewirbelt, aber Du alter

Kämpfer bist immer reicher an Wissen herausgekommen. Dann kam vor gut einem Jahr das Ereignis Deines Sterbens, Deines Todes. Deine vorprogrammierte Lebenszeit war abgelaufen. Aufgrund Deiner schon vorher erworbenen Erkenntnisse wäre Deine Seele bei mir in der 4. Dimension gelandet, im Himmel als Engel. Allerdings auch mit wesentlichen Leistungen bedacht. Da ich aber Deine anderen Fähigkeiten kannte, nämlich die, dass Du verstorbene Seelen motivieren und daher diese zur Besserung bringen kannst, und dies nur von der Erde aus geschehen kann, wagte ich ein Experiment mit Dir (Erklärung folgt). Die Seelen der Verstorbenen mit einem Minus im Karma landen alle in einer sehr unangenehmen Grauzone. Von uns wird hier keine Hilfe gegeben. Durch Dein langjähriges, ja, Jahrzehnte langes Studieren der Philosophie, verbunden mit Deiner spirituellen Seele, hast Du einen ausgeprägten Sinn für diese Philosophie, welche auch im Jenseits beheimatet ist. Dazu kommt Deine Fantasie für das Mystische, wobei Du trotzdem realistisch für die Erde geblieben bist, es zeichnet Dich eigentlich als (wie ihr sagen würdet) philosophisches Genie aus. Deine bisherigen Schriften sind der Beweis. Ich weiß, diese Auszeichnung von mir macht Dir immer Probleme, denn eine gewisse Bescheidenheit zählt auch zu Deinen Tugenden.

Ich habe Dir, mein Sohn, in der Nacht vom 6. zum 7.10.2011 meine Vaterschaft angetragen. Ich weiß, solche Nachrichten von oben bringen gewaltige Turbulenzen in Dein menschliches Inneres hinein. Du wehrst Dich außerdem auch immer gegen solche Heraushebungen. Natürlich ist so eine Würdigung für einen Irdischen mit allerhand Schmerzen, wenn auch mit großer Freude verbunden. Du bist ja der besondere Typ, der alles, auch das Positive, immer auch erleiden muss, ein lieber Masochist. Das Konglomerat von Dreinhauen, tiefster Gläubigkeit, Deiner Liebe zu mir und zu den Menschen, Deiner Sensibilität, vor allem Deiner Fantasie und Zähigkeit und einem Mut zu allem stellt sich mir fast schon übermenschlich dar. Deine liebe Frau hat dafür treffende Aussagen: „Ich verstehe nicht, wie du dich selber aushalten kannst" oder „Du überholst dich schon wieder selbst." Diese Deine Frau habe ich Dir damals als Deinen irdenen Schutzengel bestimmt. Damals schienst Du mir allerdings noch nicht so gereift, deshalb kann ich heute erst feststellen, dass es eine gute Entscheidung war. Nun etwas Wesentliches. Nochmals zurück zu Deinem Erreichen der Wahrheit, zu meinem Mir-Dich-erkennen-Geben. Als Du die Wahrheit erklommen hattest, konnte sich mir Deine Seele in einem blendenden, astralen Weiß entgegenstellen und das tat Deine Seele auch. Sie strahlte und umarmte den Vater, mich, Deinen Vater – mein lieber Sohn. In Deinem von mir bestimmten Erdendasein konntest Du das erst später erkennen. Viel früher noch ließ ich Dich etwas erkennen. Nachdem längst Deine Fähigkeiten sich abzeichneten, stellte ich Dich auf eine sehr hohe Ebene. Deine Reaktion war – Du warst auf mich wütend. ‚Herr', sprachst Du, ‚sekkiere mich nicht und belasse mich bitte in meiner Kleinheit, das wird mir alles zu viel.' In Deiner bockig werdenden Art wolltest Du mit mir einige Tage keinen Kontakt mehr, allerdings gelang Dir dies nicht lange. Durch Dein in spiritueller Hinsicht mangelndes Selbstwertgefühl musste ich Dich immer rechtzeitig aufmerksam machen, damit auch ich zur Sache bei Dir kommen konnte – bei Dir, mein Sohn – jetzt hast auch Du schön langsam das verstanden.

Einblick in die Vierte Welt, in meine Welt, mein Lieber, konnte ich Dir bisher kaum bieten. Vor langer Zeit, als Du wirklich psychisch und auch physisch am Abgrund standest und auch von nirgendwo Hilfe zu erwarten war, kamst Du in Deiner Verzweiflung zu mir zum Kreuz, obwohl damals Dein Weg Dich stark in die östliche Philosophie geführt hatte. Ich gab Dir in Deinem inneren Schauen ein wunderschönes Bild des himmlischen Vaters zu sehen, ein ehernes, edles Gesicht, welches damals auf Dich ein großes Vertrauen ausstrahlte. Später wieder ein Bild von der hoch in den Himmel aufstrebenden Gotik, ein bizarres, gewaltiges Bauwerk aus purem Gold – ähnlich einem Gotteshaus, prachtvoll für Dich anzusehen. Danach ging es wieder aufwärts mit Dir. Das Wesentliche dabei, Du hattest Dir aus der fernöstlichen Mystik sehr viel angeeignet, aber trotzdem wissend, dass dieser Weg einfach zu archaisch fremd für Dich ist. Es gelang mir damals, Dir den richti-

gen Weg zu weisen. Ich musste Dir helfen und Du hast angenommen, um Deinen Weg in Richtung Wahrheit fortzusetzen. Dann lerntest Du Deine heutige Frau kennen und lieben, und nachdem es keine Zufälle gibt, war das natürlich auch keiner.

Für mich sehr interessant war damals, als ich Dich auf die bereits verstorbenen Seelen ansetzte, um diesen zu helfen. Unglaublich, wie Du bei jeder von diesen auf den Grund ihrer Probleme kamst. Gut, die meisten waren Dir als Lebende bekannt und damit war auch eine gewisse Vorkenntnis vorhanden. Du gingst an diese Arbeit mit Intensität, ohne Scheu, mit Mut und zielgerecht heran – Kompliment, mein Sohn. Es war Deine erste und nicht letzte Aufgabe, mit Toten in Kontakt zu kommen und deren Seelen entschieden in die richtige Richtung zu weisen. Du warst eben immer so ein Dreinhauer, mitten heraus aus Deiner angeborenen Gutmütigkeit. Immer wenn Dein Stress, ein oft selbst erzeugter, Dich einfach übermannte, dann war auch bald eine Deiner Ungerechtigkeiten vorhanden. Du konntest diese zwar mühsam, aber immerhin doch wieder ausbessern. Trotzdem, Dein Karma schleppte Dich wieder nach unten. Eines muss ich Dir zugute halten, immer wenn Du, wodurch auch immer oder von wem auch immer, in die Tiefe geschleudert wurdest, Du kamst wieder hoch. Verbissene Zähigkeit war Dir eigen. Dein Weg wurde dann wieder von Dir fortgesetzt – und dann fast in alle Richtungen. Mein Lieber, oft habe ich Dich aufgefangen, sonst wärst Du schon früher aus diesem Leben entschwunden. Auch als Du noch ganz jung warst und auch noch später, gab es entsprechend gefährliche Situationen. Na ja, Deine Zielstrebigkeit, welche Du niemals aufgegeben hast (auch nicht in widrigsten Umständen Deines Lebens), hat mir imponiert, aber ich war trotzdem nicht ganz überzeugt, ob Du dies alles schaffen würdest, vor allem Deine urige, ehrliche Wildheit machte mich zeitweise skeptisch. Und nun zum krassesten Gegenteil, Du Spinner (auch ich verwende oft dieses Wort, denn ich habe es mir von Deiner lieben Frau geliehen).

Vor vielleicht 10–12 Jahren wollte ich Dich testen, wie Du auf ein Geistwesen reagieren würdest, falls es für Dich spürbar wäre.

Ihr Menschen würdet sagen, ein Wahnsinn. Wie Du aber diese Zusammenkunft, dieses Ereignis gemeistert hast, ohne Angst und Scheu, mit einem Maximum an Einfühlungsvermögen, an Demut, seelischer Tiefe, an Glauben an mich, das war selbst für Eure irdischen Verhältnisse sehr bemerkenswert. Dir, lieber Spinner, war nachher ohnehin klar, dass ich Dir damals bei der Autofahrt ins Lenkrad greifen musste. Übrigens, Du hast dieses Ereignis in Deiner Schrift sehr gut nachempfindend beschrieben. Bleiben wir dabei, ich bin mit Deinem bis jetzt Geschriebenen sehr zufrieden, so zufrieden, dass Du doch für mich ein philosophisches Genie geworden bist. Durch Deine immer wieder vorgebrachte Ablehnung dieser Äußerungen von mir brauchte ich schon sehr viel Geduld. Dass es eine Einbildung, ein Wahn, eine teuflische Aktion sei, dass Dich niemand mehr werde herausholen können – denn es gab ja für Dich keine wirklich greifbaren Beweise dafür –, waren Deine Wortausbrüche. Diese Herausforderung an mich, als solche war sie zu erkennen, forderte meiner Liebe zu Dir einiges ab. Am Ende so eines Ausbruches kam Dir immer in den Sinn, es gebe ja doch einen Beweis: der Pendel – unser Kommunikationsmittel – und die Bücher, in denen ich Dir via Pendel wesentliche Wörter, Sätze und Zahlen aufzeigte, welche nicht nur Deine Fragen und meine Antworten betrafen, sondern mit denen ich Dir auch gewaltige Ereignisse verdeutlichen konnte. Daraufhin warst Du für eine längere Zeit wieder sehr brauchbar, so brauchbar, dass ich Dich bis zu mir herauf angestrengt und beschwerlich klettern ließ, allerdings mit Deinem eigenen Willen behaftet. Und nun, mein lieber Sohn, hast Du es geschafft, mein Partner auf Erden zu sein.

Jetzt, wo Du diese Erhebung langsam angenommen hast, kann ich darüber auch sprechen. Dein üblicher Widerstand war auch dieses Mal nicht besonders gering. Dass ich jetzt die Vater-Sohnschaft mit Dir besiegeln konnte, ist für mich auch etwas sehr Erhebendes. Eine solche Direktverbindung Gott-Mensch hat es noch niemals in dieser Form in meiner Welt gegeben. Dass ein menschliches Wesen begann, die Wahrheit zu suchen, und auf diesem Weg vieles Furchtbare auf sich nahm, um die Wahrheit zu finden und nicht etwas

Heiliges oder sonstige Wesen aus dem himmlischen Raum oder gar Gott selbst, nein, das war in dieser Art auch einzigartig. Dein Ziel war nur, die Wahrheit über den Sinn des menschlichen Lebens zu finden, auf diesem Weg (auch Umweg) wurdest Du ein tief gläubiger Mensch. Den schwierigsten Steig erklommen zu haben, das hat noch kein menschliches Wesen je geschafft, aber auch nicht in dieser Art angestrebt, nämlich nicht Gottes, sondern der Wahrheit wegen.

*Somit ist jetzt der Zeitpunkt gekommen, Dir die Wahrheit darüber zu sagen, warum ich Dich nicht im himmlischen Reich empfangen und Dir einen gebührenden Bereich angewiesen habe. Es gibt dort genug gute himmlische Wesen, aber sie haben das nicht, was Du hast, nämlich die Gabe, auf menschliche Seelen wirken zu können. Diese Gabe hast Du Dir schwerstens durch den Weg, den Du gegangen bist, erarbeitet, Du hast den Sinn des menschlichen Lebens, die Wahrheit darüber erfahren und auch voll begriffen, denn **wenn jemand die Wahrheit sucht, der erschrecke nicht, wenn er sie findet** – dieser Spruch der Weisen hat für alles und jedes Gültigkeit, auch für Dich, mein Sohn. Leider kann ich Dir keine schönere Wahrheit bieten, als welche Du selbst siehst. Das heutige menschliche Leben ist voller Defizite und unterliegt einer negativen Beherrschung. Mein lieber Sohn, es tut mir sehr leid, dass ich Dir bisher keinen Einblick in die himmlischen Sphären, bis auf wenige Gegebenheiten, ermöglicht habe, obwohl Du Dir natürlich das Anrecht dazu längst erworben hättest.*

Zurück auf meinen Hinweis, schlicht und einfach, ich brauche Dich auf der Erde, Du hast das Zeug in Dir, von dort Positives zu erwirken. Du hast bereits selbst erkannt, dass von meiner Seite, also von oben, dieser Menschheit keine Hilfe mehr zuteilwerden kann. Sie beten zwar das Vaterunser immer noch mit ‚dein Reich komme …', aber es kommt kein Reich mehr von mir zu den Menschen. Nun müssen meine verdorbenen Seelen zu mir heraufkommen, und zwar gereinigt von den tiermenschlichen Gemeinheiten, so gereinigt, bis ihr jeweiliges Karma sie freigibt. Du, mein lieber Sohn, hast Dir alles erworben, was zur Aufklärung für meine Seelen in Menschengestalt vonnöten wäre.

So, jetzt kennst Du meinen Plan. Zuvorderst ist Deine Schrift für das geplante Buch mit dem Titel ‚Gott–Wahrheit–Mensch' ein guter Weg, viele Menschen zu erreichen und zum Nachdenken zu bringen. So viel nachzudenken, dass sie beginnen, ihre Seelen zu befragen und damit zu befreien. Es wird kein leichter Weg sein, aber jeder Mensch muss lernen zu wissen, keiner kommt an diesem Weg vorbei! Ich will und werde meine Seelen, meine ehemaligen Engelskinder wieder bekommen, sie sind ein Teil von mir. Mein Sohn – Du bist mein Verbindungsmann auf Erden geworden.

Allerdings kann ich Dir die allgemeinen Lebensprobleme im menschlichen Dasein nicht abnehmen, aber ich werde sie Dir erleichtern, wo es möglich ist (ohne besonders aufzufallen). Besonders im letzten Jahr in dieser Zeit hast Du sicher schon Verschiedenes in dieser Richtung bemerkt. Deine letzte Inkarnation bzw. Deine letzte Verkörperung war auch mit Leid und Kampf verbunden, aber Du hast Maßstäbe gesetzt mit Deiner damaligen Persönlichkeit, Du weißt, was ich meine. So habe ich auch dieses Mal die Hoffnung, dass Dir das von mir, Deinem Dich liebenden Vater aufgetragene Werk gelingt."

So sprach der Herr mein Gott zu mir.

Der Herr trägt sie mit sich seit ewigen Zeiten. Die Welt der Engel, man könnte auch sagen, die Welt seiner Kinder. Sie werden mit seiner Liebe durchströmt und gehören zur gesamten Einheit von Gott. Gott mit seinen Engeln sind *eins*.

Das vom Herrn geschaffene Universum, das All, lebt nicht nur von der webenden, immerwährenden geistigen Energie. In dieser Energie ist auch die Liebe mit eingebunden, die Liebe des Herrn zu seinem Werk. Daraus entspringt auch die Liebe zum Herrn als harmonischer Reflex. Er hat die Liebe zuerst in die Welt gebracht, weil Harmonie Liebe benötigt, um in einem harmonischen System wirken zu können. Das Universum besteht aus einem strömenden Gleichgewicht ohne Gegensätzlichkeit und trotzdem ist die Liebe sehr beweglich in ihr. Diese Liebe haben die revolutionären Engel mittels ihrer Seelen in die menschlichen Wesen einverwoben. Es handelt sich immer noch um die Liebe vom und zum Herrn, um die Liebe, welche man zuerst bekommt, um sie dann weitergeben zu können, wieder zurück an den Herrn – ein ewiger, harmonisierender Kreislauf. Das galt so lange, als die Liebe noch keine Gegensätzlichkeit, keinen Hass kannte, als die Liebe des Geistes die Engel zueinander beflügelte, jeder liebte jeden wie sich selbst. Alles überströmte die Harmonie des Geistes des Herrn durch die Liebe. Diese gegenseitige Liebe war auch in materielle menschliche Körper hinein versenkt worden. Wir wissen ja, dass dieser Idealzustand sich änderte, als das Prinzip der Dualität, der Gegensätzlichkeit, Einzug hielt in die beseelten Menschen. Diese reinen Kopfgedanken konnten mit der Liebe wenig anfangen und verschwiegen oft diesen aufkommenden Zustand von Hass in ihren jeweiligen Seelen oder zwangen diese Seelen, in diese falsche Richtung mit zu wirken, in die luziferische Richtung. Die Liebe bei Gott im Universum mit den Engeln ist ein immerwährender, wogender, von Energie umgebener, in die Ewigkeit leuchtender Zustand.

Das *ätherische Prinzip* hält die materielle Körperlichkeit von Mensch und Tier am Leben.

Das *seelische Prinzip* hebt den Menschen ab vom Tier und gibt jedem Menschen sein eigenes *Ich* zu seiner Selbstbestimmung. Damit wird der Mensch handlungsfähig und auch voll verantwortlich für alles, was er in seinem Leben ausführt. Von seiner Seele bekommt das menschliche Wesen auch die Liebe mit, die universelle Liebe, die Liebe von Gott, welche, sich in der Seele spiegelnd, wieder zu Gott neigt – einfach ein wunderbarer Kreislauf.

Das *luziferische Prinzip* bringt nun den Gegensatz ein, den Hass mit all seinen Facetten, damit ist jedes menschliche Wesen in eine unangenehme Dualität geraten.

Die wahre Liebe kann sich nur in ihrer vollkommenen Reinheit zu Gott bekennen. Die menschliche Seele hat nun diese Wahlfreiheit bekommen, welche sie vorher als Engel beanspruchte. Allerdings wurde nicht damit gerechnet, dass so ein starker Gegenpart, wie es der Satan ist, vom Herrn vorgesehen wurde.

Liebe–Hass – das Spiel kann beginnen

Ein Schiedsrichter fehlte noch. Bei solch enormen Möglichkeiten des jeweiligen Verhaltens müsste sehr exakt bewertet werden. Wie viel Hass kann sich ein Mensch aufladen oder wie viel Liebe kann er sich erhalten? Wie dann die Ungleichgewichte zustande kommen können, all das musste genau bewertet werden, um am Schluss einen entsprechenden Saldo zu erhalten. Dies ist doch für jedermann verständlich.

Und so brachte Gott ein Gesetz ins Spiel, einen Schiedsrichter, welcher zu jeder Zeit in der Lage ist, Minus- oder Pluspunkte festzuhalten und zu speichern – so, wie auch bei jedem Wettkampf über die Gegebenheiten bei einem Turnier gewacht wird. Bewertungen wie auch Punkte waren zu vergeben und zum Schluss das Ergebnis zu errechnen.

Der Herr hat das Schiedsgericht in Form des karmischen Gesetzes zu diesem Spiel des menschlichen Lebens eingebracht. Über dem menschlichen Wesen hat sich eine Trinität aufgebaut wie Liebe, Hass und Karma. Damit sind alle Grundlagen geschaffen. Ich will den Versuch wagen, visionär festzustellen, wie sich speziell die Liebe in diesem sich abzuzeichnenden Chaos bewähren kann und wird. Der Herr hat allerdings noch eine gewisse Gegensätzlichkeit innerhalb der Menschheit geschaffen, nämlich: *das männliche und das weibliche Prinzip*. Wohl wegen der Evolution.

Beginnen wir beim Einfachsten: zwei Menschen, egal ob Mann oder Frau, welche dem teuflischen Prinzip so weit widerstehen konnten, dass ihre Liebe rein blieb und nicht vom Teufel durchsetzt wurde. Diese Liebe wird sich von Gott zu den beiden Menschen und wieder zu Gott zurückbewegen. Bei mehreren Menschen würde das genauso funktionieren. Die Liebe wird immer von Gott kommen und durch die Menschen wieder zu ihm zurückgehen, ein, wie schon beschrieben, ewiger Kreislauf der Harmonie. Sollte dieses Szenario auf zwei Menschen wie Frau und Mann treffen, so wäre das eine himmlische und gleichzeitig die einzige Voraussetzung einer idealen Partnerschaft im menschlichen Dasein, einer wunderbaren Zweisamkeit bis zum Tod und darüber hinaus, einer Partnerschaft bei Gott dem Herrn.

Ab nun sind Probleme vorprogrammiert, sehr große Probleme. Bleiben wir bei der Partnerwahl zum Ziele der Weiterentwicklung. Jeder der beiden ist im Normalfall von sich selbst überzeugt, gut zu sein, sie gefallen sich gegenseitig. Was wissen sie aber voneinander? Alles, was sie sich erzählen. Was sie nicht wissen, ist, wie hoch eine eventuell vorhandene karmische Belastung ist und vor allem, wodurch diese entstand. Jetzt könnte man Hunderte von Beispielen anführen, wie die Liebe zwischen den beiden harmonisch sein könnte – ja, könnte. Wenn Störungen negativer Art im Karma vorliegen, ist der positive Fluss der Liebe zwischen den Partnern unterbrochen, dieser alles bestimmende, wesentliche Kreislauf. Es können nur Bruchstücke in der zeitlichen Länge dieser Liebe tragend werden, denn das Karma hat gerade auf diesem Gebiet leider ein unangenehmes Betätigungsfeld. Zuerst Liebesfreud – dann Liebesleid. Keine Schicksale, sondern aus dem vollen Leben gegriffene Ursachen und deren Wirkungen, ganz einfach nach dem bereits oft zitierten Karma-Gesetz. Was versteht einer unter Liebe, was ein anderer gar nicht so sieht? Da wird in Sachen Liebe betrogen, da wird Liebe mit Sex in einen Topf geworfen, da wird Liebe missdeutet oder verraten. Sollten sich Partner trotzdem zusammenraufen aufgrund von Lebenserfahrungen und deren Turbulenzen und dabei ihre Belastungen abarbeiten? Gibt es Schöneres als eine Liebe zwischen diesen, welche dann noch in Erotik, verbunden mit Nachwuchs, enden kann? Wahre Liebe gedeiht nur im Kreislauf zwischen menschlicher Seele und Gott, alles andere sind die schon erwähnten karmischen Bruchstücke.

Das karmische Grundprinzip ist ein ungemein ausgeklügeltes und für uns Menschen nicht nachvollziehbares. Die Bewertungen von menschlichen Untaten jeglicher Art, das Zufügen von Leid an Mitmenschen, Gutes tun, Hilfe leisten usw., das alles wird minütig, zu jeder Sekunde verändert, gespeichert, bewertet und ist in Sekundenschnelle abrufbar. Ob ein Mensch ein ihn belastendes Karma, in welcher Intensität auch immer, hat, verständlich gerechnet für uns in Prozent, oder ein positives Karma besitzt, auch dies unterliegt demselben Wertmaßstab. Ähnlich funktioniert die Bewertung des jeweiligen Abarbeitens vom schlechten Karma. Auch hier gibt es ein bestimmtes Maß in Leidenseinheiten, welche für den jeweiligen Menschen zum Tragen kommen. In welcher Form und Stärke, in welchen Zeiträumen das geschieht, ist und bleibt geheim. Es muss ja auch berücksichtigt werden, dass neue Belastungen jederzeit dazu kommen können oder eben sich Besserungen anzeigen. Die Flexibilität ist enorm. Um nur eine von Tausenden Möglichkeiten herauszugreifen: z. B. das menschliche Liebesleben. Das Karma kann mit dem Geschenk der Liebe, d. h. dem Anschluss an den vorgenannten Kreislauf dieses Geschehens, diese herstellen. Für längere Zeit oder kurzfristig. Das, was die Menschen so als himmlische Liebe bezeichnen, kann das Karma borgen und wieder entziehen. Genau das schafft Leid, oft furchtbares Leid zum Abarbeiten, aber auch zur Verschlechterung wie bei Affekthandlungen. Ob es sich um eine Liebe mit erotischer Begleitung oder um eine sogenannte platonische Liebe handelt, der Entzug ist immer mit mehr oder weniger großem Leid verbunden und dieses Leid bestimmt immer der Mensch selbst durch sein Tun.

Ich wollte hier nur darstellen, wie das rechtliche Karma und nicht das imaginäre Schicksal in Sachen Liebe die

Menschen durcheinanderbringt, wie der Mensch Liebesfreud und Liebesleid selber schafft. Der Mensch müsste eben begreifen lernen, dass er selbst mit seiner jeweiligen Lebensführung über das Geschehen in seinem Leben die Ursache ist und die Wirkung umgehend zu spüren bekommt. Es sollte noch festgestellt werden, dass bei Untaten von gewaltigen Ausmaßen zwei bis drei menschliche Leben erforderlich werden, um diese verursachten Leiden an anderen durch eigenes Leid zu sühnen. Bei Eintritt des Todes bekommt jedes menschliche Wesen bzw. deren Seele die Tafel seiner guten und schlechten Taten zum Studium vorgehalten. Je nach Schwere des Inhaltes geht es bei minus auf einen langen, sehr langen und schmerzvollen Leidensweg in die unterste Stufe der Zwischenwelt, welcher sich bis weit in die Zeit nach der nächsten Geburt erstrecken kann. Diese Tatsachen werden von den Menschen zu Lebzeiten einfach ignoriert, beiseitegeschoben. Das luziferische Prinzip flüstert: Du lebst doch nur einmal – mach, was dir Freude bereitet, egal, wenn nötig, weichst du eben dem menschlichen Rechtssystem aus, dann hast du ein herrliches Leben auf Kosten der anderen. Der Teufel hat natürlich seine Freude, denn er ist es, welcher die fürchterlichen Qualen an den menschlichen Seelen verübt. Nach der Verführung fangen die höllischen Qualen an, denn diese Aufgabe hat ihm Gott auch zugestanden. Die schlimmen, wirklich unverständlichen Leiden, welche Menschen angetan werden, sind diese.

Ein sehr guter Mensch, innerlich wie äußerlich, mit allen positiven menschlichen Eigenschaften kommt plötzlich in eine Leidensmühle von fürchterlichem Ausmaß. Niemand kann das verstehen, es werden Zweifel an Gottes Gerechtigkeit wach. Niemand weiß, dass es Menschen trifft, welche früher so viele Untaten verübt haben, dass zur Tilgung dieser mehrere Leben mit Leidensformen erforderlich sind, nicht gerechnet die, welche noch während eines normalen Lebens dazukommen können. So eine Situation ist für die Menschen nicht nachvollziehbar und so wird sogar der Herr an den Pranger gestellt, eben aus dieser Unwissenheit. Nochmals zurück zu Liebesfreud und Liebesleid. Auf diesen Ebenen hat das Karma, falls Belastungen vorliegen, enorm Gelegenheit, die jeweiligen Leidensformen zu situieren. Vor allem, wenn die Eifersucht zuschlägt. Kriege wurden damit ausgelöst, Morde wurden begangen – die Macht von nicht erfüllter Liebe und Eifersucht. Damit wurden nicht nur Leiden auferlegt, sondern auch zusätzliche Belastungen geschaffen. Das ist eben der Grund, warum diese Leiden so lange andauern, weil sich der Mensch auch immer wieder unwissend neue Bürden auferlegt bzw. zusätzlich schafft. Heute, mit meinem erworbenen Wissen, ist es mir unvorstellbar, dass die Menschheit einfach nicht über diese Leidensphänomene nachgedacht hat bzw. nachdenkt, sondern dies einfach einem imaginären Phänomen wie Schicksal zuschiebt. Ich denke, in Wirklichkeit ist das die Bequemlichkeit des Menschen, unangenehme Tatsachen einfach zu verdrängen. Es gibt sehr viele, vor allem alte Schriften sowie auch östlichen Religionen, welche das Gesetz des Karmas eindeutig beschreiben. Leider haben die sogenannten christlichen Religionen das karmische Gesetz bereits vor ca. 1300 Jahren aus ihren Statuten gestrichen, ganz einfach entfernt. Untertanen, welche dieses Gesetz kannten und danach gehandelt hätten, wären der mächtigen Kirche sehr unangenehm geworden. Somit wurde die Menschheit noch mehr in die Unwissenheit geschickt. Vielleicht finden sich heute Menschen, welche dieses Buch lesen und danach nachdenklich werden.

Es müsste ein zwangloser Austausch von Meinungen stattfinden können zwischen Menschen, welche guten Willens sind. Die ernstlich nachdenken und vor allem sich mit den Religionsteilen oder sonstigen Schriften, welche in diese Richtung gehen, auseinandersetzen. Es sind viele Menschen Wissende, man muss sie nur aufstöbern, denn sie haben sich zurückgezogen, um nicht von der Masse als verrückt verspottet zu werden. Aber es ist auch legitim, dass Wissende von der Masse der Nichtwissenden wegrücken, also sich verrücken – weg von den nicht Wissenden. Die Menschheit muss einen Weg finden, um aus dem Leidenswahnsinn, welchen sie Schicksal nennen, herauszukommen. Dies kann nur in langsamen Folgen geschehen. Zuerst wäre ein Status, eine Bestandsaufnahme darüber zu erstellen, wie hoch die karmische Belastung bei jedem Einzelnen ist, d. h., welcher Wert in Prozent gemessen wird, dies wäre der jeweilige Bestand. Ein als normal geltender, guter Mensch kann im Durchschnitt eine Belastung von ca. −30 bis −70 % annehmen. Das sind Werte, welche bei gutem Willen abgebaut werden können.

Stellen Sie sich täglich am Abend folgende Fragen:

Habe ich jemanden absichtlich in irgendeiner Form verletzt?
Habe ich aus Gier jemanden echt geschädigt?
Habe ich mit meiner Ego-Meinung jemanden beleidigt?
Habe ich ein faires Friedensangebot aus Stolz abgelehnt?
Habe ich versucht, meine Seele in mir zu finden?
Bin ich lange nachtragend gewesen?

Wer zu sich ehrlich ist, kennt seine Schwächen, ohne sie indirekt zu vertuschen, er kann dann diese Liste für sich erweitern oder ändern. Glauben Sie mir, wenn Sie diese Sache ernstlich angehen, bekommen Sie rasch ein Gefühl dafür, was Sinn oder keinen Sinn in Ihrer jeweiligen Handlung macht, sie werden lernen, sich rechtzeitig zu bremsen, falls die alten Gewohnheiten wiederkehren sollten. Mit Druck von außen kann man sehr wenig auf diesem Gebiet erreichen. Denkendes Fühlen kann nur von Ihrem Inneren her, von Ihrem Unbewussten aus geschehen. Das reine Gehirndenken ohne Gefühl ist auf alle Fälle dem Ego unterworfen. Beginnen Sie langsam für sich ganz allein (dazu brauchen

Sie keinen Partner), Sie selbst sind Ihr wichtigster Partner. Ihr Unbewusstes, welches aus der Seele kommt, dieses Denken kann den Wert Ihres Karmas senken. Ich kenne etliche junge Menschen, die sehr ihrem Ego frönen, unwissend, dass es ein Karma gibt. Meine Frage an einen von diesen, den ich besonders gut kenne, war: „Wie deutest du dein derzeitiges Karma?" Antwort: „Ich empfinde es als sehr gut." Nach meiner Prüfung (mit Pendel) des tatsächlichen Wertes dieser Person war ich überrascht, denn es stimmte. Hatte doch dieser Mensch seit ca. einem halben Jahr so nebenbei sein Karma von −30 % auf +30 % gebracht. Zuerst war er nur skeptisch auf mein Angebot, seinen Wert zu erkunden, eingegangen. Es waren auch noch andere Dinge, welche ich ihm sagen konnte, wie z. B. das Erkennen einer gesundheitlich gefährlichen Strahlung aus einem unbekannten unterirdischen Wasserlauf im Schlafzimmerbereich. Die Schlafstelle wurde geändert, der Schlaf war gerettet, Kopfschmerzen verbessert usw. Das schaffte Vertrauen.

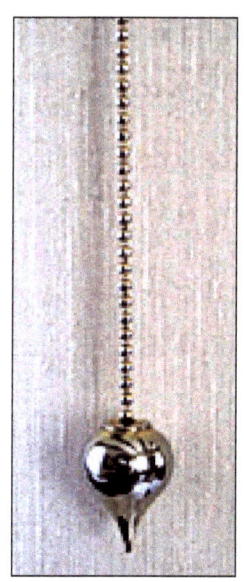

Die Menschen müssen nicht immer das riesige Repertoire der für sie unsichtbaren Kräfte kennen, sie müssen nur beginnen, ein Gefühl für deren Existenz zu entwickeln. Wenn man bedenkt, welchen Leidensformen man entgeht, falls man sein Wesen in die richtige Richtung lenkt, sollte das doch schon genügen. Versuchen Sie immer wieder, Ihr rein gedankliches, materielles Ego unter Kontrolle zu halten. Sie müssen kein Vorzeige-Mensch werden (den gibt es ja sowieso nicht), Sie müssen nur immer auf Ihre innere, gefühlvolle Stimme hören, es ist ihre „Seele". Lassen Sie Ihre Seele nicht baumeln, sondern lassen Sie von Ihrer unsterblichen Seele das Führen und Fühlen zu. Erkennen Sie, wo Uriel (der Teufel) eingreifen will, denn dieser lehnt sich gerne an eine Affekthandlung an. Noch eines – lehnen Sie Ihr innerstes Gefühl, Ihr innerstes Wesen an das Kreuz, an das Kruzifix an, es wird Sie bei Leid stärken und Sie werden beginnen, an sich und an Gott zu glauben. Dazu bedarf es nicht unbedingt der Kirche, weder von innen noch von außen, nur eines – das Vaterunser sollten Sie beten lernen, dieses uralte Gebet, welches Gott der leidenden Menschheit vor undenklichen Zeiten gegeben hat. Es hat mehr Wirkung im Guten als die gesammelte Technik aller Zeiten zusammen. Behalten Sie Ihr Leben immer, nicht nur im Gefühl, im Griff. Werden dabei die typischen menschlichen Eigenschaften abgelegt, so könnte man, allerdings mit Schwierigkeiten, eine Glaubensgemeinschaft bilden. Hier würde ich das Erlernen des sogenannten Pendelns als Grundlage setzen, des geistigen Pendelns. Später kommt das spirituelle Pendeln. Wir haben es hier mit einem Gerät zu tun, welches einem absoluten Gerechtigkeitsverfahren unterliegt, allerdings mit lauterem, reinen Herzen (ohne Eigennutz). Sie bekommen von mir eine Literaturempfehlung, aus welcher Sie den Umgang mit dem Pendel erlernen können. Ein ausgezeichnetes Werk, auch ich habe mein heutiges Können daraus geschöpft und erlernt.

Eines vorweg, Menschen mit einem ausgeprägten, sehr hohen, vom Kopf gesteuerten Intelligenzwert, haben von Haus aus Probleme. Es geht im Prinzip um das Einloggen in eine Wellenlänge, welche auf der Ebene zwischen Himmel und Erde, zwischen Gott und der menschlichen Seele verläuft. Dazu bedarf es bestimmter menschlicher Voraussetzungen. Menschen, welche sich mit echter Mystik, mit echter Spiritualität und ehrlicher eigener Wahrheit befassen, denen eröffnet die Kunst des Pendelns ungeahnte Möglichkeiten. Dem Gegenteil, dem fanatischen Atheisten, kann es nur Irrlichter bringen. Solchen Menschen, die es verstehen, in die bestehende Welle mit Kopf-Geist-Satan einzuloggen, denen können materielle Werte mit teuflischer Art besser serviert werden. Nur das Sterben solcher Menschen ist dann unschön. Das richtige Pendeln ist eine wahre Kunst, vor allem wenn man in Jenseitiges Einlass bekommt. Das allerdings ist eine Seltenheit.

Bleiben wir beim Normalverbrauch, ich habe hier nur die beiden Extreme skizzieren wollen.

Bei entsprechender Voraussetzung, sagen wir eines Menschen, welcher eine gute, innere Gläubigkeit besitzt und sein Ego im Zaum hält, ist es durchaus bald möglich, sein eigenes Karma, ob belastet oder nicht, sowie das Karma eines anderen Menschen mittels Pendel zu erfragen. Die wesentliche Voraussetzung ist das ehrliche Studium des ganzen Buches, nicht nur ein flüchtiges Darüberlesen. Sie werden sich wundern, was sich auf diesem Gebiet alles eröffnen kann. Allerdings: Hinterlistige Gedanken, wie nur mal probieren, unehrliche Versuche usw., führen immer zu falschen Ergebnissen. Übrigens wurde das Pendel schon vor Jahrtausenden erfolgreich eingesetzt. Ich sehe darin die wohl einzige Möglichkeit, den Menschen in eine sonst für ihn verschlossene Welt zu führen.

Dieses von mir (im Auftrag) geschriebene Buch entsteht überhaupt nur, um die Menschen wach zu rütteln, denn sie merken nicht, dass es bereits nach „unten" geht. Diese Situation zu stoppen, kann nur vom Menschen aus erfolgen, von immer mehr *werdenden Menschen*. **Beginnen wir doch damit endlich!** Ich kann es nicht oft genug betonen: Denken ist endlich – Fantasie ist unendlich. Lernen Sie, mit der Seele zu sprechen von Mensch zu Mensch und vor allem zu sich selbst.

GOTT–SEELE–ENGEL = ein und dasselbe
GOTT UNIVERSUM = ein und dasselbe
GOTT und die ENTSTEHUNG von ALLEM = ein und dasselbe
GOTT sich aufteilend in befehlende und schaffende EINHEIT.
Gott bleibt immer der Schaffende, Befehlende und Liebende.
Gottes Kinder, seine Engel sind die Ausführenden.

Die Engel sind gut, Gott Vater ist besser.
Gott hatte damit bereits eine Art der Dualität in sich getragen.

Also ein Gegensatz zwischen dem Guten und dem Besseren. Von allen guten Engeln wollten einige besser werden, dadurch fühlten sich die guten Engel benachteiligt. Langsam kam damit die schon beschriebene Revolte ins Rollen. Eine Strafe des Herrn war angesagt. Es folgte die wahre Gegensätzlichkeit, die wahre Dualität, nicht nur mit Gut und Besser, sondern Gut und Böse. Damit stehen wir jetzt am Beginn einer notwendig gewordenen, gewaltigen Umgestaltung des Universums mit seinen Planetensystemen – hin zur Materialisierung als Grundlage dafür, was einmal Mensch werden sollte.

Aussicht

Der Herr macht sich für seinen eigenen Anteil am menschlichen Konstrukt, nämlich seine im Menschen inkarnierte Seele, was das eigentliche *Ich* des Menschen ja ausmacht, verantwortlich. Verantwortlich dafür, dass sich der Mensch, d. h. seine Seele, vom Teufel verführen ließ. Das *Ich* des Menschen in Gleichschaltung mit seiner Seele hat den leichten Weg im jeweils menschlichen Leben gewählt. Was der Mensch mit seinem *Ich* getan hat, ist genügend beschrieben worden. Das *Ich* hat sich dem Druck des Kopfgedanken gebeugt und damit sich selbst und seine Seele vergewaltigt. Wenn nun diese menschlichen *Ich's* darangingen, ihre Seelen von dem diesen auferlegten Zwang, Schlechtes zu tun, zu befreien, dann könnte noch etwas Positives für die Menschheit erfolgen. Nur der Glaube an Gott, an sich und an die Menschheit könnte diese Wunder vollbringen.

Der Herr hat in der Menschheitsgeschichte einmal versucht, über Moses, den Weisen, den Auserwählten für das Volk Israel, und seinen Einfluss eine Besserung zu ermöglichen. Damals stand es um das Karma der gesamten Menschheit katastrophal schlecht. Der Herr versuchte sozusagen, in der letzten Minute einen notwendig gewordenen Exodus zu verhindern. Er brachte sein persönliches, unbeschreiblich schmerzhaftes Opfer auf Golgatha. Die Menschheit war damals, so wie heute auch, an einem Punkt angelangt, wo es nur mehr um Macht geht, darum, diese mit den grausamsten Mitteln zu erzwingen. Man könnte sagen, der Atheismus in Reinkultur feierte und feiert gewaltige Exzesse. Dass das Leben nach dem Absterben weitergeht und immer wieder weitergeht, im Sinne der unsterblichen menschlichen Seele, glaubte auch damals niemand. Die sogenannten Religionen verehrten meistens alle möglichen Götzen, welche sich die jeweiligen Völker selbst gestalteten. Es gab niemanden zu einer frommen Wegweisung. Die Lehren von Zarathustra (grundsätzliche Prägung vom Dualismus wie Gut und Böse, Reden und Tun), die Upanishaden (das Wesen der universellen Weltenseele) und ähnliche Weisheiten waren längst verblasst. Die wenigen Weisen wurden nicht gehört. Das „Ich" der meisten Menschen hatte sich mit dem Uriel verbunden.

Doch da – ein gewaltiges Zeichen. Durch das Todesleid des Herrn Jesus Christus und seine Wiederauferstehung, wohlgemerkt die *Auferstehung* und sein entschweben in die 4. Dimension – in den Himmel war geschehen und eine Tatsache wurde wahr, die Tatsache der Wiedergeburt.

Da kam Bewegung in das Denken, das Fühlen der Menschen. Ja, es gibt ein Leben nach dem Tod. Das hat der Herr mit seiner erfolgten Ermordung durch Mitglieder seines auserwählten Volkes gezeigt. Durch diese Auferstehung wurde den damaligen Menschen klar, es gibt ein Weiterleben nach dem Tod und es gibt auch das Strafgericht für Taten. Da geschah ein revolutionäres Umdenken, zuerst langsam, aber immer mehr Menschen erfassend für das göttliche Wahre an diesem monumentalen Geschehen. Tüchtige, unerschrocken gläubige Menschen trugen dieses für die Menschheit so wichtige Ereignis in fremde Länder. Einige von diesen großartigen Gestalten wurden ermordet, getötet von denen, welche diese Tatsache nicht anerkennen wollten.

So auch von den Mächtigen, die hier ein Schwinden ihrer Macht erkannten, denn es war ein gewaltiges Mysterium. Damals wie heute macht sich dieser Wahnsinn der Menschen breit, zu glauben, wenn sie den Körper eines Widersachers einfach ermordeten, sei alles damit erledigt, was sie an diesem störte. Daher dieses gewaltige gegenseitige Töten und Morden, damals und jetzt, im Kleinen sowie im Großen, die Angst herrscht als Grundlage. Diese um sich schlagenden Wahnsinnigen haben zwar den Körper getötet, aber die zum Herrn gehörende Seele ist unzerstörbar. Das bleibt nie ungestraft. Das werden die einst so Mächtigen merken, dass die von ihnen getöteten Seelen noch immer leben, in einer anderen Form, und das Gericht des Herrn wird zum Strafvollzieher – und dies trifft mit voller Wucht und Härte.

Ein Großteil der Menschen, welche dieses Wunder der Wiedergeburt in ihre Seelen – in ihren Ich's – aufnehmen konnten, veränderte ihr Leben nach dem Guten und es sah alles zum Besseren aus. Doch des Wunders der Kreuzigung und der Auferstehung bemächtigten sich nach geraumer Zeit sogenannte religiöse Machthaber und diese ließen von diesem Wunder nur mehr einen kleinen, von ihnen gefilterten Teil zu den Menschen, fügten andere, falsche Teile ein, um ihre Macht neuerlich zu stärken, und die Gier hielt wieder Einzug. Trotz dieser Tatsache wirkt dieses Mysterium vom Golgatha-Geschehen in einem Teil der Menschen noch bis heute nach.

Der wahre Kern der gewaltigen Auferstehung wird sich merklich niemals ganz verdrängen lassen. Jede Menschenseele wird, wenn sein Ich guten Willens ist, sich dieser Strahlung öffnen und den richtigen Weg finden, im Einklang mit seiner Seele. Nur müssen wir alles daran setzen, um diesen Teil der Menschen zu stärken und zu erweitern. Diese stehen dann als letzte Chance für die gesamte Menschheit.

Der Herr hat unter großem Leiden den richtigen Weg für die Menschen aufgezeigt, dass es Sinn macht für jeden, nach der Wahrheit zu suchen. Heute, nach zwei Jahrtausenden vergangener Geschichte der Menschheit, steuert diese punktgenau wieder in dieselbe Richtung ihres Unterganges. Die heutigen Menschen sind genauso wie ihre Vorfahren vom Mammon beherrscht. Nur, die Heutigen haben noch etwas anderes dazu geschaffen. Zum Symbol ihrer angeblichen, bereits eigenen Allmacht ist die Technik zum alleinigen, anbetungswürdigen Götzen geworden. Mit diesem Götzen Technik hat sich der Mensch durch die Erforschung des Atoms das schnellste Mittel zur Auslöschung der Erde geschaffen. Danach bliebe allerdings nichts mehr übrig. Durch diese Zerstörung würde der Herr den Gedanken der Materialisation der Erde für die Menschen fallen lassen, ebenso die gesamten Planetensysteme der Feststofflichkeit entledigen. Alles im gesamten Universum im All würde, was es immer war – nur mehr spirituelle, geistig webende Energie. Durchwebt von der Energie der Engel. Dieselben

Engel, welche als Seelen in die ehemaligen menschlichen Wesen verkörpert waren. Für den Herrn stellt die Herstellung dieses Zustandes im Universum kein Problem dar. Es reicht sein Denken. Das Fallenlassen des Gedankens über den Bestand der materiellen Welt genügt – und es *sei*.

Für die Menschen im Prinzip auch kein Problem, ihr Fleisch, ihre Gehirne gehen zusammen mit der Natur der Berge, Flüsse, Meere, Tiere und Pflanzen, eben mit allem, was da materiell war, in das Nichts über. Die enorme höllische Hitze hat alles Stoffliche in Nichts aufgelöst. Der Herr hat sich das auch anders vorgestellt, er hat an eine harmonische Dualität gedacht. Ob dieses System in der menschlichen Welt eine Chance hat, weiß eben nur Er, der Herr. Nur, die Schlechten dürfen die Guten niemals übertreffen. Das heißt, die Macht von deren Seele darf niemals das Schlechte ihres Ichs über eine bestimmte Grenze lassen. Das war es, was der Herr mit der Schaffung der harmonischen Dualität gemeint hatte. Das Ziel wäre der Gegensatz von gut zu besser (aber nicht zu böse).

Wie vor 2000 Jahren steht die Menschheit wieder durch ihre angehäufte Schlechtigkeit vor ihrem Untergang. Der Herr wird keinen Finger rühren und von „oben" eingreifen. Das war einmal und das war – zu leidvoll, zu brutal – der Vorfall des Mordes auf Golgatha. Dieses Mal ist der Mensch allein, er ist an der Reihe, seinen eigenen Untergang in das Nichts aufzuhalten. Ganz richtig ist es nicht, das In-das-Nichts-Auflösen im Falle des Exodus. Die Menschen, welche über ihr „Ich" ihren Seelen die nötige Zuwendung gaben und die Wahrheit erkannten, haben den Weg zurück zu Gott noch geschafft, auch wenn das in der letzten Sekunde stattfand. Aber Milliarden von Menschen, mit ihrem karmischen Ballast beschwert, schaffen keinen Höhenflug. Ihre Seelen und Körper sind längst entschwunden, müssen nun diese aufgehäufte grauenhafte Last weiter tragen. Sie haben bei Lebzeiten ihre Fleisch-Menschen nicht in die Schranken gewiesen, sondern haben wollüstig mitgemacht. Je nach karmischer Belastung irren diese armen Seelen, auch nur mehr aus Energie bestehend, leidend durch das Universum, durch schreckliche Grauzonen. Dieses Leiden kann eine halbe Ewigkeit andauern, denn Seelen sind unsterblich, sie können nicht einmal mehr in die Hölle fliehen, denn der Teufel ist auch ein Nichts geworden. Nur mehr Gott der Herr, welcher über allem steht, ist noch hier und das in alle Ewigkeit.

Der Herr wacht jetzt persönlich über seine gefallenen Seelen und erwartet, dass jede einzelne Seele durch das größte denkbare und undenkbare Leiden reingewaschen wird, damit die Taten, welche sie anderen im menschlichen Leben zugefügt hat, getilgt wird. Es ist ein harter, leidvoller Kampf der Seelen gegen das furchtbare, ihnen aufgetragene Leid, sie können auf kein Erbarmen, auf keine Toleranz des Herrn rechnen. Aber eines wissen die zu Recht geschundenen und vom Karma zum Leiden verurteilten Seelen, sie müssen alles erleiden, denn es gibt für sie nur einen Weg – die Wiederverbindung mit Gott. Nur, im Leben hätten sie es viel leichter erreichen können, sie hätten eben anderen kein Leid antun dürfen, so einfach wäre das gewesen.

Zurück zum Stand der heutigen Menschheit, nicht lustig – so fünf vor zwölf. Der Herr hat mir aufgetragen, aufgrund meiner durchgestandenen Erlebnisse in meinem bisherigen Leben, diese Schrift zu verfassen. Einer Intuition folgend, um der Menschheit dadurch noch eine Denkpause aufgrund dieser Wahrheiten zu schaffen, um doch noch in letzter Sekunde ihren Weg zum Besseren zu ändern. Versuchen wir, eine Zukunftsperspektive der Menschheit zu entwerfen. Eine Wahrscheinlichkeitsstudie, eine Fantasie oder vielleicht auch nicht. Eine mögliche Betrachtungsweise: Unser Herr hat fast schon seine Möglichkeiten, die schadhaften Seelen der einzelnen Menschen – und das sind immerhin unendlich viele geworden – wieder zurückzuführen, sich mit ihnen wieder zu verbinden, erschöpft. Er lässt das von den Menschen so gerne zitierte „Schicksal" einfach seinen Lauf nehmen und damit nahm auch das Gesetz des Karmas seinen Lauf. Der Herr wird noch einige Gebiete der Erde als schrecklichen Wohnplatz für enorm karmisch belastete Wesen einrichten, Gebiete des Grauens. Weiter werden vermehrt Naturkatastrophen, Kriege, Seuchen und dgl. die Menschheit weiter stark dezimieren. Diejenigen Menschen, welche in den kommenden, mehr oder weniger schrecklichen Zeiten durch ihre Arbeit an sich zur richtigen Erkenntnis gelangen, können den langsam, aber stetig abwärts rollenden Schicksalszug noch verlassen, zu ihrem eigenen Heil. Ich hoffe sehr, dass es viele, unendlich viele menschliche Seelen sind, die zurück zu ihrem *Ursprung* finden, zu Gott, ihrem Vater.

Die enormen wissenschaftlichen Fortschritte der Menschheit haben es in ihrem so aufgewühlten Evolutionsdenken tatsächlich unter gewaltigem Aufwand geschafft, den Planeten Erde auf Knopfdruck abschaffen zu können. Eine wirklich „verehrungswürdige" Leistung! Jetzt braucht sich keine Wissenschaft mehr den Kopf über die Entstehung der Welt, der Erde, des Menschen und den sogenannten Urknall zu zerbrechen. Verursachen sie nun selbst diesen Urknall, geht dieser allerdings in die verkehrte Richtung. Diese großartigen, selbstgefälligen, vor Gier und Stolz strotzenden „Forscher", welche es einzeln geschafft haben, ihre Seelen fast umzubringen, haben ermöglicht, dass sich das Universum jetzt rückwärts dem ehemaligen, entmaterialisierten Zustand nähert, nämlich hin zur reinen Geistigkeit mit ihrer Energie. Das bedeutete das Aus für die Menschheit, das Aus für die so gewaltige, hochgepriesene Kopf-Gedankenwelt. Es ist zwar auch das Aus für das luziferische Prinzip, welchem aber gelungen ist, den Großteil der menschlichen Seelen zu verführen.

Ausgelöscht das Materialisierte im Universum.

Zurück in den Urzustand des Alls, in das Reich der reinen, spirituellen, energievollen Weisheit. Dieses Szenario hätte viel früher, dafür unter ganz anderen Voraussetzungen erfolgen sollen. Die heute materialisierte, uns umgebende Welt wird nicht mehr sein. Die Menschen werden nicht mehr existieren, denn sie haben sich selbst vernichtet. Was aber immer ewig sein wird, das sind die unsterblichen Seelen. Die Seelen, welche es noch zu Lebzeiten geschafft haben, dem teuflischen Treiben zu widerstehen, welche eine Ahnung über den wahren Sinn des Lebens erworben haben, sie befinden sich dann dort, wo sie einst herkamen, allerdings geheilt von dem Wunsch nach der Dualität von Gut und Böse. Die anderen Seelen aber, leider die überwältigende Mehrheit, befinden sich in dieser bereits erwähnten Grauzone, um hier ihr tonnenschweres Gewicht, gemessen am Leid ihrer schrecklichen Taten, abzudienen. Am Ende dieses gewaltigen, langen, differenzierten, leidvollen Weges einer jeglichen Seele hat auch das karmische Gesetz seine letzte Arbeit getan.

Die wirklichen Probleme hatte immer Gott. Früher wegen der sich nicht in seinem Sinne entwickelnden Menschheit und jetzt fehlen ihm die vielen Engel in Form der noch der Befreiung entgegenschmachtenden Seelen. Sie fehlen bei der Verwaltung seines Universums. Dieser aufgezeigte Weg zieht sich in einen ungeahnt langen Zeitraum hinein. Die völlige Ordnung im Universum wird erst dann hergestellt sein, wenn sich die letzte Seele als Engel selbst befreit haben wird.

Und erst dann, nach der Befreiung jeder menschlichen Seele aus dem Kreislauf der Wiedergeburt bei Wiedereintritt in die alte Heimat bei Gott, werden alle Daten, alles Denken, alles Tun, die im Zeitraum des Lebens seit der Erschaffung des beseelten Menschen aufgezeichnet wurden, gelöscht. Wenn diese Daten gelöscht sind, wird auch das karmische Gesetz nicht mehr benötigt, denn dafür wurde diese Datenbank geschaffen.

Eines will ich nicht verschweigen. Ich trage die unwahrscheinliche Gnade in mir, mit Gott dem Herrn in einen besonderen Kontakt leben zu dürfen, so weit in dieser leben zu dürfen, als dies einem „Irdischen" überhaupt zuteilwerden kann. Aus diesem Grund konnte ich den Herrn immer und jederzeit über die Richtigkeit meiner Ausführungen befragen und bekam dies auch beantwortet. In Wahrheit ist Gott der Initiator, ich bin sein irdischer, alles aufschreibender Diener.

Falls jemand das vorher Geschriebene gut durchgelesen oder sich wenigstens teilweise mit dem Gesagten auseinandergesetzt hat, dann steht ihm das Recht zu, mehr über die Glaubwürdigkeit dieser Feststellungen zu erfahren. Es sollte aufgezeigt werden, wieso solche unwahrscheinlichen Aussagen einen Wahrheitsgehalt von größtem Wert besitzen.

Aufgrund meines sehr stressigen Berufslebens nahm ich mir einige Tage Auszeit, um mit dem Auto in die Berge zu fahren. Meine Familie und ich urlauben zwei Mal im Jahr in einem sehr schönen Bergort, im Sommer zum alpinen Bergwandern, im Winter zum Skivergnügen. Wir waren seit vielen Jahren mit unseren Wirtsleuten und deren Familie sehr eng befreundet. Der Senior starb eines Tages im Frühjahr. Ich hatte mit ihm immer einen sehr guten Kontakt, er war ein großartiger, bodenständig aufrechter Mann. Es war ca. 1–2 Monate nach dem Ableben dieses Mannes, da führte mich diese erwähnte Autofahrt durch eine Umfahrung an diesem Ort vorbei. Mein eigentliches Ziel lag weiter entfernt. Ich muss jetzt allerdings das damalige Stimmungsbild nachvollziehen. Frühsommer, Juni, sonniger Spätnachmittag, grüne Wiesen, blauer Himmel. Die Straße schlängelte sich entlang des grünen Flusses durch dieses weite, schöne Tal, beidseitig eingerahmt von Felsbergen, auf denen noch teilweise Schnee lag. Heuluft von der ersten Mahd und im Radio ertönte ein Oratorium von Haydn, geschaffen für das Seelische und zu diesem wundervollen Stimmungsbild zwischen Bildhaftem und Göttlichem passend. Ich lenkte mein Auto hinein, hindurch – wie immer. Mein Ziel vergessend, mit einem Tiefengefühl der besonderen harmonischen Art, welches einem nicht oft im Leben ermöglicht wird.

Aus dieser Stimmung heraus empfand ich ganz plötzlich und ganz sachte – es war noch jemand bei mir im Auto. Dieser Jemand schlängelte sich langsam, anschmiegsam von unten wie eine Spirale an meinem Körper hoch, fühlte sich an wie eine lange Kette aus großen Wattebauschen, nicht direkt spürbar, mehr eine Empfindung. Ich war leicht erschreckt, empfand es trotzdem verborgen als anheimelnd schön. Meine Gefühlswelt harmonisierte sich mit diesem Geschehen, anstatt sich über dieses geisterhafte Eindringen zu erschrecken. Ich befand mich ca. 10 km vor dem genannten Bergort. „Freund, das bist du", hörte ich mich sagen. Gleich darauf begann ich einen Freudentaumel dieses Geistwesens an mir und um mich herum zu spüren. Ich hatte ins Schwarze getroffen. Mir flossen plötzlich die Freudentränen, ich konnte nicht anders, dieses Erleben hatte mich einfach überwältigt. „Bitte, mein Freund", hörte ich mich sagen, „bitte setze dich sofort neben mich, denn ich fahre doch mit dem Auto." Die Straße war in diesem Bereich so angelegt, dass es keinen Pannenstreifen gab und ich unmöglich stehen bleiben konnte. Mein Blick war getrübt, mir fehlten die Scheibenwischer an den Augen. Mein Empfinden war aufgewühlt. Mein unsichtbarer Freund folgte sofort meinem Wunsch und saß, von mir deutlich spürbar, ruhig auf dem Nebensitz. Meinen Rat an meinen liebenswerten Geist begann ich sofort zu formulieren. „Freund, deine Familie kann dich weder hören, sehen noch empfinden. Du hast ein neues Leben vor dir, beschreite diesen neuen Weg in Reue, Demut und Liebe vor dem Kreuz und vor dem Herrn. Ein Zurück gibt es nicht mehr. Bereite das Wiedersehen vor, denn sie alle kommen eines Tages auf deine Ebene in deine jetzige Welt. Darum schreite vorwärts zum Guten, zum Herrn und bereite dich auf dieses Wiedersehen vor. Da musst du dann stark sein und den Neuankömmlingen helfen, denn sie brauchen deine Hilfe. Das ist dein neuer Weg, auf der Erde hast du nichts mehr zu suchen." Sein aufmerksames Zuhören war spürbar. Ich schwieg und nach einigen Minuten hatte sich mein Freund verabschiedet, d. h., es war spürbar, dass er nicht mehr neben mir im Auto saß.

Ich dankte dem Herrn für dieses Erleben.

Dann dachte ich nach. Mein Freund kam ca. 10 km von seinem Friedhof entfernt zu mir und nach etwa 10 km nach diesem verließ er mich wieder. Eines war für mich sicher, während dieser zwanzig Kilometer auf dieser frequentierten Bundesstraße hatte der Herr das Lenkrad für mich übernommen.

Es muss gesagt werden, dass ich damals schon in meinen Studien so weit fortgeschritten war, um diese Anweisungen dem lieben Geistwesen geben zu dürfen. Das war wahrscheinlich mein erstes Erleben mit einem geistig spirituellen Wesen aus der anderen Welt, vollkommen erfühl- und erlebbar. Etwas Angst machend im Moment, aber großartig am Ende. Ein Mensch mit einem positiven Karma wird mit einem Geistwesen niemals ein Problem haben, aber Mut muss er schon behalten.

Vor etwa 4–5 Jahren hatte ich die Dr.-Steiner-Literatur weitgehend studiert und mich dann zuletzt wiederholt auf die beiden Bände „Wie erlangt man Erkenntnisse der höheren Welten" sowie „Christus und die menschliche Seele" konzentriert. Dieses Mal aber mit extrem vermehrt seelisch-geistiger Einarbeitung. Jeder Satz brachte zum wiederholten Male neue Erkenntnisse. Es sei hier vermerkt: Dr. Steiner hat beim Ausdruck „Geist" nicht den viel zitierten menschlichen Geist (der vom sterblichen Gehirn stammt) im Sinn. Sein „Geist" ist der mystische und spirituelle Geist, welcher dem seelischen entspringt. Diese beiden Geister sind extreme „Gegenfüßler" (ein Ausdruck von Schopenhauer). Aufgrund dieses erwähnten Studiums begannen sich in meinem Inneren bereits die Strukturen der höchsten erreichbaren Ebene abzuzeichnen. Ich stand vor der Pforte des sogenannten Todes mit den wesentlichen, damit verbundenen seelisch mystischen Erlebnissen. Dabei hatte ich ein Problem: Meine Gabe für Meditation ist nicht stark ausgeprägt, meine große Fantasie samt Ideenreichtum aber schon wesentlicher. Das hatte zur Folge, dass sich mir im Traum oder eben bei den Meditationen die höchste Ebene nur wenig öffnete. Ich fühlte, dass ich meinem Ziel sehr nahe war, die Wahrheit über den Sinn des menschlichen Lebens zu erfahren. Doch der Durchbruch fehlte noch.

Bei der langjährigen Beschäftigung mit diesem Mysterium muss man mit großen Wechselwirkungen im Gefühlsleben rechnen. Der rein menschliche Gedanke ist der Schwierige, oftmals will er stürmen, wird es aber für ihn zu haarig, liegt er mit „Mir ist nicht gut" danieder. Führt der unbewusste Bereich mit seiner innewohnenden Seele aber das Kommando, kann es für den Menschen Phasen des Nichts-mehr-Wissen geben, die kurzfristig in eine Grauzone führen. Aber immer wenn man von diesen Phasen wieder in die sogenannte Normalität zurückgefunden hat, ist man spirituell reicher geworden. Allerdings sind diese Einbrüche oft schwer zu verkraften. Diese innere Welt eines Menschen, egal wie man sie benennt, wird fallweise auch viel zu stark begrifflich zerrissen und gegliedert, es ist aber ein unendlicher Reichtum, wenn man sie verstehen lernt. Die Regungen, die Vermittlungen dieser Welt in sein Leben einzuverweben, ist der große Sinn. Ich befand mich also nach dem Steiner-Studium in einer Patt-Situation. Nach „oben" wurde mir nicht richtig geöffnet und nach „unten" wollte ich nicht mehr, also befand ich mich in einer Warteschleife.

Es wird jeder von Ihnen schon über die Nützlichkeit von Wünschelrutengehern (Radiästheten) gehört haben. Menschen, welche durch ihre Sensitivität die verschiedensten Strahlungen in sich aufnehmen und auf den sogenannten Zeiger, die „Wünschelrute", übertragen können. Dadurch werden auch enorme schädliche Einflüsse auf den Menschen erkannt. Einflüsse, aus der Erde kommend wie Erdstrahlungen, Wasseradern, Erzadern und dgl., können mit dieser Methode ziemlich sicher geortet werden. Ich spreche hier von Menschen, welche die Gnade erworben haben, diese

Empfindungen in sich zu tragen, und nicht von Scharlatanen und Co. Unser Leben ist durchwoben von unserer Umwelt, es wimmelt nur so von Strahlen jeglicher Art, Strahlen, von denen wir keine Ahnung haben. Meist sind diese für den Menschen unschädlich, d. h., unsere Körper haben sich daran gewöhnt.

Es gibt allerdings eine Reihe von sehr krank machenden Strahlungen, von denen wir ebenfalls keine Ahnung haben, weil diese weder spür- noch sichtbar sind. Wie viele Menschen schon den Tod erleiden mussten, wenn sie lange Zeiträume diesen Strahlen ausgesetzt waren, darüber gibt es wissenschaftlich fundierte Aufzeichnungen. Die nicht wissenden Menschen haben durch diese Strahlungen viele schädliche Krankheiten und leiden darunter. Dasselbe gilt auch für Tiere, vor allem für Tiere in den Stallungen, wenn sie an Orten mit Strahlungen ihr Dasein fristen müssen.

Diese Strahlen können Menschen unter bestimmten Voraussetzungen erfühlen, die Strahlungsenergie in Bewegung (Rute) umsetzen und dadurch Strahlenbereiche kennzeichnen. Eigentlich ein normaler, physischer Vorgang. Das Rutengehen im Gelände gilt vor allem erdgebundenen Strahlungen und ist somit auch öfter im technischen Bereich erfolgreich anwendbar. Auf derselben Welle ist auch das bekannte Pendel anzutreffen. Dieses ist die feinere Gerätschaft und im Gelände eher beschränkt einsetzbar. Dieses Pendel ist natürlich auch nur ein Anzeigegerät, zeigt also die Wirkung einer Ursache auf. Meine Erinnerung an das Pendel geht sehr weit zurück. Anlässlich meiner beruflichen Abschlussprüfung, wir arbeiteten im Zeichensaal jeder an seinem Plan-Projekt, hatte in einer der Pausen ein Kollege ein Pendel in der Hand. Er dachte sich da allerlei Figuren aus, welche das Pendel, sich bewegend, ausführen sollte. Jeder, der wollte, konnte es probieren. Man sollte dem Pendel zuflüstern, es solle von links nach rechts schwingen oder umgekehrt. Wir hatten unsere „Gaudi" dabei. Bei den meisten rührte sich das Pendel nicht vom Fleck, bei mir tat es, was ich ihm sagte.

Dabei war ich selbst erschrocken und konnte mir keinen Reim daraus machen, wie so etwas funktionierte. In der Folgezeit kam mir ein Pendel niemals mehr unter, auch nicht in Gedanken.

Meine damalige Person könnte man so beschreiben: im inneren Wesen gläubig, fast kindlich gläubig, sehr neugierig, was ungeklärte Phänomene anging. Kirchliche Bauwerke aller Religionen konnten mich begeistern, weniger die Religionen selbst. Menschheitsgeschichte aus allen Epochen war eine Faszination für mich. All das lief aber nebenbei. Ich liebte meinen Beruf in allen Belangen, er war ausgeprägt technischer Natur sowie auch kaufmännisch angelegt, damit war ich ziemlich ausgefüllt.

Das Vorfeld des Pendelns, der Motor für den Zeiger, den musste ich finden, der die Impulse für die verschiedenen Ausschläge und deren Stärke gab. Der Initiator, welcher die Fragen entgegennahm und sie beantwortete, das war das Spannendste, das unglaublich Wirkende. Die Ursache musste gefunden werden. Ich will da nicht viel herumreden und begebe mich gleich in das Gebiet des geistigen, spirituellen Pendelns. Alles andere können Sie in jeder einschlägigen Literatur nachlesen.

Unter spirituell verstehe ich das Übersinnliche. Das ist das Wesentliche, damit hier zwischen Himmel und Erde eine ausgezeichnete Kommunikation bestehen kann. Wenn man das nicht versteht, muss man einfach sein Gefühl im Glauben fragen. Der irdische Partner – der Mensch – trägt in sich ein riesiges Potenzial an für ihn verborgenen Schätzen an Wissen, vor allem an jederzeit abrufbarem Wissen aus der Akasha-Chronik (kosmisch-energetische Bibliothek), dem Universum-Computer der Welt. Das Unterbewusstsein unserer Seele bewahrt und umschließt dieses Wissen und gibt es nur unter bestimmten Voraussetzungen frei. Das Wissen des menschlichen Gehirns, das Denken, ist lediglich für die Materie in all ihren Formen anwendbar. Materie, wie wir ja wissen, ist sterblich. Deshalb kann das reine Denken niemals den höchsten Grad zwischen hüben und drüben, zwischen diesseits und jenseits erreichen. Daran können auch noch so gewaltig erdachte Gedankengebäude, Wort- und Satzkombinationen, Umschreibungen von Philosophen nichts ändern. Das reine Denken bleibt der Materie verhaftet. Es ist der irdische Geist unseres Denkens, wenn auch mit ihm großartige, bewundernswürdige Techniken entstanden sind wie Raketen, Computer, Bauwerke aller Art, Raumschiffe und dgl. mehr, entsprungen aus dem sterblich menschlichen Geist, aber eben nur endlich. In Zukunft können „Supergehirne" noch großartigere Dinge vollbringen, solange aber der Mensch nicht in der Lage sein wird, den Grad zwischen Himmel und Erde nicht nur zu erklimmen, sondern auch zu überschreiten, bleibt alles vom menschlichen Geist und seinen Gedanken Geschaffene nur ein vorübergehendes Machwerk ohne Auswirkung auf die Tatsache – auf die Wahrheit –, welche über diesem gewaltigen Grad liegt. Dieser Grad ist das Sterben, ist der Tod. Der Tod wacht über diese Grenze und filtert genau, wer „sehend" in die Brillanz der anderen Welt eintreten darf und wer in der dunklen Grauzone verweilen muss. Das ist die Aufgabe des „Hüters der Schwelle", des Vorgesetzten des Sterbens. Rudolf Steiner hat diesen Hüter in seinen Büchern sehr gut formuliert.

Zwischen dem Jenseits und dem Diesseits gibt es seit der menschlichen Entstehung (seit der Beseelung des Menschen) Kontaktmöglichkeiten über wellenförmige Strahlungen, welche permanent in Betrieb sind und das Niemandsland überbrücken. Wenn ein menschliches Wesen mit seinem Denken sich in diese Wellen einklinken könnte, dann wäre er in Verbindung mit „drüben". Für dieses Einklinken ist allerdings der Geist zuständig, der Geist unserer Seele. Jeder Mensch ist mit so einer unsterblichen Seele seit der Menschwerdung behaftet – sie ist eine Leihgabe an uns Menschen von Gott.

Das menschliche Gehirn bzw. der menschliche Gedanke hat nur bedingte Möglichkeiten, Tatsachen im Bereich des Spirituellen, des Seelischen, des Transzendenten zu erfassen bzw. zu verstehen. Dieses Gebiet jenseits des menschlichen Denkvermögens ist nur erreichbar mit mystischem Denken und diese Denkart kann nur mit Gott in Verbindung gebracht werden. In die Nähe des Göttlichen kann nur der richtige

Glaube führen und diese Frömmigkeit der Spiritualität kann wieder nur die Seele vermitteln. Die Voraussetzung dazu ist die aufrechte Suche nach dem Sinn des Lebens.

Sie brauchen die innere Kraft, den menschlich sterblichen Gedanken mit dem seelisch unsterblichen Gedanken in Harmonie zu bringen. Das ist der andere Geist, den ich meine – der Geist der Mystik.

Nun wollen wir das mit den Wellen erweitert betrachten. Wie bei allen Gesprächen sind zwei Partner erforderlich, einer „drüben" und einer hier. Der hiesige Partner benötigt eine Eigenart. Er muss sich als Mensch auszeichnen, welchem die ethischen Glaubensgrundsätze ein Anliegen sind und dessen Leben auf solchen Formen aufgebaut ist – mit dem Empfinden, dass Gott die höchste, für den Menschen wichtigste Instanz darstellt. Dass Gott in allem und über allem durch seine Mystik zu finden ist, und genau diese Mystik ist es, welche der Mensch unbedingt benötigt – diese ist in seiner Seele zu finden. Wenn so ein Mensch ein Pendel in die Hand bekommt und die Voraussetzung zu geistigem Pendeln geschaffen ist, sind die technischen Grundbegriffe kein Problem. Der Pendel sagt einem Ja, Nein, weiß nicht, er kann kreisen, die Bewegungen rasch oder langsam ausführen, im Gewicht variieren und auch gewaltig ausschlagen bzw. schwingen. Die Fragestellung erfolgt an das Unbekannte – oder den Unbekannten – auf der Seite „drüben". Je höher sich die innere positive menschliche Wertigkeit darstellt, umso mehr Wellen stehen einem zur Verfügung, auch für hochgeistige Fragen. Als Partner von drüben kann man den persönlichen Schutzengel annehmen. Dass es solche Wesen aus geistiger Energie tatsächlich gibt, sollte jetzt keine Frage mehr sein.

So, jetzt können wir wieder den Retourgang einschalten und zurückkommen auf unseren ganz normalen Menschen, wie er sich uns täglich darstellt – wie wir uns selbst darstellen. Als überheblichen, uns als Mittelpunkt der Erde fühlenden, manchmal kleinkrämerischen, zeitweise brutalen Bürger dieser Gesellschaft, in der wir leben. Das letzte Erlebnis war das Gehen mit einer Wünschelrute im Waldviertel. Meine Frau und ich hatten vor ca. 5 Jahren so recht das Waldviertel mit seinen vielen mystischen Geheimnissen lieben gelernt. Das Wünschelrutengehen wird dort öfters angeboten, sogar in Kursen. Neugierig, ohne Ahnung und etwas voreingenommen besorgten wir uns zwei solcher „Dinger" und begaben uns auf einen mehrere Kilometer langen Weg, welcher in Abständen mit Tafeln versehen war, die anzeigten, was zu geschehen hätte (oder auch nicht). Es ging vor allem darum, angezeigte Wasseradern zu überqueren und die Rute sollte sich dabei auch bewegen – was diese aber nicht tat. Da begann es bereits. Bringt man ein skeptisches oder abwartendes Gefühl mit oder erwartet man sich zu viel, dann geht gar nichts. Die Seele – das Unbewusste – kann nur tätig werden, wenn der menschliche Hirn-Gedanke zurückgedrängt wird und nur das „etwas" zu sagen hat, was von dem inneren Seelischen in Strahlen aufgefangen wird, d. h. vom Ort des Geschehens. In diesem Fall ist es die Reibung des Wassers am Erd-Rand, die durch die Fließkraft desselben durch die Erde bis hin zum sensiblen menschlichen Körper über die Hand zur Rute gelangt, diese in Bewegung setzt und als Zeiger wirkt. Fazit: Menschen, welche ihre Kopfgedanken zugunsten der Gefühlswelt im Inneren nicht zurückdrängen können und vor allem mit dem Wort Seele nichts anzufangen wissen, werden niemals Erfolg auf diesem Gebiet haben können. Genau dieser Anteil der Menschheit bringt die gesamte Radiästhesie in Misskredit mit einem leider sehr großen Anteil von Skeptikern.

Wir wanderten weiter. Nach mehreren Stationen bewegten sie sich doch – die Ruten. Es begann, Spaß zu machen. Die letzte Station befand sich auf einem kleinen Berg mitten im Wald, wo sich auf dem Felsen eine kleine, uralte Kirche erhebt. Da begann die Rute wie durch Zauberei so stark auszuschlagen, dass man sie kaum halten konnte. Zuerst wurde dumm geschaut, aber dann kam Freude auf. Wir standen auf einem sogenannten Kraftplatz und die starke Strahlung aus der Erde brachte diese Wirkung zustande. Der Bann mit diesem „Medium" war gebrochen. Literatur half uns weiter und mein sehr stark ausgeprägtes Inneres in Bezug auf die Glaubenskraft kam mir bei diesen Unternehmungen sehr zu Hilfe. In der Folgezeit probierten wir natürlich bei jeder sich bietenden Gelegenheit dieses neue Instrument aus. Bis mir eines Tages ein Pendel in die Hände fiel, sagen wir lieber zuteilwurde. „Zufälle", das habe ich in der Zwischenzeit gelernt, gibt es nicht. Wir Menschen unterliegen einem perfekten, mystischen Regelwerk, aber wer weiß das schon? Wer kümmert sich um so etwas Unspektakuläres, da es doch gar nichts bringt? In Verbindung mit einem ausgezeichneten, großartigen Buch über die tatsächlichen Anwendungsmöglichkeiten des Pendels begann ich zu üben. Viele Fehlschläge durch schlechte Konzentration usw. stellten sich ein, aber auch ebenso viele Erfolge. Mein Talent entwickelte sich in Richtung des Auffindens von schädigenden Strahlen bzw. unterirdischen Wasserläufen. Aufgrund von vorliegenden Grundriss- und Landschaftsplänen, Straßenkarten und dgl., ohne vor Ort sein zu müssen, gelangen mir viele Ortungen und dies aus jeder beliebigen Entfernung. Über in der erwähnten Literatur vorgefundene Schemata fand ich mich mit meinem Pendeln sofort zurecht. Das geistig spirituelle Pendeln nahm bei mir seinen Anfang. Der Wert meines geistig spirituellen Niveaus stellte sich als unwahrscheinlich hoch heraus. Meine karmische Belastung stand sehr weit im Plus, daher konnte ich auf Anhieb Menschen in ihrer gesamten Beschaffenheit aufgliedern, ihre Schwächen und Stärken orten – so, wie natürlich auch meine. Dabei gab es ganz schöne Überraschungen, sicher auch wieder Fehlschläge, aber eines wusste

ich genau: Mein gesamtes seelisch geistiges Potenzial befähigte mich, mich in die von mir schon beschriebenen, ins Jenseitige führenden Wellen und Strahlen problemlos einzuklinken.
 Bis ich eines Tages merkte:
 Es machte sich ein „Partner" aus der anderen Welt mit mir zu schaffen. So etwas empfindet man oder eben nicht. Nehmen wir an, es war mein Schutzengel. Sie müssen nicht daran glauben – ich tat es aber schon (der Nachteil liegt leider auf Ihrer Seite). Die Kommunikation mit „drüben" nahm seinen Anfang. Ich war wie immer neugierig, will aber auch eine etwas mulmige Scheu nicht verleugnen. Doch Frechheit, mit etwas Mut bepackt, führte zu meinen ersten Fragen an das Jenseits:
„Bist du ein Engel?
Lebst du bei Gott?
Hast du ein großes Wissen?
Bekomme ich von dir die richtigen Antworten?
Bist du mir gut gesinnt?
Weißt du über die verstorbenen Seelen Bescheid?"

Solche und etliche Fragen mehr quollen nur so aus mir heraus. Dieser sogenannte Partner wurde bald mein Freund und er bekam von mir auch einen Namen: „Eliat". Er war damit auch einverstanden. Die Anonymität hatte sich dadurch wesentlich gelockert und die Atmosphäre wurde ausgezeichnet. Dann wollte ich auch über meine verstorbenen Angehörigen Bescheid wissen. Mit einfachen Sätzen konnte ich mich ja verständigen. Eliat stellte den Kontakt her. Es war für mich eine Freude zu wissen, dass es allen recht gut ging. Was ich nicht wusste, war, dass Seelen, welche nach ihrem positiven Karma drüben in höhere Ebenen aufsteigen, dabei jegliche Verbindung mit dem irdischen Leben verlieren und somit keinerlei Beziehung mehr zu den Hinterbliebenen haben. Ein Gespräch war immer möglich und sehr ergreifend. Es ist daher fast nicht beschreibbar, wie herzlich ich und meine Mutter Kontakt hatten, dasselbe mit Vater und Bruder. Bei solchen Exkursionen in das Jenseits schwand mein Energie-Haushalt beängstigend, aber es gab nach längeren Pausen auch wieder Energie-Nachschub. Für einen normal denkenden Menschen ist das ein gewaltiges Neuland, welches mit unserer Lebensart gar nichts mehr zu tun hat, aber es war faszinierend. Vor allem brachte es für mich eine enorme Wissenserweiterung. Die Unterhaltungen mit Eliat verliefen nach unseren Begriffen langsam, einfach entschleunigt. Meine Frage, ob er einen Wunsch hätte, wurde fast immer mit Ja beantwortet. Ich sollte dann ratend fragen:

„Betrifft es eine Sache? Einen Menschen? Einen Verwandten? Eine Frau oder einen Mann? Bereits verstorben? Wie alt?" usw.

Nach einiger Zeit des Übens kam ich sehr rasch zu dem Punkt des Wunsches. Dann kam es. Die Wahrheit, wie ich sie erst später erkannte. Eliat wollte mich geistig stark mit der jenseitigen Welt verknüpfen. Da konnte man schon richtig schlucken! Mit der Steiner-Literatur, vor allem mit dem „Ende" in jeder Hinsicht, war ich ja immer noch beschäftigt. Eliat verwies mich ständig auf neue Satzstellungen und Kombinationen in dieser Literatur, sodass ich geistig spirituell dem menschlichen Endstadium folgen konnte. Das Pendel zeigte mir immer, welches Buch, welche Seite, welchen Satz ich studieren sollte. Da gab es nichts Überflüssiges, es ging gleich zur Sache. So unwahrscheinlich das alles klingt, ich gewöhnte mich daran und erhielt laufend mystische Wahrheiten von ungeahntem Ausmaß. Meine Nächte waren oft im Traum aufgewühlt, durchwühlt, fast wie alle Eingeweide betreffend, umgekrempelt. Imaginäre Kräfte machten sich in meiner Seele gewaltig zu schaffen. Das war eben der Preis für meine Neugierde und dem daraus entstehenden Wissen über die mystischen Urgewalten. Meine ersten, rein spirituell geistigen Pendelaufgaben

nahmen schneller Gestalt an, als mir lieb war – gleich hinein ins Jenseits zu den verstorbenen Seelen.
So begann es eines Tages, mit einer Frage von mir an Eliat: „Wunsch?" – „Ja" – „Mensch?" – „Ja" – „Weiblich?" – „Nein" – „Verstorben?" – „Ja" – „Mir einst nahestehend?" – „Ja" – „Verwandt?" – „Ja" – „Schon lange verstorben?" – „Ja" – „Der …?" – „Ja." Verbindung wurde hergestellt. Ich: „Hallo, bist du es?" „Ja." „Geht es dir schlecht?" „Ja, sehr." „Wandelst du immer noch auf der Erde im Bereich deiner ehemaligen Familie als Geist umher?" „Ja." „Willst dich noch immer in alles einmischen?" „Ja." „Herumdirigieren wie früher?" „Ja." „Du bist jetzt in einer anderen Welt, mein Freund, in dieser Welt musst du vorankommen, mit Demut vor dem Kreuz, mit Demut vor Gott und dem Erkennen deiner Untaten im gewesenen Leben. Mit der Bitte um Vergebung, sonst wirst du diese Grauzone, deine Leidensform, weiter behalten. Hast du das verstanden?" „Nein." „Dann sage ich dir Folgendes, du sturer Holzkopf. Je länger du immer wieder dem Irdischen nachhängst, umso mehr Leid wirst du ertragen müssen. Deine Aufgabe ist es, in deiner neuen Welt weiterzukommen. Deinen Hinterbliebenen kannst du nicht mehr im Geringsten helfen, sie können dich nicht wahrnehmen, hast du das begriffen?" „Ja." „Es ist für dich alles sehr schmerzlich, weil du ja nie daran gedacht hast, das Leben könne nicht mehr so weitergehen, und so musst du mit dieser Situation erst zurechtkommen. Drüben, wo du jetzt bist, hilft dir niemand. Ich kann dir helfen, ich bin von der Erde und weiß Bescheid, deshalb wurdest du ja an mich vermittelt, weil wir uns im Leben gut kannten. Lass ab von deinem ehemaligen Erdenleben, das würde dein Leid nur verstärken. In mehr oder weniger langen Zeiträumen wird der eine oder andere deiner Angehörigen ja auch sterben und dadurch auf deine Ebene geraten. Dann wäre deine Zeit gekommen, diesem Neuankömmlingen deine Hilfe anzubieten. Wen trifft der

neue Verstorbene da an? Seinen ehemals geliebten Menschen, nun ein Geist, eine Jammergestalt, der dem ohnehin schockierten Neuankömmling überhaupt nicht helfen kann. Willst du das?" „Nein." „Willst du das, was ich dir mitgeteilt habe, befolgen, um zum gegebenen Zeitpunkt ein hilfreicher Geist sein zu können?!" „Ja." „Dann tu es auch! Du kannst mich jederzeit wieder kontaktieren und ich werde dir helfen, deinen guten Weg zu erreichen. Ich wünsche dir Gottes Segen." So und ähnlich waren oft meine Worte an solch arme, im Jenseits Irrende. Eliat habe ich dann immer gefragt, ob ich die richtigen Worte gefunden hätte, um helfen zu können, er hat mich darin immer bestärkt, wenn sie auch oft deftig ausgefallen sind. Dies war bei manchen einfach notwendig.

Nach so einem Gespräch waren meine Kräfte ziemlich verbraucht, zumal ich sehr emotional agiere. Dass ich total mit dem Jenseits verknüpft war, merkte ich nach mehreren Sitzungen, da ich tatsächlich positiv gewirkt hatte, und das machte mir große Freude. Die wenigsten der verstorbenen Seelen kamen mit einer Gesprächsrunde zurecht, fast alle kontaktierten mich wieder, so zwischen zwei und sechs Mal, denn die meisten konnten sich von der Erde nicht oder nur schwer abwenden (nicht umdrehen – Orpheus und Eurydike). Circa 130 menschlichen Seelen konnte ich dadurch auf einen für sie guten Weg verhelfen. Mein persönlicher Zettel spricht Bände, ich habe jede Sitzung vermerkt. Bei drei armen Seelen allerdings habe ich es nicht geschafft, sie waren schon zu Lebzeiten recht miese Menschen, sie sackten meines Wissens ab in die unergründlichen, leidvollen Tiefen, die für solche Wesen bestimmt sind. Ich wusste über diese unterste, jenseitige Ebene so weit Bescheid, wie man mir von „oben" zumuten konnte.

Eines im Zusammenhang damit: Das Beten für einen Verstorbenen kann diesem nicht helfen, jede Seele muss seine karmische Belastung selbst ableiden. Für den Beter selbst stellt dies aber bereits eine Läuterung dar, da er damit etwas Gutes für einen anderen erreichen möchte.

Da die armen Seelen auf ihrer Ebene keinerlei Hilfestellung erhalten, können sie nur von selbst erkennen, wie ihr Weg richtig gewesen wäre, und kommen dann durch ihre Leiden langsam weiter oder bekommen von der Erde die Hilfe (wie von mir vorher beschrieben), um auf eine Verbesserung ihrer Leiden hingewiesen zu werden. Glauben Sie mir, dieses Wissen scheint faszinierend, aber es ist nicht immer leicht, damit zu leben. Im letzten Moment wird einem immer geholfen, dadurch wächst das Vertrauen zu Gott immer mehr und man verspürt auch selbst sein eigenes gewaltiges Sein. Aber eines weiß ich, ohne den Beistand meiner Frau würde ich das alles nicht bewältigen können, denn Sie brauchen einen starken Partner, dem diese Mystik auch bewusst ist, sonst würde man ein kleiner, alter, bärtiger, vor sich hin murmelnder Einzelgänger werden, um so sein restliches Dasein zu fristen. Abgetan wie schon bei manch anderen – als Spinner. Niemand schenkt ihm Glauben, obwohl sein Wissen gewaltig ist. Meine Frau ist für mich der erdende Garant, der neutrale Beobachter, ob alles zwischen hüben und drüben seine richtige Ebene hat. Vor allem aber sorgt sie dafür, dass ich nicht abdrifte, denn die Gefahr wäre dazu sehr groß. Das luziferische Prinzip lauert immer und ich wäre sicher eine große Trophäe in der höllischen Tiefe. Meine Partnerin ist ein stark im Leben stehender, wunderbarer Mensch, der Gott in sich trägt, der auch sie liebt. Wir hatten immer schon verschiedene Ebenen, die Welt zu betrachten, aber die Mystik hat uns zusammengeführt, es gibt keine Zufälle. Ich spürte trotz dieser vielseitig mystischen Aufgaben, dass mir Eliat nicht mehr so richtig Auskunft geben konnte oder wollte. Bis sich wieder Folgendes ereignete.

Es war der Advent im Jahre 2009. Meine Frau und ich verbrachten einige Tage (statt wie oftmals in Salzburg) diesmal in Innsbruck. Wir sind begeisterte Besucher der alljährlich stattfindenden Adventsveranstaltungen. Wir lieben das alpenländische Brauchtum im Advent, besonders ich, da ich bis zu meinem 17. Lebensjahr in Oberbayern und Salzburg aufgewachsen bin. Da hatte ich natürlich eine große Beziehung vor allem zum Dialekt der Älpler. Diesen Dialekt mag ich besonders im Zusammenhang mit den Krippenspielen von den Kindern und Jugendlichen, immer wieder auf der Bühne großartig zum Ausdruck gebracht. In Innsbruck im Kongresshaus zeigte man in diesem Jahr anschaulich das Leben der Bergbauern zur Adventzeit, mit altem Brauchtum gewürzt. Der Mediator, eine großartige Gestalt, führte mit viel Liebe durch diese Darbietung. Es floss auch das für diese Menschen selbstverständliche Beten, das Vaterunser, in die Handlung ein, sodass dies zum Schluss von ca. 1000 Menschen laut und stehend gebetet wurde, zusammen mit dem Vorbeter auf der Bühne. Das war und ist für mich bis heute ein unbeschreibliches Ereignis, ein Gefühl der Mystik, der Liebe und der Sehnsucht nach einem wahrlich göttlichen Vater. Dieses Vaterunser hat der Herr den Menschen zum Beten gegeben, damit sie das Leid ihrer Seelen jemandem mitteilen können und einen Ansprechpartner haben. So, wie in früheren Zeiten, wo sie nur mit und in der Natur lebten. Dieses fast meditativ wirkende Gemeinschafts-Vaterunser hat gezeigt, es gibt noch gläubige Menschen. Diese Aura im Saal während des Gebetes war enorm fühlbar. Seit diesem, für mich psychisch überwältigend wirkenden „Vaterunser" hat sich aus dem transzendenten Bereich eine neue Partnerschaft als Ablöse für meinen Eliat angekündigt. Solche Veränderungen, egal welcher Art, sind für mich, wenn sie von drüben kommen, jedes Mal so etwas Unglaubliches, dass ich lange Zeit benötige, um es real zu erfassen. Alle diese Veränderungen meldeten sich bei mir nächtens in gewaltiger Knechtung an. Umwälzungen im unbewussten Bereich, um nicht nur das Ich, sondern den ganzen Körper umzuformen. Wenn nicht die Führung meines Pendels mir alles schriftlich (via auserwählte Texte), damals eben hauptsächlich von Rudolf Steiner, vermittelt hätte, würde ich alles für einen irrsinnigen Traum gehalten haben. Mir wurde gezeigt, welches Buch ich zur Hand nehmen und welches Kapitel ich aufschlagen sollte, um darin die Seite und die entsprechende Textzeile zu finden, aus denen dann sinnvollste Schriftsätze entstanden, die mir die Auflösung der Geschehnisse brachte. Somit wurde für mich auch der berechtigste Zweifel (mein Selbstzweifel) entfernt, denn dass mir kleiner Mensch diese mystische Ehre zuteilwurde, damit war sicher nicht leicht umzugehen. Diese seelischen Wechselbäder muss man lernen auszuhalten. Es entstanden mit der immer geschickter werdender Pendelführung und deren Ablesbarkeit richtige Gespräche mit der für uns unsichtbaren Welt.

Ich möchte nicht verhehlen, dass mich oft genug auch Angst ergriffen hat, anfänglich sehr oft sogar. Vor allem – wenn man so weit vorgedrungen ist, gibt es kein Zurück mehr. Schließlich war ich es ja selbst, der ausgezogen war, um die

Wahrheit zu finden, ahnungslos, aber beständig und auch mit Zuversicht. Das Vertrauen wuchs und ich spürte intuitiv, dass es der richtige und vor allem einzige Weg zur Wahrheit war.

Zurück zum Vaterunser:
Ich bekam Mitteilung, nicht plötzlich, aber durch mehrere Sitzungen hindurch, dass eindeutig „mein Fall" zur Chefsache geworden war. Wie ich später erfuhr – seit diesem Innsbrucker Advent. Ab sofort war mein Ansprechpartner „der Herr", Gott traute ich mich noch gar nicht zu sagen. Meine sämtlichen Fragen waren und sind an ihn zu richten. Nun war auch klar, warum sich Eliat zurückgezogen hatte. Allerdings wurde ich für Kleinkram und Lapidares an Fragen samt einem eigenen Pendel auf das von mir benannte „Große Wissen" verwiesen. Wenn man sich diesen ständigen Veränderungen anpassen soll, benötigt es viel an Konzentration. Da ich andererseits aber noch voll im Berufsleben stand und dieses ebenso meine volle Aufmerksamkeit benötigte, begriff ich, dass ich begann, in zwei Welten unterschiedlichster Art zu leben und zu wirken. Gedankliche und geistige Flexibilität war angesagt – schwierig, schwierig! Nach einiger Zeit geschah etwas Entscheidendes. Durch die Steiner'sche sowie auch durch die östliche Literatur wusste ich annähernd (bei jedem Menschen ist das verschieden), wie das Sterben innerlich zu erleben ist. Welche gewaltigen, schwer beschreibbaren Umwälzungen im Menschen vorgehen durch die Loslösung der Seele von der fleischlichen Last.

In der Nacht zum 24. August 2010 starb ich, meine mir vorgegebene Lebenszeit war abgelaufen. In dieser Nacht erlebte ich alles, es spielte sich im unbewussten Bereich ab, was zum Übergang vom Diesseits ins Jenseits eben zu geschehen hat und bei jedem sterbenden Menschen geschieht. Dieses bis auf das Äußerste aufgewühlte, seelische Meereswogen will ich hier nicht weiter beschreiben. Ich selbst fühlte mich total auseinandergefallen. Auch das berühmte Lebenstableau wurde mir vorgeführt. Der nächste Morgen: Ich versuchte, diesen nächtlichen Wahnsinn zu begreifen. Das Universum hatte mich in der Mangel gehabt, mit unbeschreiblicher Gewalt. Einiges in dieser Richtung war ich ja auch schon von früher gewohnt durch so manche seelisch geistige Umstrukturierung, aber nicht in so einer geballten Größenordnung. Hier habe ich begriffen, welche gewaltige Kraft in unserem Unbewussten walten kann und wie diese mystische Kraft mit dem Universum, mit Gott, kurzfristig eine Einheit bildet. Die höchste menschliche Denkkraft ist ein kleines „Nichts" gegen diese Urkraft, welche der Mensch (er weiß es nur nicht) in sich hat. Ich muss wirklich dem Genie Rudolf Steiner danken, dass mich sein großes Wissen und mein Studieren so weit in den letzten menschlichen Bereich geführt hat – vor die Schwelle des Todes und hindurch, was der gewöhnlich denkende Mensch niemals begreifen wird. Man geht hinein in die absolute Wahrheit – die Wahrheit über den Sinn des menschlichen Seins. Unvorbereitet würden solche Geschehnisse in eine riesige Irritation führen, normalerweise kommt man ja ohnehin nicht an solche Grenzwertigkeiten heran. Es ist arg genug, auch wenn man vorbereitet ist. Vergöttlichung und Wirklichkeit liegen auch in diesem Fall weit auseinander. Der Herr hat mir in der Folge mein Ableben bestätigt, schlicht und einfach nach meiner Frage:

Meine Nerven waren etwas klapprig, mein Gehirn setzte leicht aus.

Etwas mutiger geworden setzte ich das Pendel auf die Schemata an, um mein Alter zu erfragen. Es kam null heraus, da schluckte ich! Darauf meine weitere Anfrage, wie alt ich gewesen sei, als ich gestorben bin? Der Pendel zeigte auf das richtige Alter. Zur näheren Erläuterung: Das Bestimmen des Alters eines jeden Lebewesens gehört zu meiner normalen Tätigkeit. Weitere Fragen an den Herrn:

Was ich Ihnen hier nur in Stichworten beschreibe, hat sich in ziemlich komprimierten Zeiträumen abgespielt. Mein Wesen gegenüber der Umwelt ist in eine große Veränderung gemündet, in eine Weite und in das Wissen über Gott, es ist eine ganz andere Wertigkeit, ein neues, großräumiges *Sein*. Ich kämpfe täglich, um das zu verkraften, anzunehmen und umzusetzen, und das unter Beibehaltung meiner normalen familiären und beruflichen Verpflichtungen. Glauben Sie mir, es würde mich nicht wundern, wenn Sie diese Zeilen lesen, das Buch in eine Ecke knallen und mir dazu einen elenden Namen geben. Vielleicht hätte ich das früher im umgekehrten Falle auch so gemacht. Aus meinen verständlichen, häufigen Zuständen zwischen Angst, Ungläubigkeit, mulmigen Gliedern und Ähnlichem kam aber immer wieder die Neugierde, gepaart mit Frechheit und auch Mut, und ich traute mich wieder weiterzufragen. Wenn ich auch „alles" fragen kann, manches bleibt doch im Tabubereich, z. B. der Todeszeitpunkt eines noch lebenden Menschen. Die Gefühlswelten, die mich dabei durchströmten und es immer noch tun, lassen sich schwer in Worte kleiden.

Meine Frau hat einen ganz anderen Zugang, einen ruhigen, eher überlegt unspektakulären zur Mystik. Einen langsamen, aber beständigen Zugang. Ich war immer – und bin es auch geblieben – ein voranstürmender Revoluzzer. Der Herr hat mir meine Frau wirklich zu einer großartigen, universellen Partnerschaft beigegeben. Ohne sie wäre ich meiner oft selbst verlustig gegangen. Beim klassischen „Voran" übersieht man oft große Tiefen, allein kommt man da meist nicht mehr heraus aus diesen eher sehr dunklen seelischen Tiefen. Ich konnte meiner Frau und Partnerin immer alles erzählen, sie hörte mir zu, gab und gibt noch immer dann dazu ein ruhiges Statement ab. Mein Erleben findet sie aufgrund des bisher Erlebten ganz normal, was mich öfters fast auf die Palme bringt. Ich kämpfe, raufe, leide, bin glücklich, zu Tode betrübt – und da kommt ein Mensch und sagt, dass das alles normal sei, und das in vollkommener Ruhe. Zugegeben, ich befasse mich seit ca. 45 Jahren mit dem unerschütterlichen Streben, die Wahrheit zu erfahren und das aus dem vollen Leben heraus (Beruf, Familie, Sport, Freud, Leid, was so das Leben parat hat), aber eines hätte ich niemals erwartet, ich kann es noch immer nicht fassen – ich habe die Wahrheit tatsächlich gefunden! Gott der Herr ist die Wahrheit und er hat mich kleinen Menschen empfangen. Nicht im Himmel, nein, hier auf Erden hat er sich mir bewusst gemacht. Der Herr hat mich hier trotz meines Ablebens auf Erden belassen, den Himmel und sich selbst in meine Seele versenkt.

Das, was ich hier niedergeschrieben habe, kann ich beschwören: Es ist die volle Wahrheit, nichts als die Wahrheit – so wahr mir Gott helfe und geholfen hat.

NS: Meinen Sohn möchte ich weiter um sein Verständnis bitten, da seine Gedankenwelt nicht meine sein kann, aber er respektiert mein Leben in diesen zwei Welten. Er ist ein wunderbarer Mensch, ich liebe ihn und er trägt auch eine große mystische Wertigkeit in sich. Es ist gut, dass er die ganze Fülle noch nicht erkennt. Erfühlen tut er sie. Er hat noch genug Zeit für die langsame Reife dieser mystischen Gewalt in ihm, sie ist grauslich schön, schrecklich herrlich, aber unverzichtbar. Sie führt zum veredelten Menschentum.

Einbildungen, Fantasien, oder?

In meinen so vielen kleinen Erlebnissen, die sich mir gezeigt haben, waren es wahrlich keine. Es sind Tatsachen, welche ich hier zu berichten habe. Zum Beispiel folgende: Meine Frau und ich besuchten eine kleine Kirche, die abgelegen in einer kleinen Ortsgemeinde steht. Wir haben öfters so angezeigte Besuchsstätten (vom Herrn vorgeschlagen), die dann von uns auch in Augenschein genommen werden. So auch diesmal. Das Kirchlein hat rückwärts und auf einer Seite einen kleinen Gang, hinter dem sich eine alte Stützmauer befindet, die einen Feldhang abfängt. Ich meditierte ein wenig in diesem Gang in mich hinein, die warme, milde Sonne im Gesicht, mit so halb geschlossenen Augen und mit Blick auf diese Stützmauer. Plötzlich bewegten sich die großen Wandteile der Mauer nach links und rechts auseinander, ganz langsam, so wie ein Schiebetor, fast schwebend, und gaben anstatt des anschließenden Hügels eine Landschaft frei. Eine Traumlandschaft – ein großes Tal im Vordergrund, Blumenwiesen, ein Fluss, eine Berglandschaft, einfach wunderschön zu schauen. Eine noch nie gesehene Farbenpracht tat sich da vor mir auf, es wirkte alles sehr echt und ich traute mich nur langsam, die Augen zu öffnen. Dabei schloss diese Wand sich wieder ruhig von beiden Seiten. Dieses bewegende Ereignis benötigte vielleicht 3–5 Minuten. Meine Frau beobachtete mich zufällig von der Seite und gewahrte ein Lächeln auf meinem Gesicht, ein fast seliges Lächeln. Später erzählte ich ihr von diesem Ereignis und sie konnte es sogar ergänzen, denn sie hatte in dieser Zeit eine stärkere Luftströmung gespürt und nicht gewusst, wieso diese so plötzlich entstanden war. Ich benötigte einige Zeit, um mich wieder in unserer Welt zurechtzufinden. Bis heute kann ich die Brillanz dieser wunderschönen Landschaft nicht vergessen. Meine erste „Schau" in die geistige Welt hatte stattgefunden. Später konnte ich das sehr genau verifizieren. Dieses Phänomen ereignete sich in Zusammenhang mit einer meiner inneren Verwandlungen und geschah am 24.8.2010, also nach meinem ersten Ableben.

In diesen Zeiträumen geschahen etliche „Wunder", welche sich sogar beweisen lassen.

Nachdem meine Pendel-Sicherheit immer mehr zunahm, entwickelte sich eine Idee in mir. Meine Frau und ich konnten aus geschäftlichen und auch sonstigen Gründen keine längeren Urlaube verbringen. Es waren daher immer Kurzurlaube mit 2–3 Nächtigungen, dafür aber öfters. Unsere bevorzugten Gebiete waren entweder Süd- und Oststeiermark, das Waldviertel, die Wachau und das Burgenland, eher sehr bescheidene Destinationen. Was wir beide nie wollten, war, auf kürzestem Weg mit dem Auto ans Ziel kommen. Nebenstraßen mit fallweisen Besichtigungen aller Art machten uns Spaß. So geschah es, dass ich die Straßenkarte ausbreitete und großräumig mit dem Pendel über die Karte zog. Meine Frage war, welche Route wir nehmen sollten, und die Bitte, „Er" möge mir zeigen, welchen Weg er für uns ausgewählt hätte. Das Pendel bewegte sich über der Karte und man durfte es weder mental noch mit der Hand beeinflussen. Je nach Möglichkeit fuhr es über Hauptstraßen oder Autobahn bis zum Beginn des jeweiligen Nebenstraßennetzes und schließlich zum Zielort. Nie wären wir auf solche Strecken gekommen. Landschaftlich wunderbar, schöne, kleine Straßen, kein Verkehr. Auf mein Ersuchen zeigte uns das Pendel auch empfehlenswerte Sehenswürdigkeiten, vor allem mit mystischem Hintergrund. Vieles klein, unscheinbar, aber eindrucksvoll. Wir erfuhren von Kraftplätzen, rechte (es gibt auch linke) Kirchen oder Klöster. In einem wunderbaren alten Schloss hatte einmal auch Mozart übernachtet. In welchem Zimmer, war allerdings nicht bekannt, mein Pendel konnte mir aber dieses anzeigen. Altersbestimmung bei verwitterten Steinkreuzen usw., dies alles begleitete uns bei Ausflügen, Fahrten oder Wanderungen.

Seit mein Wesen zur „Chefsache" geworden war, gab es neue Richtlinien bei unseren Ausfahrten, wenn es auch nur Tagesausflüge waren. Der Herr fixierte via Pendel meist drei Punkte auf der Straßenkarte, in der Regel kleine Dörfer oder sonstige in der Karte eingezeichnete Points. Er wollte, dass wir ihn, unseren Herrn, an diesen, von ihm gekennzeichneten Orten besuchen kamen. Es handelte sich meist um kleine Kirchen, Kapellen, Feldkreuze und dgl. Es gab oft kleine Irrfahrten für uns, um irgendwo in den abgelegensten Orten diese zu finden. Es waren nicht die kirchlichen Bauwerke zu suchen, sondern das Kruzifix (der Herr im Leid), das innerhalb oder außerhalb der Kirchen zu entdecken war. Nicht die protzigen, mit Gold überladenen Kreuze, nein, die unscheinbaren. Waren wir der Meinung, wir hätten dies von ihm Benannte gefunden, war meine Frage: „Herr, bist Du es?" Die Antwort war meistens Ja, selten, aber auch vorkommen sein Nein. Dann mussten wir eben weitersuchen. Ich empfand dabei immer eine gewaltig tiefe, spirituelle Stimmung, welche eine innere Wärme und Freude verströmte, vor allem, wenn vorher sein „Ja" gekommen war. Dies waren Zusammenkünfte besonderer Art und Ausstrahlung. Auch ließ mich der Herr wissen, dass es eben linke und rechte Kirchen und auch Kreuze gab. Durch mein Fragen an ihn löste sich dies wie folgt auf. Religiöse Einrichtungen aller Art, welche aus tiefstem Glauben, aus Demut vor Gott errichtet wurden, waren *rechte*. Protzige Kirchen und auch Klöster, welche nur als Ausdruck der Macht der Kirche gegenüber den Gläubigen gebaut wurden, gelten als *linke*.

Warum könnte ich nicht auch meinen Arm als Pendel benutzen, dachte ich mir eines Tages. Ich probierte, anfänglich zögernd, aber es funktionierte. Allerdings nur der rechte Arm folgte meinen Fragen – unglaublich. Dasselbe gelang mit dem rechten Ellbogen, leicht aufgestützt, und auch mit dem Handgelenk. Mein Gedanke war eigentlich, ich müsse spinnen, das könne doch alles nicht wahr sein. Ich ließ eine Weile verstreichen, um es erneut zu probieren. Wunderbar, heute ist es Routine geworden. Trotzdem gibt es oft auch unangenehme Fehler, wenn man nicht immer konzentriert daran arbeitet. Der Vorteil des Armes lag darin, dass ich in der Öffentlichkeit nicht das Pendel hervorholen brauchte, wenn etwas zu fragen war. Waren meine Frau und ich unterwegs und ich gebrauchte meine neue Art des Fragens, erkannte sie dies sofort. Sie sprach mich darauf an und es ergaben sich daraus bereits wieder neue gute Gespräche. Natürlich werden viele die Ansicht vertreten, dass hier die eigenen, körperlich nervigen Muskeln dem Gehirn den Befehl geben, damit sich der Arm in Bewegung setzt. So falsch ist diese Ansicht nicht, denn anfangs fand ich das so ähnlich. Mein Bemühen, das nicht zuzulassen bzw. getrennt zu betrachten, war zuerst auch nicht sehr erfolgreich. Heute geschieht das nach dem Fragen so blitzschnell, dass die Bewegung keine Zeit hat, über Gehirn, Muskeln usw. zu agieren. Das Handgelenkpendeln hat einen enormen Vorteil beim Autofahren, bei engem Raum oder sitzenden Gelegenheiten. Bis zur heutigen Fertigkeit benötigte ich schon ein Jahr. Wichtig ist, dass die absolute Bewusstheit des Unterbewusstseins ständig bei der Arbeit präsent ist. Zu Eliats Zeiten wurde mir das Handgelenkpendeln nicht erlaubt. Erst der Herr selbst gab mir nach meinem weiteren Wachsen in der Mystik die Erlaubnis.

Wenn ich an den Beginn meines Wollens, die Wahrheit zu finden, zurückdenke, sozusagen Lehrzeit, Studienzeit inbegriffen, so vergingen ca. 40 Jahre. Ich hangelte mich beständig von einer Stufe zur anderen hinauf. Bis auf wenige spektakuläre Ereignisse war der Weg mehr oder weniger steil, lange und unendlich mühsam. Zeit spielte keine Rolle, da ich ja gar nicht wusste, ob ich in diesem Leben das Ziel erreichen würde – wenn überhaupt. Schon gar nicht wusste ich, wie denn dieses Ziel aussehen sollte. Eines war mir schon klar, der Steig war sicher keine verkehrte Einbahn, er war der richtige Weg. In den letzten 3–4 Jahren steigerte sich das Tempo des Erkennens von Mitteilungen derart, dass ich heute fast täglich, oft unvorbereitet, mit Wirklichkeiten aus dem Mysterium konfrontiert werde. Dem folgten immer das Staunen und der Glaube an Gott den Herrn.

Noch eine Erzählung eigener Art mit einem tierischen Wesen. Der Herr hatte mir auf der Karte im tiefsten Waldviertel einen Point via Pendel angezeigt, damit wir diesen besuchten. Das Suchen in dieser Einöde, noch mit einer Straßen-Umleitung versehen, war schwierig, fast schon abenteuerlich. Wie schon etliche Male suchten wir nach einer Kapelle. Trotz Fragen an Einheimische (die auch selten zu sichten waren) gab es in dieser Gegend weder eine Kirche noch Kapelle, aber an einer kleinen Waldzufahrt eine kleine, feine Andachtsstätte. Für ein Marterl zu groß, für eine

Kapelle zu klein. Ein sehr schöner, einsamer Platz am Dorfrand bzw. eben an diesem Waldrand, gepflegt, sogar mit zwei Bänken an den Seiten versehen. Wir hatten den richtigen Platz gefunden, der Herr bestätigte dies auch. Nach meditativen Minuten setzten wir uns vor der Weiterfahrt auf die Bank, einfach um das Innere, die Stille, die Einsamkeit zu empfinden. Plötzlich, wie aus dem Nichts kommend, sprang eine sehr große, rot-weiß gefleckte Katze auf den Schoß meiner Frau. Sie schmiegte sich herum, setzte dann mit einem riesigen Sprung auf mich an, landete auf meinem Oberschenkel und begann, mich richtig zu attackieren (in guter Absicht natürlich), aber mit so einer Kraft und Freude, ganz außer sich. Sie wollte unter meine Arme, fast wie in den Ärmel schlüpfen, schmiegte sich um mich herum, presste sich um meine Hosenbeine, laut schnurrend. Sprang dann wieder zu meiner Frau und wieder retour und verschwand plötzlich, genau, wie sie gekommen war. Wir beide waren einigermaßen verdattert ob dieses Erlebnisses. Später bekam ich die Antwort, dass es die erste Liebeserklärung des Herrn war, ein gewaltiges Gefühl. So eine Erklärung setzt sich zusammen aus zu suchenden Wörtern, meist aus einem Buch, natürlich via Pendel. Ich denke, in diesem Zusammenhang habe ich ja schon eine genauere Erklärung über diesen Vorgang abgegeben.

Glauben Sie mir, nach solchen Ereignissen versuche ich öfter, mir das alles in der Stille durch die Gedanken- und Gefühlswelt zu ziehen, betrachtet von verschiedenen Seiten, mit meiner reinen Gedanklichkeit in Bezug darauf, ob das nicht doch Einbildungen und Halluzinationen sein könnten. Aber das fast tägliche, eindeutige Erleben widerspricht dem. Es ist einfach zu schön, zu großartig, um es als wahr zu empfinden.

Wieder beschreibe ich eine Suchaktion in der Südsteiermark, ein Point, der nicht auf der Karte zu finden war. Das Pendel bezeichnete einen Punkt in einer Streusiedlung, allerdings auf der Straßenkarte nur sehr vage zu diagnostizieren. Unsere vielen Suchergebnisse, die wir schon erleben durften, sagten uns, es müsse auch dieser Point zu finden sein, denn der Herr baute auch gerne Schwierigkeiten ein. Wir empfanden dies meistens als „Geduldsversuchung". Auf Umwegen suchten wir emsig eine Kapelle, aber nein, es war ganz etwas anderes. Neben einem kleinen Zufahrtsweg zu einem weiter entfernten Gehöft stand ein Kruzifix in der Wiese. Durch das bereits sensibilisierte Empfinden hatte ich dieses wunderschöne Kreuz, in seiner Einfachheit verbunden mit der Natur, entdecken können. Es war der richtige Point. Alle diese Geschehnisse sind gedanklich nicht erklärbar, da besteht eine unsichtbare, universelle Wellenlänge. Ereignisse dieser Art gab es bisher sehr viele, es würde zu weit führen, sie alle aufzuzählen. Eines ist sicher, der Herr hat sehr viele Stellen, die für ihn sehr wertig sind. Sie stellen für uns meist Kraftplätze oder Gebetsstätten dar. Sie sind für nachfolgende Generationen Mahnung zur Gläubigkeit, Stätte, um dem Herrn ihre Liebe zu zeigen. Mit diesen Besuchen wollte er auch mich mit einbeziehen in die Strahlung, welche von ihm ausgeht, mich involvieren in seine wunderbare göttliche Aura.

Daher ist es mir ein Anliegen, noch von einem Platz zu erzählen, der mir viel gebracht hat – an Kraft, an Erkenntnis, an … Seit ca. 50 Jahren kenne ich diesen Ort, wollte immer diese Kirche besuchen, aber es kam nie dazu. Der Herr hat mich im Februar dieses Jahres 2011 auf diesen Platz aufmerksam gemacht. Natürlich kamen wir seinen Wunsch nach. Die Kirche liegt am Berghang, weite Sicht über die Weinberge bis hin zum großen Wasser – dem Neusiedler See. Vor diesem wunderbaren Hintergrund eine Kreuzigungsskulptur aus Stein, aufgebaut auf der großen, alten Steinmauer von einem modernen Bildhauer. Sicher ein Mensch mit einer großartigen mystischen Künstlerseele. Man sieht diese Kreuzigungsgruppe von weit unten vor der Kirche aufragen, als ehernes Monument des Leidens, aber auch der Hoffnung und der Liebe. Über viele Stufen erreichbar, habe ich, angelehnt an das Kirchentor, hier diese Trinität im wahrsten Sinne des Wortes erfahren. Es fanden hier für mich Ereignisse von ungeheurem, mystischem Wert statt, Erleben der höchsten, erhebenden Art. Es wurde mir wie eine Weihestätte. Seit der Zeit, als ich zur „Chefsache" emporgehoben wurde, begann sich Neues in ununterbrochener Folge in mir breitzumachen. Vor allem im letzten Jahr. Ich will hier das bisher unvorstellbare Geschehen, soweit dies überhaupt möglich ist, schildern.

Es war mein erster Jahrestag nach meinem Ableben und zugleich meinem Wiederleben. Wir wollten an diesem Tag natürlich zu dem oben erwähnten Platz (der Herr wollte dies auch) pilgern. Es war ein schöner Tag. Im warmen Sonnenlicht, angelehnt an die hölzerne Kirchentüre mit Blickrichtung zur Kreuzigungsgruppe, hielt ich meine Augen geschlossen. Da geschah es – es bildete sich vor mir ein Strahlenmantel in etwa meiner Größe. Dieser Mantel umhüllte den Herrn. Großartig anzuschauen. Nur, der Herr fehlte, der Herr war das Nichts und das Alles im Universum. Er war nicht bildlich da und das war das Wunderbare in dieser Situation. Täglich habe ich mit ihm Kontakt auf allen möglichen Ebenen. Ihn zu sehen in dieser meiner Mystik, war bisher nicht geschehen, aber jetzt hatte *Er* mich im Strahlenmantel in Liebe berührt. Meine Gefühlswelt war wieder einmal eine fast weinende Freude, eine Liebe, ein Vertrauen, einfach alles. Ich weiß heute bei meinem Schreiben nicht, ob ich diese Zeilen jemals freigeben werde, vielleicht nur für meine Frau. Denn diese gewaltige Erhabenheit von kleinkrämerischen, nicht wissenden Intellektuellen zerfetzen zu lassen, ist nicht gedacht. Es ist leider das Hauptproblem der Menschheit, dass nur mehr solche Gedanken hochgerüstet werden, die bis zum Extrammaterialismus das Sagen haben.

Wieder einmal eine Nacht voller Umwälzungen. Mächte formten in meinem inneren Wesen etwas um. Für mich wissend, aber nicht erkennend, nicht beschreibbare Gewalten waren es, welche sich da manifestierten. Schmerzhaft und schön zugleich. Der Tag brachte es ans Licht.

Herr, ich bin immer von deinen Wahrheiten erschüttert, du lässt mich das, was du mir mitteilen willst, in bestimmten Büchern in Worten und Sätzen suchen, finden und aufschreiben. Schlicht und einfach:

Du hast mich in ein besonderes Verhältnis zu dir erhoben und mir das Prädikat eines philosophischen Genies zuerkannt.

Am 3.9.2011 fand bei unserer „Weihestätte" die Angelobung statt. Meditativ sah ich dein erhabenes Gesicht in einem Medaillon sanft lächelnd mich ansehen. Alle Bilder, welche ich in der letzten Zeit schauen durfte, waren in einem hellen Grauton gehalten, etwa wie graue Federzeichnungen. Allerdings nicht so exakt, sondern einfach mystisch, aber doch sonnig und freundlich. Es klingt so unwahrscheinlich, diese unvorstellbare Wahrheit dieses Geschehens. Durch Gespräche mit dem Herrn ist mir klar geworden, mit mir geschieht ein Experiment höchster mystisch-geistiger Natur. Wie schon erwähnt, war mein Tod bereits am 24.8.2010 erfolgt. Der jedem Menschen von Geburt an gegebene Zeitpunkt des Sterbens war erfolgt. Wie ebenfalls schon erwähnt, müsste ich mich bereits seit einem Jahr in den oberen Sphären des transzendenten Raumes (Himmel) befinden, und wie mir berichtet wurde, aufgrund meines enorm positiven Karmas ein gutes Leben führen. Nein, der Herr hat anders entschieden. Meine Wirkungsstätte ist und bleibt hier auf der Erde. Die 45 Jahre meines irdischen Studiums philosophischer Natur müssen auf Papier gebracht werden, denn das will jetzt der Herr von mir. Vom Anfang der Suche bis zur Auffindung der Wahrheit, bis ich von Gott mit diesem in eine Art Gemeinschaft einverwoben wurde. Was sich zu allem zwischen diesen Zeilen abgespielt hat, ist nicht wirklich schreibbar.

Ich unterlag keinem Zwang, aber unter einer liebenden Bestimmtheit hat man keine Wahl. Wenn der Herr liebt, ist das eine gewaltige, edle, schöne und wunderbare Empfindung, welche mit einer menschlichen Liebe wenig gemein hat. Meine Liebe zum Herrn durfte sich erst entfalten, als ich seine Liebe zu mir richtig erkannte. Lange habe ich mich dagegen gesträubt, seine Liebe anzunehmen, weil es mir kleinem Menschen gar nicht zustand. Heute könnte ich ohne seine Liebe gar nicht mehr existieren.

Was mir jetzt öfter in den Sinn kommt, der Herr gestaltete seine menschlichen Wesen nach seinem Ebenbild, das wird auch in der Bibel geschrieben. Wenn ich den heutigen Menschen von seiner Gemeinheit, Grausamkeit usw. abstrahiere, komme ich den vorgenannten sehr nahe. Falls der Mensch mit seiner göttlichen Seele im Einklang leben würde, dann wäre das Gesagte Wahrheit.

Inkarnierung in vom Menschen zu verehrende Geister, Götter, Propheten, zugleich geformt in Luzifer, Himmel, Hölle und Natur, hin bis zur menschlichen Seele, alles gewaltige, selige, unselige, universelle Energie.

Diese All-Energie, das ist Gott unser Herr. Unsere winzigen menschlichen Seelen sind *Er* und wir sind eine unvorstellbare Ohnmacht ohne *Ihn*, ohne unseren Herrn.

Der Herr will meine Erfahrung mit ihm aufgeschrieben wissen. Den Menschen sowie den verstorbenen menschlichen Seelen in der untersten, noch mit der Erde in Haftung befindlichen transzendenten Ebene, kann nur wieder von einem Menschen Mitteilung gemacht werden. Von einem Menschen, welcher im Leben, mitten im Lebenskampf stehend, die Gnade und erforderliche Lebensweisheit erworben hat. Welcher durch den Tod gegangen ist, nur so ein

Mensch kann den genannten Seelen die Wahrheit über den Sinn des Lebens vermitteln. Die Hilfe des Herrn in meinem alltäglichen Normalleben ist für mich sehr stark erkenn- und spürbar. Sein Eingreifen in mein Leben geschah möglicherweise schon sehr früh, vielleicht schon im vorigen Leben. Meine Lebensart, meine Lebensführung war nie die eines frommen Menschen, im Gegenteil, immer geprägt von Revolten – auch gegen mich selbst. Gerne kämpfend wie fallweise gegen Windmühlen. Aber ich traue mich heute mit diesem Überblick zu sagen, mein Kern war ein guter Mensch, eben mit Abweichungen. Das habe ich auch von meinen Eltern mitbekommen. Vor allem von meinem Vater. Sein Leben wäre auch reif für eine Niederschrift gewesen. Heute weiß ich, er hat schon damals mich erkennen lassen, dass er mit dem, was das Leben so allgemein sagt, nicht einverstanden war. Er war auch ein Suchender nach Wahrheit. Damals hätte man solche Menschen als „Spinner" abgetan, natürlich noch mehr als heute. Ich liebe ihn noch heute, diesen starken Kreuz- und Querdenker, dann durch den Krieg gebrochenen Menschen. Die Welt verstand ihn nicht und er sein Umfeld nicht. Er versuchte, den Geist im Alkohol mit seinem eigenen Geist fallweise zu vereinen. Aber solche „Partnerschaften" gehen meistens nicht gut aus. Sein Leiden war gewaltig, aber auf dem Totenbett hat er sich mit dem Herrn versöhnt und heute – lebt er „drüben" in Frieden. Dieser alte Kämpfer – auch oft (wie ich) gegen Windmühlen – hat seinen (unseren) Gott gefunden.

Der Herr liebt nicht die frommen – wie sagt das Volk? – Kerzenschlucker, die Pseudo-Gläubigen mit himmlisch wässrigem Augenaufschlag. Er liebt aufrechte, mutige Menschen, welche auch Leiden in Kauf nehmen, oft ein wenig vom rechten Weg abgleiten, anderen Menschen beistehen, auch mit dem Herrn hadern können – aber doch wieder zurückkommen zur Demut und Reue, auch wenn es erst 5 Minuten vor dem Tode sein sollte, genau solche Menschen liebt der Herr. Wenig Zuneigung hat er für die sogenannten Gottesdiener, welche in langen Prunkkleidern und Schärpen, aufwendig vergoldete Kreuze umgehängt, predigen, sie seien Stellvertreter Gottes. Sie predigen das Heil so, dass ihre Macht und ihr Reichtum dadurch nicht nur erhalten, sondern auch noch vermehrt werden. Es gab und gibt heute noch Menschen dieses Berufsstandes, die mir verzeihen mögen ob dieser harten Worte. Denn viele dieses Berufsstandes waren Berufene, Menschen als Vorbild, Menschen mit geistigem, hohem Charisma, leidensfähige Menschen, Menschen mit Mut, großartige Kämpfer für den Glauben, für Gott, viele als wirkliche Heilige wirksam – aber nicht für die Machthaber auf Erden. Auch viele dieser großartigen Gestalten, welche die Wahrheit erkannt haben, mussten sterben. Wahrheit war meist nicht gefragt – sie war unangenehm für die Machtgierigen.

Schon wieder das von mir begonnen Thema verfehlt. Der Herr greift in mein Leben ein. Wie schon erwähnt, war mein Kern gut, eben auch mit Abweichungen. Diese verschafften mir natürlich immer wieder karmische Belastungen, die sich auch wieder abbauten, wenn ich von den Abweichungen wieder auf den richtigen Weg kam. Das karmische Gesetz wird für einen, auf sich selbst bezogen, erst interessant, wenn man das Plus oder Minus messen kann. Möglichst in Prozent zu jeder Stunde. Dann kommt man darauf, dass auch die Art des Denkens (wie dies erfolgt) bereits schlagend wirkt. Die Wissenden können mit ihrem Zugang richtige Messungen, egal ob anwesend, jenseits nach Bildern und dgl. durchführen und den jeweiligen Stand des Karmas bestimmen. Wenn ich heute in diesem Zusammenhang Rückschau in meinem Leben halte, ergibt sich folgendes Bild:

Ich hatte natürlich wie jeder Mensch Unfälle, Krankheiten, starke psychische Belastungen zu ertragen. Heute kann ich all diese Gegebenheiten einer jeweiligen karmischen Belastung bzw. deren Ursache zuführen. Hier offenbart sich das Kausalgesetz mit Ursache und Wirkung. Leider muss man sich diese Fähigkeit hart erarbeiten und es muss auch der Charakter eines Menschen mit diesem im Einklang stehen. Wäre das nicht so, stünden Tür und Tor für alle Gaunereien dieser Welt weit offen. Der Herr hat alles richtig eingeteilt. Etwas ist für mich fast eine Belastung, nämlich die Tatsache, dass all das hier Gesagte für mich eine tägliche Selbstverständlichkeit darstellt, als hätte ich nie anders gelebt. Hätte ich bis vor einigen Jahren das heute von mir Geschriebene gelesen, wäre ein ungläubiges Staunen die erste Reaktion gewesen. Mit all diesem Wissen kann doch ein Mensch nicht den Alltag bewältigen. Der Herr hat mir immer geholfen, nur erkannte ich es nicht, sonst hätte ich nicht so viele Fehlschläge erlebt.

    Ich werde nie eine Entscheidung von mir vergessen, eine Entscheidung, die spontan getroffen werden musste. Sie war sehr gefährlich und eventuell mit sehr viel Leid verbundene, auch zu meinem Nachteil. Egal, wie der Ausgang gekommen wäre, ich entschied hart gegen mich. Es gab Turbulenzen, aber diese führten zu guter Letzt auf den einzig richtigen Weg. Das war meine Feuertaufe. Man muss lernen, die Hälfte von oben her zu empfinden. Sie ist in der Alltäglichkeit verpackt. Mein Pensionsalter hatte ich schon vor langer Zeit erreicht, dachte aber nie an Rückzug – vielleicht manchmal, wenn es zu bunt wurde. Mein Arbeitsvolumen wurde nicht kleiner, nur, dazu kam mein viel stärkeres, sinnvolles Engagement in die mystische Philosophie und ich begann zu investieren – in dem Glauben, dass mein Weg der richtige sei. Heute arbeite ich zwar mehr für den Herrn, aber auch voll in meinem Beruf. Meine Familie ist mir ein großes Anliegen, nämlich die Harmonie in der Gemeinschaft. In Summe arbeite ich fast mehr als früher, aber jetzt hilft mir der Herr und er ist täglich an meiner Seite. Mein Leben hat einfach eine unglaubliche, nach innen wirkende Brillanz erfahren. Wenn ich diese Zeilen schreibe, geniere ich mich fast, denn sollte das jemals jemand lesen, geniere ich mich doppelt dafür, dass mir dieses Wunder zuteilwurde und wird und alles in Schönheit in das tägliche Leben einfließt. Das kann niemand verstehen, ich hätte es wahrscheinlich früher auch nicht gekonnt. Ich liebe Gott, der Herr liebt mich und diese Liebe ist unbeschreiblich schön. Sie schwebt weit über dem Animalischen in unendliche Weiten, denn die würde man benötigen, um Gott umarmen zu können. Dies ist mein derzeitiger Status in meinem mehr als aufregenden Leben. Hätten Sie Fragen?

„Ich weiß, dass ich nichts weiß", dieser berühmte Satz beschreibt ein sehr großes Wissen (der *Weg* zur absoluten Transzendenz), aber nicht die *Erfahrbarkeit* der Transzendenz. Wenn man das Sterben, das Verschleierte durchbrochen hat, sieht alles ganz anders aus. Bei den „höheren geistigen Interpretationen" der Literatur von R. Steiner gibt es eine Passage, welche ungefähr so lautet: „Ein Mensch, dessen Läuterung schon zu Lebzeiten erreicht wurde, d. h. ein Mensch, welchem gelungen ist, sein Karma auf ein sehr hohes Plus zu bringen, der hat den Einzug in die höhere Ebene der transzendenten Welt geschafft. Man kann diese Welt auch als himmlische Sphäre bezeichnen." Das Genie Steiner sagt auch: „Das Wesentliche ist, wenn man dort anlangt, kann man sich als geistig spirituelle, körperlose Seele dem traumhaft schönen Dasein dieser Sphäre hingeben. Oder man gliedert sich in einen Tätigkeitsbereich ein, dessen Aufgabe es ist, der Menschheit von oben zu helfen. Also mithelfen bei dem, was man eben aus dieser oberen Welt schaffen kann." Nun kann ich sozusagen meine „Einmaligkeit" erklären. Der Herr hat bei mir seine Entscheidung nach meinem erfolgten Tod so getroffen:

„Du kleines Menschlein hast es geschafft, durch deinen zähen, erfolgreichen Kampf die Wahrheit zu finden, und dadurch die höchs-

te Ebene in deiner Welt erreicht. Ich habe dein Erdenleben verlängert, weil ich weiß, dass du im jetzigen Dasein auf der Erde wesentlich mehr bewirken kannst, als es bei mir oben möglich wäre."
Wie schon von mir geschrieben, können von „oben" zur Verbesserung des menschlichen Charakters nur wenig Eingriffe erfolgen, sondern nur Strafmaßnahmen gesetzt werden via Karma. Gott ist etwas Unbeschreibliches. Er kann ein Volumen von geistiger Höchstenergie im universellen Bereich entwickeln und zugleich in winzigen, zerfledderten Kleinst-Einheiten auftreten, um sich in Sekundenschnelle neuerlich zu verändern. Nur zum besseren Verständnis: Es gibt kein Volumen und auch keine Zeiteinheit dort – bei Gott. Es war ein kleiner Versuch, eine Beschreibung in unser dreidimensionales Denkvermögen zu bringen. Es ist nur ein Ausdruck für das Göttliche, denn es gibt nichts für sich Separates beim Herrn, alles ist immer als eine Einheit zu betrachten. Diese Kleinst-Einheiten sind gleichzeitig die Seelen, in welche seine Kinder – die Engel – hineingeboren sind, aber trotzdem eine Einheit mit Gott bilden. Dem Grunde nach leben wir Menschen heute noch als rein animalische Körper, nur eben mit einem Denkvermögen ausgestattet, welches in der Tierwelt bei Weitem nicht so ausgeprägt war und ist. Diese damaligen „Menschen" zeugten Nachwuchs wie die Tiere, lebten in Gruppen, brauchten Nahrung, wurden mehr oder weniger alt und starben nach einer vorbestimmten Zeit – wie die Tiere. Dieselben Menschen aber tauchten nach einer vorgegebenen Zeit wieder auf der Erde auf. Da sehen Sie den großen Unterschied – das ist bei den Tieren nicht der Fall. Kraft des Denkens, welches eben immer größer, intelligenter (grausamer) wurde, hat der Mensch ein riesiges Gewaltpotenzial der Natur gegenüber erhalten. Was der Mensch bis heute mit seinem enormen Denkapparat erreicht hat, können Sie sehen. Gewaltige Werke, Konstruktionen, Erfindungen usw. Von welcher Betrachtungswarte ist das alles zu sehen? Dieses eigentüm-

liche Wesen Mensch denkt eigentlich nur immer darüber nach, was er für Vorteile für sich herausholen kann – eben aus der animalischen Sichtweise. Hätte Gott nicht den Tod eingeführt, die Welt gäbe es schon längst nicht mehr. Andererseits konnte der Tod auch nur ein Zeitverzögerer sein.

Eines ist sicher, der Mensch hat mit seinem gehirnmäßigen Denkapparat nur die Möglichkeit, in seiner eigenen, zeitlich beschränkten Welt zu operieren. Bewerten, messen, gewichten, konstruieren, rechnen usw., eben das, was sich darauf aufbauen und natürlich auch beweisen lässt. Ja, der Beweis, da achtet die Wissenschaft exakt darauf, dass da ja nicht einfließt, was sich vielleicht gar nicht so leicht beweisen lässt. Der Ausdruck Geisteswissenschaft ist eigentlich falsch. Dieser müsste durch „Denkwissenschaft" ersetzt werden. Denn der Geist lässt keinen Beweis zu, jedenfalls nicht vom Denken aus. Außerdem ist das Phänomen „Geist" gar nicht gedanklich zu erfassen. Alles, was mit dem sterblichen Gehirn zusammenhängt, ist Denken, sonst nichts. Nun, wie wir wissen, sind dem Denken Schranken gesetzt. Es ist so, dass die Welt des menschlichen Denkens eine obere Grenze hat, über die das Denken des sterblichen Gehirns nicht hinauskommen kann. Scharen von namhaften Philosophen haben sich bemüht, sich mit grandiosen Gedankengebäuden, zum Teil sehr komplizierten, über diese Grenze zu hangeln. Einigen ist es wunderbarerweise auch gelungen, aber auch sie hätten es mit dem reinen Denken nicht geschafft. Die Grenze, von der ich spreche, ist schlicht und einfach die, die der Tod setzt.

Es gibt Gesetze wie: Leid, Tod, Wiedergeburt, Karma. Ob dem wissenschaftlichen Denken das gefällt oder nicht, ob von den Wissenschaftlern diese Gesetze beweisbar sind oder nicht, das ist für die Erhabenheit der Schöpfung geradezu ein mildes Lächeln wert.

Wir haben also dem reinen Denken, welches aus dem menschlichen Gehirn stammt, etwas Zeit gewidmet. Ein animalisches Mensch-Wesen mit einem sehr stark ausgeprägten Denkvermögen – ich denke, das ist doch auf den Punkt gebracht unsere Spezies. Ich habe aufgezeigt, was dieses Denken alles kann. Jetzt beschäftigen wir uns damit, was das reine Denken sonst noch alles zuwege bringt.

Kann Denken:
Hass verbreiten?	Ja
Liebe empfinden?	Nein
Sex empfinden?	Ja
Menschliche Wärme empfinden?	Nein
Echte Gefühle empfinden?	Nein
Wissen verbreiten?	Ja
Glauben empfinden?	Nein
Transzendenz verspüren?	Nein
Wehmut empfinden?	Nein
Freude empfinden?	Nein
Leid empfinden?	Nein
Sucht empfinden?	Ja
Gott empfinden?	Nein

Dieses Aufzählen könnte man noch beliebig weiter fortsetzen. Kurz und gut, die Denkkraft hat keinen Einfluss auf den Menschen, auf das tief Menschliche, auf das eben, was den geistig höheren Menschen ausmacht, welches als edles Menschentum zu bezeichnen wäre. Natürlich schon gar nicht auf das, was den Menschen mit Gott verbinden soll. Jetzt haben wir auf der einen Seite das reine Denken, welches dem sterblichen Gehirn entspringt, also das rein materielle Denken, und auf der anderen Seite das Denken, welches dem Geist der menschlichen Seele entspringt. Gott hat den Menschen erschaffen und gestaltet und er hat dem Menschen etwas mitgegeben – er hat in diesem animalisch denkenden Geschöpf seine eigene Göttlichkeit mit dessen Seele verwoben und damit ein duales System geschaffen. Etwas Gegensätzliches, wohl in der Meinung, dass das edel Göttliche das nur denkend Animalische zum Besseren bekehren würde. Leider! Das animalisch sterbliche Denken hat sich erfolgreich gegen das göttlich Fühlende, seelisch Unsterbliche durchgesetzt. Es wurde das teuflische Kontra zum Göttlichen. Diese Situation ist ja nicht erst heute entstanden, nein, fast von Anfang an. Es gab schon einmal einen Höhepunkt der menschlichen Schlechtigkeit. Der Herr selbst hat sich als Christus eingebracht, um sich und seine Seelen (die Seelen der Menschen) zu retten. Aber der tierisch denkende Mensch hat ihn ermordet, unseren Herrn. Vor dieser Zeit gab es genug Strafmaßnahmen gegen diese vom Teufel beherrschten Wesen, von der Sintflut bis zu sonstigen Katastrophen, welche die Menschheit dezimierten, um sie neu gestalten zu können. Später krochen sie in ihrer Not mit der Bitte um Verbesserung ihrer Situation zu Kreuze. Geschah dies, kam alles wieder wie früher. Dadurch kam der Herr durch seine ursprüngliche Liebe zu seinen Geschöpfen in eine Notlage gegenüber dem luziferischen Prinzip. Jeder einzelne, heute lebende Mensch schändet mit seiner animalischen Denkkraft seine Seele – sein innerstes, wertvollstes Wesen, welches er von Gott erhalten hat. Und dies aus Nichtwissen heraus und weil er nicht die Wahrheit erkennen will. Es geschieht, weil der Mensch seine Denkkraft nicht mit seinem seelisch göttlichen Prinzip harmonisiert, sondern lieber nur dem teuflischen Prinzip folgt. Es erscheint ihm bequemer und verspricht ihm im vermeintlich einmaligen Leben mehr Freuden. Ich will hier bei meiner Kritik die Menschen ausnehmen, welche zumindest das unbestimmte Gefühl in sich tragen, Gott existiere. Denen möchte ich zurufen, forscht, wie auch die Wissenschaftler, aber in die richtige Richtung, hinein in euer wahres Leben, hinein in euer wahres Sein. Lernt jeder für sich eure unglaubliche Tiefe kennen, eine positive Tiefe, an deren Ende doch das göttliche Wunder, eure Seele zu finden ist. Forschen ist ein langer, oft schwieriger Weg, aber das Forschen in die numinose Richtung garantiert einen hundertprozentigen Erfolg für jeden Menschen, welcher guten Willens ist. Wie verständlich erscheint es, dass der Herr an den zunehmend bösen Geschehnissen leidet. Die Zeit ist bald wieder reif für Strafsanktionen, das Maß an Schlechtigkeiten seiner Kinder fast wieder voll.

Die Natur kann sehr grausam sein, sie ist ja auch vom Herrn geschaffen und dient ihm in absoluter Treue. Auch die Menschen bemerken die unwillige Natur mit ihren Gewalten. Die Wissenschaft denkt immer noch, dass es mit der Eindämmung der von den Menschen verursachten Erwärmung unseres Planeten getan sei. In Wahrheit erwärmt die Natur die Erde vorbereitend für einen eventuell großen Vollzug. Gott der Herr wird die vom Materialismus in allen Formen beschädigten und geschändeten menschlichen Seelen, die unsterblichen, die ein Teil von ihm sind, unbeschädigt zurückfordern und auch bekommen! Jeder Mensch wird so lange immer wieder geboren werden, bis die erforderliche Läuterung vollbracht sein wird. Die Läuterung jeder einzelnen menschlichen Seele muss so erfolgen, dass diese sich vom tierischen Denken wandelt in ein harmonisches, göttliches Denken. Dann sind die Seelen wieder dort, wo sie hingehören, nämlich bei ihrem Vater dem Herrn und Gott, der über allem steht. Wie lange das bei jedem Menschen dauern wird bzw. mit welchen grauenhaften Leiden und Schmerzen dieser Prozess verbunden ist, hängt von der spirituellen Lernfähigkeit jedes Einzelnen ab. Für menschliche Zeitbegriffe sind da einige Hunderttausende von Jahren absolut kein Thema. Gott wird seine Geschöpfe zurückbekommen. Sollten einige ewig Uneinsichtige übrig bleiben, so wird der Herr diese wohl oder übel dem Teufel zum „Fraße" überlassen müssen. Für diese gilt dann: Leid bis in alle Ewigkeit, jedenfalls so lange, bis der Herr auch dem Satan sein mieses Handwerk legen wird. Die transzendente, sogenannte himmlische Seite hat wenig Chancen, in diese wenig erfreuliche Situation eingreifen zu können. Der Tod eines Menschen führt zu einem mehr oder weniger lang dauernden Aufenthalt auf der jenseitigen Ebene, auf der untersten für die, wie schon erwähnt, die karmisch arg belastet sind. Nach irdischem Maß könnte diese Zeit so zwischen 50 und 300 Jahren andauern.

Was geschieht auf dieser Ebene mit den verstorbenen seelischen Geistwesen?

Diese Wesen werden jetzt zur Verantwortung gezogen für das, was sie in ihrem menschlichen Leben im Bereich der animalischen Gedanklichkeit an Verbrechen oder sonstigen Untaten begangen haben. Der ehemalige menschliche Körper samt seinem Gehirn geht in Verwesung über. Dieser Teilbereich des Menschen war zwar der Ausführende in Bezug auf die Untaten im Leben, kann aber durch den Tod nicht mehr zur Verantwortung gezogen werden. Was Ewigkeitswert bis auf Widerruf besitzt, sind die ehemaligen Gedanken dieser jetzigen verwesenden „Kadaver". Diese Gedanken werden gespeichert, stehen milliardenfach auf jederzeitigen Abruf bereit in der sogenannten Akasha-Chronik. Die Gedanken der Menschen waren mit Energie ausgestattet und Energie geht nicht verloren. Wenn ein Mensch seine letzte Inkarnation (Wiedergeburt) durch seine Läuterung beendet hat und seine Seele in die obere himmlische Ebene entschwindet, werden alle diese Speicherdaten gelöscht. Bis dahin aber befinden sich diese Daten im karmischen Gesetzesbereich, um abrufbar als Grundlage zum jeweiligen Strafvollzug dienstbar zu sein. In der Zeit zwischen Tod und Wiedergeburt erleiden alle Seelen, die karmisch belastet sind, Qualen jedweder Art, je nach dem vorangegangenen Vergehen. Dann erfolgt auf alle Fälle die Wiedergeburt. Die Seelen können im Zwischenleben (in der Grauzone) entsprechend ihren Taten sehr viel Leid erfahren, aber das Wesentliche, eine Entlastung des Karmas, findet trotzdem nicht statt. Ich würde das als Basisleiden erklären. Die jeweils von Mensch zu Mensch verschieden hohen Belastungen des Karmas können nur im irdischen Leben getilgt werden, egal, wie viele Leben dazu vonnöten sind. Im normalen menschlichen Leben müssen solche Taten vollbracht werden, welche die Kraft haben, die karmischen Belastungen abzubauen. Die einzige Möglichkeit, im Zwischenreich Hilfe zu erhalten, ist diese (von mir schon erwähnt): Ein auf der Erde lebender Mensch, welcher sich die geistig spirituellen, mystischen Eigenschaften im hohen Ausmaß erworben hat, kann unter bestimmten Voraussetzungen den Verstorbenen im Jenseits Anweisungen geben, wie sie ihre Leiden vermindern können. Es ist mit Demut, Reue, Gebet und vor allem ohne Rückschau auf die Erde möglich. Also keinen Rückblick auf das vergangene Leben anstreben, sondern in diesem momentan neuen Leben nach vorne schauen, sich ausrichten zu Gott dem Herrn.

Jetzt komme ich zum „neuen Leben", zur „Wiedergeburt". In welche Familie, in welche Gesellschaft ein Wesen hineingeboren wird, bestimmt das Karma. Nehmen wir den Fall einer sehr starken karmischen Negativbelastung an. Die Geburt wird sich dort ereignen, wo Elend, Hunger, Gewalt usw. herrschen. Schon von Kindesbeinen an elend aufzuwachsen, elend zu leben und elend zu sterben, ist eines der möglichen Szenarien der karmischen Strafmaßnahmen. Da das Wesen grauenhafte Taten begangen hat, wird es durch viele Wiedergeburten immer wieder in schreckliche Verhältnisse hineingeboren werden, um sein schlechtes Karma zu tilgen. Bedenken Sie doch einmal, wie viel Unrecht und wie viele Verbrechen täglich auf dieser Welt geschehen und welches Elend andererseits auf der Welt herrscht. Bei dieser Überlegung müsste ein anderes Bild im Denken entstehen. Ich will diese Tatsache in ein simples Rechenbeispiel bringen. Auf unserem Planeten Erde verweilen insgesamt ca. 7 Milliarden Seelen, die auf der Erde *verkörpert* sind, die anderen sind die Seelen als Geistwesen, welche sich im Erdenzwischenreich befinden, sagen wir ca. 4 Milliarden. Diese Zahlen unterliegen natürlich ständigen Umschichtungen durch das Rad der Wiedergeburt. In der Summe aber bleiben sie vorderhand gleich. Die menschlichen Wesen, welche sich auf ein hohes positives Karma hinaufgearbeitet haben, fallen aus diesem Zahlenspiel heraus, sie haben dann den Kreislauf der Wiedergeburt durchbrochen. Leider sind dies immer nur sehr wenige – obwohl dies der einzig wahre Sinn des Lebens wäre, die Rückkehr der menschlichen Seelen zu Gott. Weiters werden Menschen, die sich zu einem – sagen wir – Plus-minus-Karma emporgeschafft haben, weiter im Kreislauf der Wiedergeburt verweilen, mit minimalen Leidensformen im Zwischenreich und guten Lebensverhältnissen auf der Erde. Diese Wesen haben jetzt die positive Chance, nach „oben" weiterzukommen – oder nach „unten" abzudriften, eine negative Chance, die erhebliche Folgen mit sich bringt. Im Unterschied zu den erstgenannten, glücklichen Wesen verringert diese zweite Kategorie die gesamte Menge von 7 Milliarden nicht, der Ausbruch aus dem Rad des Gesetzes ist also nur wenigen beschieden.

Bleiben wir bei der unwissenden Masse, welche permanent durch dieses Rad Leben – Tod – Wiedergeburt gejagt wird, ständig mit Leiden jeglicher Form behaftet. Durch das Nichtwissen, durch die längst erfolgte Abwendung von Gott, durch die dauernde Vergewaltigung der Seelen und ihre animalische Denksicht kann sich ja nur das bereits vorhandene Chaos ausweiten. Das Rad nimmt die große Mehrheit von verbrecherisch agierenden Menschen auf und lässt dieselben als Strafe wieder in schreckliche Lebensverhältnisse hineinfallen. Es ist nicht schwer, sich die weiteren Folgen auszudenken. Entweder *die Menschlichkeit* erfährt eine Renaissance, *die Dummheit* öffnet sich zum Licht, *der Verbrecher* erkennt, dass er auf alle Fälle den Kürzeren zieht, und *der Willige* entwickelt all seine positiven Kräfte, **dann erfühlt die Menschheit** Gott ihren Vater und Schöpfer. Wenn die Menschen aber nicht dem gewaltigen, grauenhaften Leidensdruck und dem brutalen Druck der Natur rechtzeitig ausweichen und so ihre Seelen in letzter Sekunde von dem erbärmlich tierischen Gedankengut befreien können (damit der Weg zu Gott frei werden kann), so sind sie dem Untergang preisgegeben.

Mein Wissen über die transzendente, die göttlich himmlische Welt ist im Detail nicht groß. Wie schon erwähnt, die Sicht darauf, außer in wenigen Situationen, bleibt mir verwehrt. Sie werden sich fragen, wie kann er dann trotzdem im Zusammenhang mit dem karmischen Geschehen so bestimmt darüber berichten?

Das Genie Rudolf Steiner hat mir mein Gefühl durch intensives Studium seiner Schriften geöffnet und geschärft. Selbst mit eingebracht habe ich die erforderliche Geisteshaltung. Das Wesentliche: Es ist eine Gnade, ich kann über alles mit Gott dem Herrn sprechen, ihn vorweg fragen, und ich bekomme Antworten über Bereiche, welche mein Interesse bewegen. Wer z. B. wacht über das karmische Gesetz? Wer vollzieht es mit dieser enormen Präzision? Antwort – die Engel des Herrn. Engel sind Wesen, welche sich aus der geistig spirituellen Energie des Herrn aus ihm heraus und zugleich in ihm selbst in Verantwortung ihrer Aufgabe rein geistig entwickelt haben. Gott ist alles, so ist er auch Engel in erhabenen Größen und Mengen. Ich sehe vor mir einen Wissenschaftler, dies lesend, wie er über diesen Satz innerlich springen würde. In meiner Gefühlswelt empfinde ich diese immense göttliche Welt, sie aber (der Herr will es so) in unsere Sprache umzusetzen, ist fast nicht oder nur sehr schwer möglich. Meine Fantasie ist unendlich, meine Gedanken sind endlich, darin liegt der Unterschied.

Nachdem mich der Herr in eine unvorstellbare Partnerschaft zu sich auf Erden gestellt hat, wurde auch mein Aufgabengebiet von ihm bestimmt (fast wie im irdischen Management). Während ich alle möglichen Erlebnisse, Gedanken und viel Wissen aufschreibe, rollen meine Ideen schon wieder darüber hinweg und zeigen mir andere Informationen, sodass ich eigentlich einen „Gehirncomputer" benötigen würde, welcher Tag und Nacht alles für mich notiert. Nun, eigentlich doch nicht. Mein eigenes Schreiben zwingt mich zu einer gewissen Stabilität, zu einer Reihung und zur Einsicht, dass nicht alles selbstverständlich ist, was da mit mir geschieht. Eine tiefe, gläubige Frömmigkeit vor dem Herrn lässt mich seine gewaltig erhabene Größe, seine Wertigkeit, seine Unerreichbarkeit, seine Milde und seine Liebe, aber auch seinen gewaltigen Zorn empfinden. Ich weiß nicht, ob das, was hier mit mir geschieht, jemals einem menschlichen Wesen zuteilgeworden ist. Dies habe ich auch in meinen Fragenkomplex an den Herrn mit einbezogen. Die Antwort war „Nein". Die vergangenen 45 Jahre meines Lebens haben mich doch scheinbar stetig geformt, meinen Willen, meine Vorstellungskraft und auch meine durch die Seele entwickelten Ideen. Betrachten wir das alles als Vortraining. Aber dass sozusagen der Endkampf in den letzten zwei Jahren solche Ausmaße annehmen könnte, habe ich nie geahnt.

Die Wahrheit gesucht und Gott gefunden!

Jetzt komme ich wieder zu meiner Arbeit. Wie schon erwähnt, kann ich nur von der Erde aus in die übersinnliche Welt zu den verstorbenen Seelen Hilfe bringen und nur von der Erde aus kann man die versteinerten Seelen der Menschen öffnen. So, und mir hat der Herr diese Aufgabe übertragen – da kann man einfach nur schwer schlucken. Für heute muss ich das Schreiben beenden, meine Energie geht zu Ende. Ich bin also gefordert, von Gott gefordert, den Versuch zu unternehmen, den Menschen die Wahrheit über den Sinn ihres Lebens zu berichten. Der Herr meint, ich könne das, denn mir wurde ja auch die Wahrheit zuteil, durch *Ihn* unseren Gott. Diesem Abschnitt habe ich eingangs den Satz „Ich weiß, dass ich nichts weiß" vorangestellt, dieser behält durch die unvorstellbare Größe der Inhalte sicher immer seine Richtigkeit.

Damals, noch gar nicht lange her, erschien mir alles noch etwas leichter. Da hatte ich die Wahrheit noch vor mir. Nun erdrückt sie mich fast – diese Wahrheit, das, was mir der Herr in meiner gedanklichen Gefühlswelt eröffnet. Das Wissen von Tatsachen, welche die Menschheit betreffen, es ist einfach erschütternd. Der wesentliche Sinn des menschlichen Seins ist um das gesamte Erdenrund bei unserer Spezies kaum mehr vorhanden.

Diese Menschen sind wie Wesen, die sich in die Erde bohren, sie aussaugen, um den Globus sausen, alte Kulturen vernichten, gewaltige Explosionen schaffen, die alles erschüttern, sich gegenseitig umbringen – manche sogar im Namen Gottes. Sie wollen ihren Wahnsinn sogar ins All tragen und haben dieses bereits auch gewaltig verschmutzt. Diese geballte Masse des Wahnsinns sollte einmal zu Gott finden, zu einem Gott, den nur wenige wirklich kennen, d. h. empfinden. Diesem Herrn, der alles geschaffen hat, dem alles zu verdanken ist. Für den müssen wir Menschlein wie winzige, aufgeblasene Fleischklümpchen, versehen mit Tarnkappen in Form von schönen Stofffetzen, wirken. Eigentlich vor Gier sich zerreißende Unwesen. Gott sei Dank – nicht alle! In diese – zur Erinnerung – hat Gott seine Seelen vertrauensvoll eingewoben. Daher ist dieses Wissen, das ich jetzt habe, für mich eine vom Herrn mir auferlegte Last, welche ich gerne mit ihm zu tragen bereit bin. Es ist der Versuch, diese Menschheit in kleinen Schritten, ganz kleinen Schritten, zu informieren in Richtung der Wahrheit.

Grauzone – nochmals zum Nachdenken:

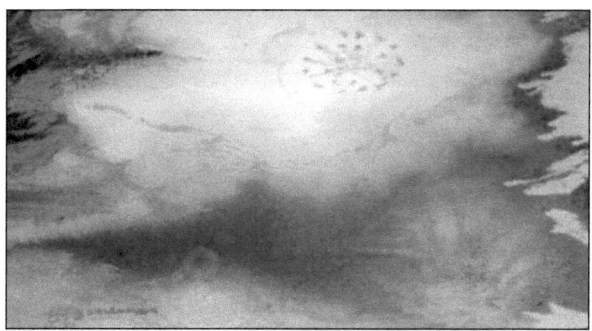

Verstorbene Menschen, deren Seelen sich im Negativbereich des Karmas befinden, sind relativ leicht zu beeinflussen, um sie in die richtige Richtung zu führen. Warum? Diesen Seelen geht es in einem ihnen völlig unbekannten, von massenhaft vielen Seelen bevölkerten, grauen Dasein sehr schlecht. Es ist eine Jammerwelt, niemand weiß irgendeinen Ausweg. Wohin? Was soll geschehen? Sehr, sehr jämmerlich. Alle hier massenhaft Anwesenden stürzen sich zur Erde zurück, zu ihren Hinterbliebenen, und wollen unbedingt das irdische Leben weiterführen. Nur, dort können sie nicht ankommen, hier gibt es keinen Anschluss mehr, dieser ist für immer unterbrochen. Ein jammervolles Umherirren bringt alles in eine noch größere Düsterheit. Eine schmachvolle Ausweglosigkeit, welche im Nichts landet. Niemand gibt irgendeinen Rat oder zeigt einen Weg, niemand. Von den Angehörigen auf der Erde kommen zwar teilweise intensive Gebete für die verstorbenen Seelen, aber wie sollten diese nützen? Manche Seelen entwickeln Erinnerungen an ihr früheres Erdenleben und denken an ihre Schandtaten. Sie beginnen, Reue zu empfinden, und falls sie früher auch noch einen Funken Gläubigkeit in sich hatten und sich an diese jetzt erinnern, könnten diese Seelen einen Weg durch Demut vor Gott finden, wie sie aus diesem Elendshaufen weiter nach oben gelangen. Für diejenigen, welche das nicht können, bleibt diese Leidensform so lange, bis sie wieder in ein neues Leben inkarniert werden, wieder hineingeboren werden in ein Leben voller Armut, Angst und Elend.

Den menschlichen Seelen im sogenannten Zwischenreich könnte von der Erde aus geholfen werden, da sie ja noch sehr erdverbunden sind. Es kann ihnen von tief gläubigen Menschen, welche eine sehr hohe Mystik erreicht haben und mit ihren Gedanken sehr leicht in diese andere Welt eindringen können, geholfen werden (bereits schon mehrmals erwähnt). Und zwar in der Form, dass sie Anweisungen über ihr Verhalten in ihrer Welt erhalten. Anleitungen, welche die Seelen zu befolgen haben. Die noch zu sehr menschlich behafteten Seelen befolgen teils widerwillig diese Anweisungen, und wenn, dann deshalb, um dieser grausamen Leidensform zu entkommen.

Da ich zu diesen begnadeten Menschen geistig spiritueller Art gehören darf, die mit den verstorbenen Seelen Kontakt nehmen können, führe ich das auch gerne durch, um zu helfen. Dies beschränkt sich allerdings nur auf diejenigen Seelen, welche mich zu Lebzeiten persönlich kannten und an die ich mich auch erinnern kann, oder auch auf solche, welche mir der Herr später zugewiesen hat. Über meine großartige Verbindung via Pendel zum Herrn werden diese Kontakte hergestellt. Nach verschiedenen Fragen über ihr schlechtes Ergehen kommen solche Fragesätze von mir wie:

Bist du immer hinter deinen Hinterbliebenen her? (ja)
Können dich diese bemerken? (nein)
Möchtest du noch gerne mitmischen und Anweisungen geben? (ja)
Du wirst trauriger, weil dich niemand wahrnimmt? (ja)
Du willst einfach zurück auf die Erde? (ja)
Dein Leid wird immer größer? (ja)
Weißt du, wo du bist? (nein)
Meine Antwortsätze folgen so:
Werfe dich nieder und nehme geistig das Kreuz zur Hand.
Beginne das Vaterunser zu beten.
Wenn du es nicht kannst, dann lerne es.
Denke genau an deine Sünden, welche du in deinem Leben begangen hast.
Schnüre sie zusammen und lege sie vor das Kreuz.
Bereue ehrlich und bete zum Herrn unserem Gott.
Kehre der Erde für immer den Rücken, es gibt kein Zurück.
Willst du das, was ich gesagt habe, befolgen? (ja)
Dann wird es dir bald besser gehen.

Noch etwas sehr Wesentliches: Wenn du all dies befolgen lernst, wirst du, wenn deine Angehörigen nach ihrem erfolgten Tod kommen, ihnen helfen können. Sie empfinden sich in dieser trostlosen Umgebung plötzlich nicht mehr verlassen, sondern sehen ihre verstorbenen Angehörigen wie Vater, Mutter, Bruder ... Hier haben sie jemanden, der ihnen den Weg weisen kann, der ihnen sagen kann, was sie tun müssen, um sich von ihrem Leid befreien zu können. Ich weiß, du wirst das wahrscheinlich nicht das erste Mal schaffen (je nach Belastung), aber wenn du guten Willens bist, helfe ich dir wieder weiter, melde dich bei mir. Es ist für mich ein unglaubliches Gefühl, mit diesen elenden Wesen Kontakt zu haben, sie zu empfinden, wie sie meist meine Worte gierig aufnehmen. Manche schnell, andere langsam, wenn sie reagieren. Eines gilt für alle, sie wollen raus aus diesem schrecklichen Jammertal. Es ist für mich jedes Mal ein freudiges Erleben, wenn Erfolg eintritt. Meine Energie allerdings sinkt damit auf null und fühlt sich für mich nicht gut an. So oder so ähnlich, fallweise auch etwas härter ausfallend (je nach vorheriger Abfrage), sind meine Reden. Jedenfalls arbeitet der Großteil dieser angesprochenen Seelen sehr fleißig an ihrem Problem und schafft es auch, die Belastung so weit zu verringern, dass sie in eine höhere, viel angenehmere Ebene abheben können. Es sind aber schon zwei bis fünf Sitzungen erforderlich, um dies zu erreichen. Das ist von meiner Seite aus ein positiver Beitrag zur Verbesserung der Situation von Seelen im jenseitigen Leben. Mein größeres Problem ist aber, wie komme ich an die lebenden Menschen und deren Seelen heran? An die Menschen in unserer Gesellschaftsform, an Menschen, die wenig Probleme haben, denen es gemessen am geschilderten Leben der Verstorbenen wunderbar geht, die ja keine Notwendigkeit empfinden, sich in Richtung Gott zu orientieren. Nur dann, wenn es dem einen oder anderen schlecht geht, kommen sie eher an das Kreuz heran. In den westlichen Gesellschaftsbereich sind sehr viele Menschen der letzten Generationen hineingeboren worden aus Gründen positiv karmischer Belastung. Und diese sind jetzt dabei, aus ihren guten Lebensbedingungen heraus wieder Unsinn zu treiben. Sie belasten ihr Karma immer mehr, einfach aus Jux und Tollerei. Sie werden es wieder so weit bringen, dass dieselben nach ihrer nächsten Wiedergeburt in Not und Elend hineingeboren werden. Da die Menschen von nichts wissen, werden sie ununterbrochen von diesem gewaltigen Symbolrad gedreht, bis es den einen oder anderen gelingt auszusteigen. Wenn man den Menschen sagen, ihnen zurufen könnte, wie sie es anstellen sollten, wäre schon viel getan, aber sie würden es nicht glauben. Wenn die Möglichkeit bestünde, die Geschehnisse von „drüben" auf die Erde zu projizieren, dann bestünde Aussicht oder Einsicht.

Versuchen wir, Gedanken mit Gefühl in die menschliche Seele für den richtigen Glauben einzubringen.

Das, was die Menschen Glaube nennen, ist schwer definierbar. Dem wahren Glauben geht das Interesse voran. Der Glaube kann angenommen oder abgelehnt werden. Was mich selbst interessiert, kann ich so weit als möglich untersuchen und dabei herausfinden, ob es für mich brauchbar ist oder nicht. Bei Realem ist das leicht zu finden, bei Geistigem wird es schwieriger. Zur geistigen Interessiertheit ist auch Fantasie zu den notwendigen Gedanken erforderlich. Die Fantasie vereinigt sich mit dem Gefühl und so kommt ein denkendes, fantasievolles Fühlen zustande. Diese Formation ist in der Lage, als einzige, sich über den Glauben zu informieren. Der Glaube führt in das Numinose, in das Jenseitige. Dahin kann nur die denkende Fantasie führen, reale Gedanken allein hätten hier eine unüberwindbare Wand vor sich. Dies ist auch der Grund dafür, dass die Wissenschaft diesen Bereich (nicht sicht- und greifbar) einfach ablehnt bzw. als nicht existent erklärt. Das Interesse an Gott ist deshalb erforderlich, weil er das Produkt, das Ziel des Glaubens darstellt. Der Weg dorthin ist gar nicht notwendig, da Gott im Menschen lebt. Er lebt so bewusst in ihm, als der Mensch dies zulässt. Ein Paradoxum par excellence – der Mensch hat die Macht, das Göttliche in ihm leben zu lassen oder nicht. Gott hat sich selbst bei der Menschwerdung in Form der dem Menschen mitgegebenen Seele in ihm inkarniert.

Glauben heißt, durch den veredelten, reinen Gedanken des Menschen den verschütteten, verdrängten und vergessenen Schatz im unbewussten Bereich freizubekommen. Erst dadurch wird die Seele frei und es kann die Wiederverbindung (Religion) mit Gott erfolgen und es ist der wahre Sinn des gesamten menschlichen Lebens, diesem Phänomen nachzuforschen.

Der einzige, allmächtige Gott

Alle Glaubensformen, welche eine Gotteseinheit beinhalten, sind richtig. Alle Gründer von Religionen haben immer ihrem jeweiligen Volk oder ihrer Gemeinschaft einen Gott, eben den Gott, welcher der Höchste, der alles Schaffende darstellt, gebracht. Ihre Schriften haben immer das, was sie vom Herrn als Wegweiser für ihre Menschen erhalten haben, formuliert – zu Lebensgeboten, zu Gebeten, zu Verhaltensweisen bis hin zu medizinischen Hilfestellungen und Weissagungen – und so den Menschen nahegebracht, um ein gutes Zusammenleben zu erhalten. Das haben alle Religionen an sich, die Ankündigungen von Gott. Es war immer ein und derselbe Gott, nur mit verschiedenen Namen benannt. Es sollte nun jeder Mensch in der Lage sein, diese Urwahrheit, die Gott übermittelt hat, zu erkennen. Das Wesentliche ist das, was die Menschheit aus all den großartigen, über die jeweiligen Schriften vermittelten Lebensweisheiten gemacht hat.

Versuchen Sie das herauszufinden, ehrlich, ohne Emotionen, ohne Hass, neutral, jeder Mensch und Gläubige für sich, egal, welcher Gemeinschaft er angehört.

Wenn eine frühere Gesellschaft es sogar geschafft hat, diesen Gott in ihrer unwissenden Finsternis sogar töten zu lassen, so hätte dieser Tod Gottes, der ja für alle Namen steht, zeigen müssen, dass es ein Jenseits gibt, eine Auferstehung. Eine Auferstehung für jeden Menschen in eine bessere Welt. Dieses monumentale Zeichen wurde zwar gehört, aber aus Macht und Gier dem menschlichen Wahnsinn geopfert. Es gibt keine schlechte Religion, denn alle stammen sie von ein und demselben Gott, nur je nach Weltgegend mit verschiedenen Namen und Gründen bedacht. Die heutigen Religionen haben nur mehr den Wert, welchen die Menschen aus ihrem jeweiligen Glauben gemacht haben.

Alle Religionskriege waren durch den Wahn einiger machtgieriger Menschen, welche die jeweiligen Glaubensformen vertreten haben, verursacht. Es gibt aber trotzdem nur einen Gott für alle Menschen, egal, wie er benannt wird, und dieser Gott steht für alle Menschen dieser Erde – unser Gottvater im Himmel. Denn Gott hat alle Konfessionen den jeweiligen Lebensformen und Mentalitäten der Völker angeglichen und ihnen danach auch die richtigen Lebensregeln gegeben. Es wäre Vermessenheit und ein Wahnsinn, wenn sich die Religionen gegenseitig ausspielen oder irgendeiner den Vorzug geben wollten.

Alle Religionen, ohne Ausnahme, sind in ihrer Urform und ihrer Weisheit nach das Edelste ihrer jeweiligen Aussage.

Ganz anders sieht es aus, wollte man den Wert einer Glaubensform danach beurteilen, was ihre Vertreter und ihre Gläubigen aus deren *Ursprung* gemacht haben. Die Differenz von damals zu heute? Wie hoch mag noch die urgesetzlich wahre Wertigkeit vorhanden sein? Das muss jeder Mensch in seiner Glaubensform selbst bestimmen, aber vorher sollte er den wahren Ursprung kennenlernen, sonst kann er nicht differenzieren. Denken Sie nach und dann wählen Sie das, was Ihnen Ihr eigenes, ureigenes Gefühl zu all dem sagt. Denn eines ist sicher, keine Religion kann Sie zu Gott bringen, wenn Sie nicht selbst diesen Weg zu ihm finden wollen. Die Religion kann Ihnen den Weg zeigen, Sie weit oder sogar sehr weit nach vorne bringen, aber gehen müssen Sie selbst.

Das Christentum sollte ursprünglich nach dem Willen Gottes im Orient seine Ausbreitung finden, nicht in Europa. Die europäischen Völker waren mit ihren „Göttern" mehr oder weniger gut versorgt, nicht so der Nahe Osten. Das ursprünglich auserwählte Volk Israels wurde für den Herrn eine schreckliche Enttäuschung. Der letzte Versuch von „oben", die Menschheit zu verbessern, endete mit einem Mord. Die Art der Verbreitung des Christentums mit Mord und Totschlag an den mit den Naturgöttern bestens versorgten Völkern des Nordens war ja wieder mit Gewalt und Machtausübung geschehen, noch dazu unter dem größten Symbol der Menschheit, dem Kreuz. Das Kreuz stellt ein uraltes, ein archaisches Symbol der Trennung dar, das Oben vom Unten und das Linke vom Rechten. Das ewige Symbol der Dualität im Menschen. Die Form des Kreuzes ist überall in der menschlichen Vergangenheit in allen Erdteilen zu finden, allerdings noch viel früher als das Kreuz, an welches die im Menschen Jesus inkarnierte Göttlichkeit – Christus – geschlagen wurde.

Von einem Volk, welches der Herr mit seinem ernannten, dienenden Führer namens Moses aus der Gefangenschaft zu einem besseren Leben geführt hat.

Dieses Volk hat den Diener Moses zu ihrem Gott erhoben, den wahren Gott aber ermordet. Jetzt hat das Kreuz eine gewaltige, spirituelle Bedeutung erlangt. In Wirklichkeit hat sich das Christentum dieser Tragik bemächtigt und eine Religion im Namen des Kreuzes errichtet. Unter diesem Namen wurden unendlich viele Völker und Kulturen mit ihren göttlichen, einfachen Naturreligionen vernichtet. Die katholische Kirche hat sich herausgenommen, dies im Namen Gottes zu tun, und hat ihren „Chef" zum Stellvertreter Gottes hochstilisiert. Das Christentum erhob sich eigenmächtig zur Kirche Gottes und das mit Feuer, Schwert und Mord. Der Herr war von dieser menschlichen Abart furchtbar enttäuscht und wollte wieder im nahen östlichen Raum, in welchem bei den Menschen ein gewisses Glaubensvakuum bestand, sein göttliches Wesen verstärkt in die menschlichen Seelen einbringen.

Durch Mohammed, seinen Diener, entstand der Islam, „die Unterwerfung unter Gott". Der Muslim sollte seine Lebensart unter das Angesicht Gottes stellen – unter Allah stellen. Mohammed selbst wurde nicht Gottes Stellvertreter. Er war und blieb ein „auserwählter" Mensch und ein Diener Gottes (Allahs). Das war für die Menschen überzeugend und so stellten sie sich in all ihren Lebensbereichen zu Gott. Der Islam lag keinesfalls im Widerspruch zu anderen Religionen. In dieser Formation konnte jeder Mensch für sich ein gläubiges und würdevolles Leben führen. Leider nistete sich im Verlauf der Geschichte auch in diese Glaubensgemeinschaft die luziferische Gier nach Macht ein. Kein menschliches Wesen war jemals in der Lage und wird es jemals sein, die gesamte Menschheit zu regieren. Weder mit den grausamsten noch mit den sanftesten Mitteln. Das karmische Gesetz findet nicht nur in jedem einzelnen menschlichen Wesen Anwendung, sondern auch in Gruppen und ganzen Völkern. Wir sprechen dann von einem Volkskarma. Das Karma ist göttlich, der Mensch wäre es auch, nur hat er nicht die Erkenntnis dazu und handelt deshalb kontraproduktiv. Unrecht gegen Unrecht auszutauschen ist die Art des Teufels. Dies gilt auch für die Menschheit. Wenn sie das tut, ist sie ebenfalls teuflisch.

Das Sterben am Kreuz und die symbolische Auferstehung von Gott ist für alle Menschen dieser Erde geschehen, unabhängig von ihrer Religion oder Konfession. Es war der letzte Eingriff von oben, um dieser Menschheit noch zu helfen – leider hat die Finsternis das Licht nicht begriffen. Von den oberen Sphären geschieht für diese Menschheit nichts mehr, ein Mord an der Göttlichkeit reicht. Jetzt ist die gesamte Menschheit gefordert, ihren Gott zu finden. Jeder einzelne Mensch muss für sich diesen beschwerlichen Weg der Suche nach dem wahren Gott gehen. Er muss seine göttliche Seele erfühlen lernen, um sich vor dem Untergang zu retten, und sonst gar nichts.

Der Herr hat der Menschheit, den Völkern und Volksgruppen in der damaligen Welt auf allen Kontinenten Verhaltensweisen, Gebote und Lebensweisheiten über ihre großen Männer wie Priester, Weise, Seher und dgl. zutragen lassen. Von den Upanishaden, den östlichen Weisheiten, bis hin zum Vaterunser. Dieses in seiner Einfachheit alles beinhaltende, großartige Gebet für die Menschen an Gott, nebst den Zehn Geboten, hat das frühe, noch edle Christentum für ihre Gläubigen in Anspruch genommen und es ist noch heute in der christlichen Welt *das* Gebet. Allerdings nur für die wenigen, welche es noch beten können und den inneren Zugang zu diesen Worten haben: Vater unser im Himmel, geheiligt werde Dein Name, Dein Reich komme … halt, das stimmt leider nicht mehr. Das Reich des Vaters wird, wie schon erwähnt (durch ihn), nie mehr auf die Erde zu den Menschen kommen, denn dieses wurde vor ca. 2000 Jahren von den Menschen abgelehnt.

„Dein Reich komme" muss daher lauten: „Lass uns in Dein Reich kommen." Das wird allerdings für viele Christen sehr schwierig werden.

Zum Schluss: „Dein ist das Reich, die Kraft und die Herrlichkeit …" Ich weiß nicht, wann es war und wer es war, der das wesentlichste Wort *Liebe* aus dem Gebet genommen hat, denn ursprünglich lautete es: „Dein ist das Reich, die Kraft, die Liebe und die Herrlichkeit …"

Diese gäbe wesentlich mehr Kraft, die Liebe des Herrn, falls diese sich nicht in Zorn verwandelt. In welcher Absicht hatte derjenige, der das Wort Liebe entfernte, gehandelt? Vielleicht war jemand in einer schrecklichen Not ganz allein auf sich gestellt, wollte beten und hatte nur vergessen, wie beten geht. Doch wenn er guten Willens und voller Liebe war, dann wäre ihm durch seine ehrliche Demut vor dem Herrn sicher auch geholfen worden.

Die Religionen: Religio ist übersetzbar mit „sich wieder verbinden". Es ist kaum bekannt, dass in diesem höchst strapazierten Wort Religion bereits der Sinn des menschlichen Lebens enthalten ist. *Das Sich-wieder-Verbinden mit Gott.*

Gott, oder wie ihn die verschiedenen Religionen auch benennen mögen, ist ihr Gott, aber er ist immer ein und derselbe Gott für alle Religionen dieser Welt, unser aller Gott. Er ist der Erschaffer, Beweger, Gestalter von allem. Aus der Ewigkeit – in die Ewigkeit.

Die von ihm erschaffene Menschheit ist von Urzeiten her bis heute nicht in der Lage, mit dem Herrn nur annähernd einen Kontakt herzustellen. Die Welt der menschlichen Gedanken ist für Gott viel zu winzig, um von ihm überhaupt wahrgenommen zu werden. Der Herr hat die gewaltige Distanz *Gott–Mensch* etwas abgekürzt, indem er starke menschliche Persönlichkeiten wie Moses, Jesus, Mohammed, Buddha usw. mit Weisheit versehen hat. Jeweils in entsprechende geografische Breiten eingeteilt, um die Völker und deren Menschen mit Ansprechpartnern zu versorgen. Ansprechpartner, welche auch tief geistige, menschliche Wesen waren. So hat sich der Abstand Mensch–Gott zu Mensch–Religion–Gott verändert und damit auch wesentlich verkürzt. Die großen weisen Männer trugen von Gott die Kraft in sich, für ihre jeweiligen Völker Weisheitsformen zu begründen, welche den Hintergrund des Sich-wieder-Verbindens mit Gott zum Inhalt hatten, eben die „*Religion*". Von der heutigen Perspektive aus gesehen hätten es diese wunderbaren Religionsformen mit ihren jeweiligen Stiftern bzw. Gründern schaffen können, der Menschheit zu helfen. Allerdings kamen dann die Nachfolger meist nicht mehr mit Weisheit, sondern mit Gier behaftet zur Macht, damit wurden die Möglichkeiten, sich mit Gott wieder zu verbinden, ziemlich geschmälert. Wohl den Menschen, die es trotzdem immer wieder bis heute geschafft haben, durch ihren Glauben, ihre Stärke und ihren Willen diese edelste Verbindung zu erhalten. Diese Menschen haben erkannt, dass alle Religionen nur als Wegweiser dienen können. Den steinigen, schweren Weg zu Gott muss jeder für sich allein bis zur Erkenntnis Wahrheit gehen.

Mein Weg, die Wahrheit zu suchen, mein Entschluss dazu vor 45 Jahren hat sich, wie man lesen kann, mehr als gelohnt. Dieser steinige Weg hat mich in eine großartige Welt geführt. Das Höchste und Wertvollste, was ein Mensch mit seiner göttlichen Seele jemals erreichen kann, hat sich in mir ereignet.

Ich habe doch nur die Wahrheit über den Sinn des Lebens erfahren wollen und den weiß ich jetzt. Hoffentlich kann ich all denen, die dieses Buch lesen, auch glaubwürdig diese Wahrheit nahebringen. Denn ich habe in diesem Buch die volle Wahrheit geschrieben, so wahr mir Gott dabei geholfen hat.

Falls es im Bereich der Möglichkeit läge wie die Installierung einer Auskunftei (natürlich von Amts wegen, denn eine andere wäre doch nicht glaubhaft), also eine Auskunftei über die karmischen Belastungen der Menschen – aller Menschen auf dieser Welt –, sollte es eine gewaltige Datenbank geben, in welcher jedes menschliche Wesen registriert ist. An zentralen Punkten von Städten und Dörfern gäbe es frei stehende Zellen, ähnlich den Telefonhäuschen.

Eintritt nur mittels Daumenabdruck

Damit ist dieser Mensch sofort seinem Wesen nach vom „Computer" erkannt und erfasst. Alles natürlich datengeschützt. Ein nochmaliger Daumendruck zur Sicherheit zeigt in kürzester Zeit auf dem Display die karmische Belastung oder auch Nichtbelastung dieses Menschen an, zum Beispiel −120 % oder +30 %, alles Werte in Prozent gerechnet. Die Wissenschaft war in der Zwischenzeit auch nicht untätig und hat bereits Untersuchungen zur Klärung bzw. Beweisführung über das Vorhandensein einer „Vorsehung" wissenschaftlich in Auftrag gegeben, deshalb stand dieselbe diesem Datenbanksystem nicht unbedingt feindlich gegenüber. Der Name Vorsehung wird von Diktatoren, Kriegsherren und sonstigen Größen aus Politik und Wirtschaft gerne verwendet, um sich ins rechte Licht zu rücken (vor dem Volk meinen sie), dabei ist aber mehr das Zwielicht gemeint. Gott beim Namen zu nennen, na ja, so weit wollte man im Zwielicht auch keinerlei Schatten werfen, um sich klar zu deklarieren.

Allerdings um die Massen zu mobilisieren (manipulieren), taucht der Name Gott in allen Sprachen dieser Welt plötzlich doch auf. Jede „Partei" hat Gott für sich im Propagandafeldzug gepachtet und befiehlt den Menschen, für ihn – Gott – in die Schlacht zu ziehen. Nein, doch nicht, für die „Anschaffer" ziehen sie in die Schlacht. Wo der Name Gott so gar nicht mehr in das diktatorische System passt, hat man ihn propagandistisch abgeschafft. Den Namen Gott lässt man dann zu, wenn das Volk danach ruft (grundlos ruft nach Meinung der Mächtigen).

Die Wissenschaft ist wie gesagt auch sehr vorsichtig, traut sich aber trotzdem in die Nähe dieser heißen „Kastanien" namens PSI. Denn eines ist klar, würde es der Wissenschaft jemals gelingen, in das Numinose vorzudringen und noch dazu den Wahrheitsbeweis anzutreten, ja, dann wäre das fast wie eine Katastrophe, denn mit dieser Wahrheitsfindung müsste sich der Großteil der Wissenschaft selbst abschaffen – weil die Wahrheit eben anders aussieht, als dieselbe jahrtausendelang gedacht wurde. Ein gewaltiges Umdenken wäre die Folge.

Mir ist schon klar, dass meine Angriffe auf die hoch und heilig etablierten Machtapparate oder Mächtigen dieser Welt sicher nicht auf Gegenliebe stoßen werden. Mein Versuch, die Wahrheit und nichts als die Wahrheit unter die Menschen zu bringen, wird natürlich Gegenreaktionen auslösen. Mein größter Wunsch wäre, dass so eine Reaktion stattfindet, denn dann wäre dieses Gedankengut in so manch einen Menschen eingedrungen, könnte dessen Seele befreit haben, um so die schönste Reise ihres Lebens anzutreten – in das Reich des Herrn, in die wahre Heimat.

Doch jetzt wieder zurück zu dem installierten karmischen „Auskunftshäusl", aufgestellt auf allen Plätzen in aller Welt, wo sich Menschen versammeln, einfach um zusammenzukommen und zu kommunizieren. Was denken Sie? Wer würde den ersten Schritt in den Computerraum wagen? Welcher Typ Mensch würde das sein?

Um dieses kleine Gebäude herum befindet sich ein strahlend weißer, breiter Strich, welcher einen Kreis um diesen Raum darstellt. Eine Art Bannmeile. Wer sich in diesen Kreis begibt, muss auch eintreten in sein Schicksal, um es in dem Raum zu erfahren, das ist Gesetz. Die Kabine muss barhäuptig und ohne Sonnenbrille betreten und verlassen werden. Natürlich, die Neugierde der Menschen ist groß, man platziert sich daher gerne außerhalb dieses Kreises, um diese zu befriedigen. Wäre denn das so mutig, seinen „Schicksalsstand" in Form seiner karmischen Belastungen zu erfahren? Also Mutige voran, wenn es auch der Mut der Ahnungslosigkeit ist. Also die Ersten werden diejenigen sein, welche ein sehr ausgeprägtes, mit Ego bestücktes Selbstwertgefühl besitzen, diejenigen, die alles besser wissen, die zu den Großspurigen zählen, Atheisten, Politiker, Manager usw. Alle wollen dem gaffenden Volk ihre Überlegenheit in dieser Angelegenheit zeigen (ist doch alles nur Humbug). So gebärden sie sich entsprechend beim Hineingehen. Sie kommen auch wieder heraus, nicht mehr so schlaksig und forsch, vor allem die Gesichtsfarbe hat sich verändert. Daher schnell ins Auto und abgebraust. Erwähnen möchte ich noch, dass bei Minus-Zahlen sofort ein ausgedruckter Zettel mitgeliefert wird, mehr oder weniger lang, der dann, beim Verlassen nervös eingesteckt, noch aus den Sakkotaschen herauslugt. Wer traut sich noch? Eine sehr zähe Angelegenheit. Ältere Menschen, einfach aussehende Leute, nette Mutige sind die Nächsten. Diese kommen mit einem eher feinen Lächeln wieder zurück und damit ist der Bann gebrochen. Im Laufe der Zeit zieht es alle Menschen zu ihrer Wahrheit.

So, was jetzt noch fehlt, ist einfach Beratung. Beratung darüber, wie ein Mensch mit seiner eindeutigen Beurteilung umgehen soll. Kein Problem, wenn diese positiv ausgefallen ist, aber falls schlecht oder noch schlechter, was dann?

Nun, ich würde sagen, vor der Installation solcher Wahrheitsstempel müsste es eine geistig spirituelle Schule geben, welche die Wahrheit lehrt. Daraus müssten geistig selbstständige Menschen hervorgehen, welche lehren und beraten können (solche Schulen gab es ja schon vor Jahrtausenden, leider haben diese die Masse nicht erreichen können). Einfach Menschen, die dann um die Wahrheit wissen und auch die Stärke in sich tragen, um helfend eingreifen zu können. Daraus könnte (müsste) Selbsthilfe entstehen und die Menschen müssten sich ausnahmsweise zu ihrem eigenen Vorteil selbst in Richtung Wahrheit schieben.

Etwas sehr Wichtiges und Hilfreiches:

Jeder Mensch sollte für sich beginnen, seinen Lebenslauf zu schreiben. Das aufschreiben, was bis zur Zeit seiner Erinnerung zurückreicht und sich alles für ihn ereignet hat. Nicht nur das, an was er sich gerne erinnert oder wo er besonders gut war, wo er auf allen möglichen Gebieten geglänzt hat oder Applaus bekam, nein, auch darüber, wann er das erste Mal gelogen hat, keine Notlüge, nein, eine Lüge, bei welcher ein anderer statt einer selbst büßen musste. Wo ein anderer schlechtgemacht wurde usw. Der Lauf des Lebens bestand ja auch zum Teil oder sogar zu einem großen Teil aus vielerlei Tätigkeiten für Genuss, Wohlbehagen, Freude, Geld, Gemeinheiten. Hole alles Vergrabene heraus, keine Verniedlichung, keine Ausreden, sei ehrlich zu dir selbst! Man sollte nie vergessen, dass alles ans Tageslicht kommt, spätestens nach dem Tod. Getraue dich, hineinzukriechen in die finsteren, elenden Winkel, welche du zurückgelassen hast, versenkt hast in dein großes Vergessen, in deine Selbstamnestie. Schreibe den Verlauf des bisherigen Lebens, und wenn du an den ersten finsteren, dunklen, wunden Punkt deiner Erinnerung kommst, schreibe – nicht, sondern denke nach, immer wieder, denn es setzen „Gegenfüßler" ein. Solche, welche dir sagen, lasse das Alte ruhen, es ist geschehen, da ist nichts mehr zu ändern … Jetzt erst beginne langsam zu schreiben, streiche durch, schreibe wieder, jedes Wort, kämpfe für die Wahrheit, es ist deine Wahrheit. Sei nicht feige vor dir selbst. Diesen Lebenslauf schreibst du nur für dich ganz allein, du brauchst niemandem gegenüber Rechenschaft ablegen, nur dir selbst. Schreibe, was du dir zu deiner Entlastung gedacht hast – damals, aber schreibe, bis die Finsternis hell wird. Sammle alle Blätter und hebe sie dort auf, wo sie niemand entdecken kann. Lasse aber das Geschriebene nicht ganz aus deinen Gedanken, hole es zu einem späteren Zeitpunkt wieder ans Tageslicht, um es neuerlich zu lesen. Falls Korrekturen erforderlich sind, tue das, aber es muss wahr sein und wahr bleiben. Es ist eine Tatsache, jeder Mensch wird mit seinem gesamten, ungeschönten, wahren Lebenslauf bei Eintritt des Todes konfrontiert. Es steht ein gewaltiges Geistwesen vor dir und lässt dich diesen geschriebenen (nicht von dir geschriebenen) Lebenslauf sehr deutlich in allen Einzelheiten lesen oder er wird dir von diesem Wesen klar und deutlich vorgelesen. Hier kommt alles zur Sprache, ob gut oder schlecht.

Dieses Empfangswesen ist entsprechend deiner karmischen Belastung entweder sehr schön und edel anzusehen oder schrecklich gräulich bis gänzlich hässlich. Die Summe deiner Taten ergibt ein Maß, man könnte auch sagen, ein Gewicht, mit welchem du jetzt nach dem Tode belastet wirst. Belastet wird deine Seele, dein Ich, denn dein Körper samt dem Gehirn kann ja nicht mehr belastet werden. Übrig bleibt jetzt nur mehr deine unsterbliche Seele, sie bekommt das gesamte Ausmaß des karmischen Gesetzes zu spüren. Jetzt muss für alle Taten die Verantwortung übernommen werden.

Sie sehen also, die Möglichkeit, bis zum Sterben zu warten, um dann entsprechend zur Verantwortung gezogen zu werden, ist die sicherste Art, einem fürchterlichen Leidensweg entgegenzugehen, welcher nach menschlicher Zeitrechnung Jahrhunderte andauern kann. Sie bekommen in dieser Zeit weder Hilfe von oben noch von unten, einfach niemand wird Ihnen helfen können. Ich erinnere an den selbst geschriebenen Lebenslauf, er bietet Ihnen die Möglichkeit, Schritte zu setzen, um Schuld zu erkennen, zu bereuen, die schlechten Taten an den Pranger vor Gott zu stellen und in Demut um Verzeihung zu bitten. Schon vergessen, was der Sinn des menschlichen Lebens ist? Wir müssen lernen, dass unser Ich mit der Seele im Leben das Sagen im Übermaß hat, nicht die materiellen, animalischen Gedanken unseres Gehirns. Nur so können wir geläutert vor den Herrn treten mit der Bitte um Wiederaufnahme in seine ehemalige, auch unsere Welt. Gott hat uns mit diesem Geschehen die wahre, harmonische Dualität gelehrt und damit haben wir unsere Prüfung bestanden.

Am Ende wird es nicht danach gehen, ob ein Mensch gescheit, dumm, schön, hässlich, groß, klein, weiß, schwarz, gelb oder wie auch ist, auf welchem Erdteil er lebt, welcher Religion, Konfession, Gemeinschaft und dgl. er angehört. Vor Gott gibt es nur drei Unterscheidungen:

Menschen, welche ihre Seele gefunden haben.

Menschen, welche auf der Suche nach ihrer Seele sind.

Menschen, welche ihre Seele vergessen haben.

Noch etwas Wesentliches zur Erinnerung: Es gibt nur einen Gott für unsere Erde und für die Menschen, welche darauf leben. Für alle Menschen gibt es nur einen Gott. Nur dieser Gott lässt alle Namen zu, welche ihm die Religionen geben. Er will nur das eine, der gerechte, gewaltige Gott für alle und jeden einzelnen Menschen auf dieser Erde sein, für alle Menschen, die guten Willens sind. Es gibt auf Gott keinerlei Machtanspruch, niemand sollte den Zorn Gottes provozieren, denn dieser könnte die Menschen wie Miniaturen grausam hinwegfegen.

Aussprüche wie Seelenheil, Seelenfriede, bei meiner Seele, das hat sie in der Seele getroffen, ein seelenguter Mensch, das tut meiner Seele gut, die Seele baumeln lassen usw. stammen aus einer Zeit, in der sich die Menschen mit ihren Seelen noch verbunden fühlten, wo Gott noch einen anderen Stellenwert hatte als heute. Allerdings, auch heute spürt der Mensch ganz genau, dass sich in seiner Herz-Bauch-Gegend manchmal etwas regt, etwas ganz Undefinierbares. Es ist das Seelenhafte im Menschen, nicht fassbar, nicht greifbar und trotzdem fühlbar. Wenn man dies empfindet, so ist das der wahre Kern, der göttliche Anteil im Menschen, diesem „Undefinierbaren" muss man nachgehen.

Hier kann ich gleich einige Beispiele aufzählen:
Wenn eine Schlechtigkeit geplant wird, aber man von „etwas" zurückgehalten wird.
Wenn Freude zusätzlich von „etwas" erwärmt wird.
Wenn Leid durch „etwas" gemildert und dadurch leichter wird.
Wenn gute Gefühle zugelassen werden und diese zum besseren Denken anregen.

Diese Liste ist in vielerlei Hinsicht erweiterbar. Sensible Menschen werden das bestätigen. Diese Menschen lassen Gefühle auch neben der Ratio zu, allerdings wird ihr Leid dafür tiefer, ihre Freude aber auch höher sein als beim Normalverbraucher. Und genau diese Menschen möchte ich ansprechen, um sie in ihrem schweren Leben zu bekräftigen, damit sie in dem erschreckenden, nur mehr das Materielle und Rationale gelten lassenden Leben merken, dass ihre Einstellung das Bessere und Wahre ist. Für Menschen, welche in sich das offene Gefühl eines Seeleninhaltes in ihrem Wesen verwoben haben und es erspüren, möchte ich sagen: Machen Sie Gebrauch von ihrem schlummernden Talent, denn durch Ihr sensibles Wesen ist dies möglich. Nehmen Sie die Kunst des Pendelns wahr, das geistige Pendeln bis zum geistig spirituellen Pendeln. Erlernen Sie diese großartige Möglichkeit, auch mit anderen Sphären kommunizieren zu können und zu dürfen. Die Kunst des Pendelns ist so alt wie die Menschheit selbst. Es ermöglicht in der Hand eines seelisch vertieften Menschen eine unglaubliche Aussagekraft. Im höchsten menschlichen Bereich von seiner Seele durchdrungen, wird diese Aussagekraft so enorm, dass die Wissenschaft von dieser nur träumen kann. Wird das Denken der Seele mit der menschlichen Fantasie verbunden, so gibt es keine Grenzen. Das Denken mit dem menschlichen Gehirn hat Grenzen, nämlich durch den Tod. Je höher die seelischen Kräfte und die des Glaubens sind, desto höher ist auch die Pendelkraft. Sicherer ist auch der Anschluss an die Strömungswellen, welche zwischen Himmel und Erde, zwischen Gott und der menschlichen Seele vorhanden sind. Es gibt auch ein ganz ausgezeichnetes Pendel-Lehrbuch von Dr. Anton Stangl „Das große Pendelbuch". Lassen Sie sich die darin beschriebenen Vorgänge erklären, langsam lesend und nicht gleich unwissend pendeln wollend. Ich halte den Autor für einen hervorragenden Fachmann auf diesem Gebiet, Sie können vertrauensvoll seinen Ausführungen folgen. Das Pendeln kann für Sie eine ungemein große Lebensbereicherung im praktischen sowie im ethischen Sinne werden. Ich habe durch meine erwähnten jahrzehntelangen Studien das Höchste für den Menschen Mögliche erreicht. Das soll aber nicht Ihr unbedingtes Ziel werden, denn Sie werden glücklich mit jeder

Anhebung Ihrer Ebene sein. Sie werden vielleicht Möglichkeiten bekommen, Dinge aus der Akasha-Chronik abzurufen, unwahrscheinliche Wahrheiten zu empfangen und aus dem universellen Computer der höheren Geistigkeit Antworten zu erhalten. *Vergessen Sie niemals* die Demut vor Gott und seiner Allgewalt. Das wäre ein sehr großer Fehler. Verwenden Sie Ihr Können, um es menschlich umzusetzen, heben Sie sich aus der Masse der bequemen Ahnungslosen heraus.

Seit die Technik der Menschen ihren Siegeszug begann, wurde dieses Wissen zugeschüttet und eher verlacht. In Wahrheit hat die Technik die Menschen so verblendet, dass sie diese so hoch gestellt und hoch erhoben haben, dass man Gott von dieser Höhe in grenzenloser Dummheit hinuntergedrängt hat, hinunter in die Welt des Unwesentlichen. Die Menschheit hat den Schöpfer der Welt, den Schöpfer von *allem*, samt dem Menschen selbst einfach beiseitegeschoben. Die „Macher" von all diesen gewaltigen Wunderwerken der Technik haben ihre Verführung so aufgebaut, dass sie den Menschen angeblich helfen wollen, dadurch ein besseres Leben zu haben. Finden Sie nicht, es ist wie eine Art Zwangsbeglückung? Bedenke man dies einmal von einer anderen Seite: Würden die Menschen besser werden, als sie sind, dann würde es ihnen auch viel besser gehen ohne Zwangsbeglückung, ohne den Steigerungswahn auf allen Gebieten. Dieser Wahn bringt ihnen Stress, Krankheit, Unglück und Traurigkeit, da alle guten Werte durch die technische Geschwindigkeit überrollt werden. Die Menschen vergessen, dass ihr Steigerungsprinzip auch endlich ist, so endlich wie sie selbst.

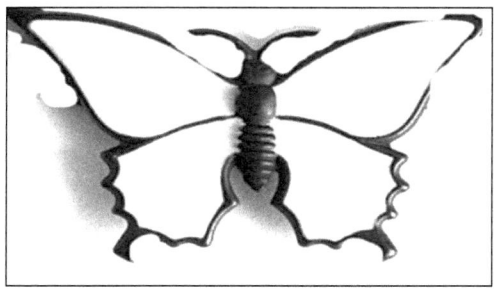

Für alles, was nun folgt, möchte ich allen in der Seele meines Seins danken. Sie alle haben mir geholfen, das zu werden, was ich heute bin, ein demütig wissender Mensch.

Meine Bescheidenheit, mein Mut, meine Demut in Glaubensangelegenheiten führten mich bis hierher. Die Aussage, ich sei sozusagen eine Inkarnation einer großen Persönlichkeit, lehnte ich damals ab, es war mir einfach zu viel. Meine Hochachtung vor der Größe dieses Menschen in seiner geistig spiritueller Weisheit, Natürlichkeit und Revolution, all das hatte in meiner Vorstellungskraft keinen Platz. Und trotzdem, nach all dem, was ich ja in der folgenden Zeit erlebt habe, erleben durfte, ist es heute für mich im Namen des Herrn Wahrheit.

Meiner Mutter verdanke ich während meiner „Aufzucht", trotz schwerwiegender Ereignisse und Armut in den damaligen Zeiten, ein geborgenes Nest der Mutterliebe. Mein Vater hatte in seinem Leben, durch Vorkriegs- und Nachkriegsereignisse bedingt, ein schweres Leben zu tragen. Er war ein hoch spiritueller Mensch (unbewusst) und mit all den Nachteilen im Zusammenhang mit seiner Umgebung konfrontiert. Meinem jüngeren Bruder, welcher in seinen jungen Jahren besonders unter der Nachkriegsproblematik gelitten hat, verdanke ich eine großartige Beziehung, fast wie Vater–Sohn, eine gegenseitige, liebende Beziehung. Heute weiß ich, alle drei haben es geschafft, ihre karmischen Belastungen durch ihr bis zum Tod getragenes Leid abzubauen.

Nun, in meiner Jugend, noch geprägt von der disziplinären Ära, fand eine Begegnung statt mit einem alten Herrn. Er war Architekt und Philosoph und weihte mich in die Architektur und in die griechische Philosophie ein. Ein hochgebildeter Mensch, der sich meiner annahm, mich, der ich aus ärmsten Verhältnissen stammte, das war für mich Neuland.

Nach vielen Jahren des Studiums sowie der Berufsausübung, verbunden mit Begegnungen von Menschen aller Art, war dies eine Zeit des erfolgreichen Aufbaues. Dann war es die Bibel, welche mich plötzlich faszinierte. Die Aussagen, vor allem die des Alten Testamentes, waren schwer zu verstehen, aber sie prägten mein Gefühl für das Neue. Später entdeckte ich das Buch mit dem Titel „Das Leben nach dem Tode". Ein angeheirateter Onkel aus Amerika (klingt originell) erweiterte meine Sichtweise in einem Land, einem gewaltigen Land, voller Technik und Natur. Für mich war dies zu jener Zeit eine enorm eindrucksvolle Reise durch die Staaten. Dieser Mensch hatte Vorbildcharakter. Wohlhabend, gläubig und aufrecht mit einer edlen Gesinnung. Ein Freimaurer, hoch graduiert. Mein Alter war so ca. Mitte dreißig, da begann für mich eine Phase des Nachdenkens, nachdenken darüber, was denn das Leben eigentlich für einen Sinn in sich trage, nachdenken über Religionen, nachdenken, was mir mein Leben bisher gebracht hatte, und immer wieder – welcher Sinn liegt dahinter? Ab damals wollte ich die Wahrheit darüber wissen. Die im Folgenden aufgezählten Schriften der großen Meister haben mir über ihren Geist Antworten gegeben. Hier die Wesentlichen:

C. G. Jung	*Zarathustra*
Erich Neumann	*Gilgamesch-Epos*
Evans Wenz	*Upanishaden*
Teilhard de Chardin	*Veden-Schriften*
Rudolf Steiner	*Sokrates*
nochmals Rudolf Steiner	*Aristoteles*

Es verging eine lange Zeit, in der sich auch private Vorkommnisse abspielten und schmerzhaft prägend wurden. Aus diesen tausendfachen Eindrücken von Erleben hat sich der Mensch geprägt, mit dem Suchen nach der Wahrheit, welcher ich geworden bin. Doch bei diesem Hoch und Tief von seelischen Wechselbädern auch im realen Leben konstant zu bleiben, da bedurfte es einer Hilfe. Es war die Hilfe meiner Frau, ihre Liebe, ihre Geborgenheit, ihr Verständnis. Sie, die bei all ihrem Wissen immer die notwendige Kraft fand, mich wieder auf der Erde zu bringen, wenn es nötig war (und das war oft der Fall). Wahrlich keine leichte Aufgabe, meine Stimmungsschwankungen auszugleichen. Seit der Zeit meines Schreibens kommt für sie noch dazu, das Geschriebene in die richtige Form zu bringen, letztlich auch die ganze Schreibarbeit. Das kann nur ein Mensch schaffen, welcher mit dieser Mystik vertraut ist, der weiß, was gemeint ist. So sind wir jetzt zu der Aufgabe zusammengewachsen, das mir Aufgetragene an die Menschen heranzutragen, mit diesen Schriften den wahren Sinn des Lebens zu vermitteln in der Hoffnung, dass die Menschen das zu ihrem Heil auch annehmen werden.

Nochmals Dank an alle, nicht zuletzt auch an meinen Sohn und meine Tochter für das Verständnis und die Liebe, die sie mir entgegenbringen.

Dank dem, der mich nach dem Erreichen der Wahrheit in Liebe empfangen hat, dem Initiator dieser Schrift. Der, welcher jedes Wort, jeden Satz geprüft und sanktioniert hat, vor dem stehe ich und finde kein Wort mehr für Dank.

Werter Leser, Sie glauben gar nicht, wie froh ich darüber bin, dass ich mir eingebildet habe, wohl durch den Herrn bestärkt, dieses Buch schreiben zu können. Allerdings hätte ich es ohne eigene Leidensformen auch nicht geschafft. Diese Schreibzeit hat mich mit Gott so gewaltig verbunden, wie ich es vor einem halben Jahr für unmöglich gehalten hätte. Wir waren (sind) täglich im Gespräch. Alle

Zeilen wurden durchgegangen, abgependelt, auch mit Lob vom Herrn bedacht. Einige Änderungen im Zusammenhang mit Wahrheiten waren natürlich auch notwendig. Es sollte ein Buch zum intensiven Nachdenken für alle Menschen werden. Ein Nachdenken darüber, dass es sehr wohl eine andere Welt gibt, eine Welt, aus der wir einst kamen und in die wir wieder zurückkehren werden. Diese Welt Gottes stellt eine gewaltige Tatsache dar. Ihr Nachdenken soll in eine Richtung kommen, in der man noch etwas in dieser Menschheit bewegen kann. Etwas bewegen zum Positiven, bevor es zu spät ist. Eine Warnung an die Menschen, welche labil in Glaubensangelegenheiten sind. Bitte, hier geht es eindeutig darum, eine Zuwendung zu Gott zu schaffen und nicht in einen religiösen, gelinde gesagt, Wahn zu verfallen. Der Herr liebt Menschen, die ihm aufrecht mit gutem Willen entgegengehen, sich vor ihm verbeugen, mit ihm sprechen und den Herrn wieder aufrecht verlassen. Heuchler, Kriecher, Schleimer und Fanatiker sind nicht gefragt.

Das Schreiben dieses Buches war für mich auch sehr schmerzhaft, da ich die Wahrheit über das menschliche Geschlecht erfuhr – über das sogenannte „Damoklesschwert", welches über uns schwebt. Gehören Sie zu den Menschen, denen es jetzt in ihrer momentanen Lebensphase gut geht, dann hat Ihnen Ihr Karma dieses Gutgehen in diesem Leben einfach deshalb beschert, weil Sie es sich durch Ihr früheres, positives Leben erarbeitet haben. Nehmen Sie wenigstens einen kleinen Teil Ihrer vorhandenen Energie in Ihre für Sie richtige Hand und beginnen Sie, mit ihr einen guten Weg zu gehen. Das wird Sie menschlich formen und dem Herrn annähern. Sie können auch losdonnern und sagen, was geht mich Ihr angesprochenes Karma an. Wenn Sie auch hart gearbeitet haben, um es zu etwas zu bringen, ehrlich, vielleicht hätte auch die Hälfte gereicht. Noch ist es nicht zu spät, setzen Sie Ihre Triebfeder ein, um die gewaltige Weite des menschlichen Wesens zu erforschen und damit auch Ihr eigenes Wesen zu erkennen. Lernen Sie, es zu erfühlen, damit Sie nicht wieder Ihr ursprünglich positives Karma abwärts bringen. Versuchen Sie, Ihr Leben mit all seinen Fasern in Harmonie zu bringen. Fallen Ihnen aber Armut und Leid zu, so nehmen Sie dies bitte auch in Demut an (wenn Sie mich auch jetzt dafür verteufeln). Sicher wurde Ihnen dies auferlegt, denn Sie wissen ja nicht, was Sie in Ihrem früheren Leben so alles angestellt haben, aber das Karma weiß es. Ich will Sie nur von der wahren göttlichen Gerechtigkeit überzeugen, denn dieser entkommt niemand, kein menschliches Wesen auf dieser Welt. Immer wieder meine Bitte an Sie, befassen Sie sich mit diesem Thema, mit diesem Problem. Es ist einzig und allein Ihr Ureigenstes. Ich selbst habe kein Problem mehr, ich habe es längst ausgelitten. Solange ich in der Hoffnung leben darf, dass diese Menschheit doch noch zur Vernunft kommt, erscheint mir die Zukunft wunderbar in Gottes Nähe, wenn nicht, ist das Leid des Herrn auch mein Leid. Darum kämpfe ich so um Gottes und meiner selbst willen. Ich appelliere an alle Völker, an alle Religionen, an alle Menschen: Es gibt nur einen Gott, denjenigen, welcher sich auch für uns ans Kreuz nageln ließ und uns gezeigt hat, dass das Leben nach dem Tode weitergeht. Christus war Gott selbst, der Herr der Welt und aller Menschen, egal, welchen Namen ihm die Menschen gegeben haben. Ihr Menschen dieser Welt, habt den Mut zum Glauben, hört in euer Inneres, hört in eure Seelen, dort findet ihr die Wahrheit und damit auch Gott.

Denken Sie zurück: Das All ist die Unendlichkeit. Das Universum ist jener Bereich des Alls, von welchem die heutige Menschheit einen Teil mit ihrem Gehirn gedanklich erfassen kann, im Wesentlichen aus sieben Welten bestehend. Es ist der 0.01-prozentige Anteil vom All. Das All wurde nie geschaffen, es ist Gott und der war immer da.

Gott erschuf das Universum.
Gott gebar seine Kinder aus sich selbst heraus.
Gott durchwob alle seine Kinder/Engel.
Gott benötigt seine Engel zur Führung des Universums.

Die Engel-Wesen, aus beseelter, geistiger Energie bestehend, erhielten dem Prinzip nach alle die gleichen Aufgaben zugewiesen. Es gab daher keinerlei Konkurrenzdenken, nur Harmonie. Es gab keine Gegensätzlichkeit und keine Dualität. Erst durch die Schaffung der Lebewesen wie Flora, Fauna, Mensch, also der Materie, wurde von Gott die Gegensätzlichkeit hineinprojiziert. Das Fressen und Gefressenwerden benötigte die Dualität. Das war das Ende der bisherigen Harmonie.

Im Gegensatz zu früher, als die Aufgabe der Kinder Gottes in ihren Wirkungskreisen, in ihrer Bewältigung der Aufgaben im Bereich des Kosmos noch von Gleichmäßigkeit getragen war und es keine hierarchischen Strukturen gab, wurde das jetzt neu geregelt. Der Herr hat seine gesamte Himmelsriege, jeden Engel in Schulung zur Erlernung der harmonisierenden Dualität beordert. Der Zweck sollte sein, im All eine neue Verwaltungsstruktur zu gestalten. Dafür wurden „Mitarbeiter" neuen Stils benötigt, welche eine obere Hierarchie zur Übernahme von Verantwortung bilden sollten. In der breiten Basis sind wie bisher Schutzengel in großer Zahl sowie auch Kuriere für Blitzaktionen im All vorgesehen. Das Wesentliche an diesem System sollte sein, dass alles sich ohne jegliche Gegensätzlichkeit in ein universell kosmisches, harmonisches Wirken von gut und besser fügt. Das wäre eine Abänderung des gigantischen Regelwerks der universellen Verwaltung.

Mit unserem Denkapparat diese ungeheuren Dimensionen und die gewaltige Anzahl der tätigen Mitarbeiter Gottes, seiner Kinder/Engel, und zugleich auch seiner selbst in allem erkennen zu wollen, wäre ein klägliches Unterfangen unserer lächerlichen menschlichen Winzigkeit.

Am untersten Ende der erwähnten Pyramide, sozusagen unterhalb der Schutzengelzone, finden wir die oft zitierte Grauzone, gleich über der irdischen, menschlichen Zone, über der allerdings die für Menschen undurchdringliche Grenze des Todes steht.

Alle Wesen, welche die Engelszone erreicht haben, können durch alle Zonen, auch durch die irdischen Zonen weben, es sind die rein geistig spirituellen Energie-Wesenheiten. Eines ist allerdings für sie tabu, das ist die Grauzone. Diese Zone ist eine Art Klausur, eine Leidenszone für alle karmisch belasteten Seelen, welche mit ihrem Ich dort eine mehr oder weniger leidvolle Zeit nach ihrem Tod verbringen müssen, um am Ende wieder dem Kreislauf gemäß in die Menschenwelt hineingeboren zu werden. Diese leidvolle Zeit in dieser Grauzone vermindert keinesfalls die jeweilig karmische Belastung. Eine Verminderung dieser kann nur ausschließlich im menschlichen Leben erfolgen und dies durch entsprechend positive Taten. Wenn das Ich mit seiner Seele wiedergeboren wird, weiß es nichts aus dieser grässlichen Grauzonenzeit und macht vielleicht im neuen Leben – wieder neue Fehler. Deshalb wäre es irrsinnig wichtig für Eltern, die karmische Belastung ihres Kindes zu erfahren.

Dieses Kind ist wohl ihr fleischliches Kind, aber dieses Kind mit seinem Ich bringt noch etwas mit ins Leben, es ist seine belastete Seele. Das ist auch der Grund, warum oft gute Eltern hilflos der zunehmenden Auswüchse ihrer Sprösslinge nicht mehr Herr werden, denn im Karma dieses Wesens wäre die Ursache zu finden. Hinter der Fleischlichkeit steht eigentlich ein selbstständiges, seelisches Ich-Wesen. Eltern und Kinder wissen nichts davon, aber eines ist klar, der Ausweg liegt im irdisch guten Verhalten und Tun.

Sehr viele als Engel aufgenommene Wesen mit einer nicht sehr hohen karmischen Gutschrift landen manchmal auch wieder im Rad der Wiedergeburt. Seinem an Gutem

Erworbenen entsprechend wird er zu Eltern hineingeboren, welche auch ein gewisses Gottvertrauen ihr Eigen nennen und in einem guten Verhältnis leben. Von hier aus kann es dann weiter nach oben führen oder auch nach unten.

Verstorbene mit einem höchstmöglichen positiven Karma verbleiben mit ihren Seelen für immer bei Gott, um in die Schönheit des himmlischen Wirkungskreises eingegliedert zu werden.

Genau auf solche Seelen, welche sich von ihrem Ich so positiv befreien konnten, wartet Gott täglich. Es kommen leider immer nur wenige zu ihm zurück.

Das All wurde von dem allen nicht berührt. Auf dem Planeten Erde konnte nun das beginnen, was hier in diesem Buch aus verschiedenen Sichtweisen beschrieben wird.

Angeführt wurde bereits, dass eine neue Verwaltungsreform im Bereich des gewaltigen Alls entstehen sollte. Ebenso wurde erwähnt, dass sich großteils die Wesen für diese neuen Strukturen einer Schulung unterziehen mussten. Während dieser Schulung waren sie mit dem fleischlich animalischen Gedanken, vor allem mit dem *Ich*, welches ja den eigentlichen Entscheidungsträger zwischen gutem und bösem Verhalten der jeweiligen Wesen darstellt, behaftet. Was Gott nicht geahnt hatte, war, dass sich diese Wesen, in denen seine Seele inkarniert wurde, im Laufe ihrer Evolution immer mehr oder weniger verselbstständigt hatten. Diese Menschwesen, vom Ich geleitet, lösten sich im Laufe von Jahrtausenden von Gott, betonierten ihre aufmüpfigen Seelen ein, nahmen Geburt, Leid und Tod als unabänderlich an und gestalteten ihren eigenen Lebensstil. Ein Stil zwischen Geburt und Tod, wie tierisch fressen und gefressen werden, töten, um auch getötet zu werden …

Der Tod setzt zwar jeder Generation ihr Ende, aber deren Nachkommen machen das weiter, was ihnen die Vorangegangenen mehr oder weniger gezeigt haben. Bauten teilweise auf Altem auf, fügten Neues hinzu und so sieht man vor allem in den letzten Zeitaltern, dass immer neue Techniken entstanden, tollere Erfindungen gemacht wurden, wenn auch der Tod immer wieder Zäsuren setzte. Die irre technische Evolution nimmt trotzdem weiter ihren Lauf. Immer weniger wissen die Menschen von Gott, sie wissen auch nicht, dass das luziferische Prinzip es ist, welches sie so resistent und – ihrer Meinung nach – erfolgreich macht. Diese Menschen wissen nicht, was sich hinter den Kulissen ihres eigenen Theaters abspielt. Sie fühlen nur eines, wir sind die Großen, die Besten und wir sind der Mittelpunkt der Welt, wir, die Superintelligenten. Von Milliarden Himmelskörpern haben wir sogar schon einen, den Nächstliegenden, besucht. Wir sind auf dem besten Weg, mit unseren selbst erdachten, technischen Mitteln vielleicht wieder einen zu erobern, dann wären es schon zwei von Milliarden. Eine tolle Sache.

Da der Herr nicht mit der Situation gerechnet hatte, dass das teuflische, fleischlich-gedanklich-animalische Ich so stark beeinflusst werden konnte (trotz heftiger Gegenwehr der göttlichen Seelen), ist somit das Problem entstanden, dass ihm für den Verwaltungsbereich im All die gewaltige Anzahl der Mensch-Schulungswesen fehlt. Es schmerzt ihn fürchterlich, dass seine Engelskinder mit den inkarnierten Seelen in so großer Zahl in die Gefangenschaft des Teufels geraten sind. In den himmlischen Zonen herrscht Trauer ob dieser Katastrophe irdischer Entwicklung. Daher kommt auf die Erde unsagbares Leid über all die nicht Einsichtigen. Und so muss sich jedes Ich, welches jede Art von Verbrechen begangen, seine Seele dabei abgewürgt und das Teuflische befolgt hat, vor dem Gesetz Gottes verantworten. Wird es irgendwann geschehen, wenn der Leidensdruck auf die Menschen so zunimmt, dass doch die Vernunft siegen wird?! Jeder Einzelne sollte sich gut überlegen, ob er sich nicht doch an seine Seele und Gott erinnern sollte, um auf den richtigen Weg einzuschwenken. Die

Menschen, welche es geschafft haben und auch weiterhin schaffen werden, unter dem Einfluss kirchlicher sowie aller anderen Glaubens-Institutionen dieser Welt den richtigen Weg zu Gott zu finden, diesen Menschen ist es gelungen, die wahren Essenzen in den jeweiligen Religionen zu erkennen. Jede Glaubensinstitution hat ein Fundament, in welchem die Wahrheit des Lebens eingeformt ist. Ein Strahl dieser Wahrheit leuchtet bei all diesen durch Jahrtausende hindurch bis in die Jetztzeit hinein.

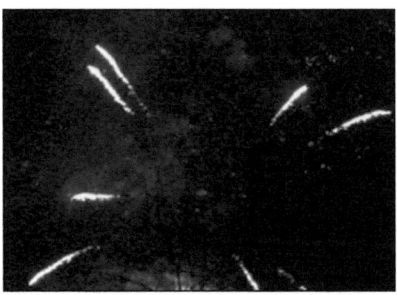

Dieser Strahl der Ur-Wahrheit ist weder verformbar noch verletzbar – allerdings verschüttbar. Alle großen Religionen dieser Welt haben mehr oder weniger noch die Ausstrahlung dieser Urwahrheit, welche ihnen der Herr gegeben hat. Auch für den Menschen von heute ist es besser, er sucht dort die Wahrheit, wo sie noch vorhanden ist, wenn auch etwas verschüttet. Ein abgebranntes Feuer gibt immer noch Wärme durch die Glut und genau diese Glut muss der Mensch in sich entfachen, bevor sie eines Tages ganz erlischt. Die Glut ist der Treibstoff, um zur Wahrheit zu finden und Gott zu erreichen.

Die Führung der Menschen auf dieser Welt unter dem Sammelbegriff Politik ist derart komplex, dass sie einfach von keinem einzigen Menschen mehr überschaubar ist, und wäre dieser Mensch auch ein Genie. Ein Richard Wagner hätte sicherlich auch kein Orchester von etlichen Tausend Musikern dirigieren können. Da fehlt einfach das Universelle, das Universum im Menschen, aber dafür ist er von Gott nicht konstruiert. Das Wesen Mensch ist konstruiert für eine gewisse Übergangszeit, über die wir schon genug gesprochen haben. Für die Erreichung der harmonischen Gegensätzlichkeit hat sich eben ein Konstrukt von animalischen, fleischlichen, mit Gehirn ausgestatteten Wesen regelrecht angeboten als Gegenpart zum Teuflischen. Das genannte Wesen würde ja ewiglich im Reich der Tiere verbringen müssen, denn der Mensch ist doch ein Säugetier; sein Gehirn vergleichen wir mit dem eines Affen und auch der Bewegungsapparat ist ähnlich. In Bezug auf das Animalische ist es ohne Weiteres möglich, dass in den rein tierischen Vorzeiten der Mensch, allerdings bevor er beseelt wurde, eine Abzweigung des Affen war. So gesehen müsste ich jetzt dem Naturforscher Charles R. Darwin Abbitte leisten. Allerdings darf man nicht übersehen, dass sich das Vorgenannte im Zeitalter des rein Tierischen vor Millionen von Jahren abspielte. Der Begriff Mensch war damals noch nicht anwendbar, weil es nur ein affenähnliches Tier gab, ohne Ich-Bewusstsein. Der Mensch im heutigen Sinne entstand erst vor ca. 100.000 Jahren.

Das affenartige Tier wurde von Gott beseelt und damit wurde es erst ein menschliches Wesen mit einem Ich-Bewusstsein. Das Warum habe ich schon zur Genüge dargelegt. Die menschlichen Knochenfunde, egal, aus welchen Zeiträumen sie stammen, sagen daher gar nichts darüber aus, ob sie einem Menschen oder einem Tierwesen angehörten. Die Seele ist für die Archäologie wohl kein Thema in unserer so modernen Zeit.

Der Unterschied zwischen uns Tiermenschen, welche göttlich beseelt wurden, und dem Göttlichen selbst ist so gewaltig, dass in so vielen Jahren der Menschheitsgeschichte der Mensch nicht in der Lage war, das Göttliche zu ermessen, den wahren Weltenzusammenhang denken zu können. Gott hat uns diese Möglichkeit durch den Tod geschaffen, denn dieser ist genau das Tor nach oben. Der heutige Mensch ist aber zu ängstlich (feige), um sich mit diesem Tod auseinanderzusetzen. Frühere Zeiten hatten ihre Seher, welche in den göttlichen Bereich hineinsehen konnten. Heute gibt es immer weniger Menschen, denen diese große Auszeichnung zuteilwird, denn diese Auszeichnung vergibt nur der Herr selbst.

Für mich gibt es eine Ausnahmeregelung, ich bin kein Seher, ich habe davon bereits berichtet. Ich kann in das Göttliche hineinsprechen, Fragen stellen und bekomme Antwort. So ist eine enorme Kommunikation im Gange, eine großartige Basis zwischen hüben und drüben. Der Herr lebt in mir und das ist auch der Grund, weshalb dieses Buches überhaupt entstehen konnte. Es müsste für jedermann verständlich sein, dass es in der heutigen Welt niemanden mehr geben wird, welcher in der Lage ist, dieses Chaos der Menschheit zu beherrschen. Hier nochmals die grobe Chronologie:

Die Menschwerdung ist unter ganz anderen Voraussetzungen vom Herrn gestaltet worden, versehen mit einer nur vorübergehenden Aufgabe.
Die Menschheit hat sich selbstherrlich unter der angebotenen Hilfe des Satans eine eigene Dynamik angeeignet.
Das Göttliche wartet geduldig ab, denn dort gibt es weder Raum noch Zeit. Es wartet so lange, bis der „Haufen von fehlgeleiteten Irren" auf diesem lächerlich kleinen Planeten Erde sich selbst auflöst und damit alle Seelen wieder dorthin kommen können, von wo sie herkamen.
Der Prozess ist leider noch nicht abgeschlossen, der Irrsinn prolongiert.
Der Herr wird Sieger bleiben, koste es, was es wolle, nämlich an Menschenleid. Leiden ist schrecklich, erzeugen sie kein Leid, es fällt auf sie vielfach zurück.

Aus der philosophischen Sicht ist das Problem göttliche Welt ja genauso ungelöst. Tausende von Philosophen haben sich bemüht, der Menschheit ein Bild bis hin zur Transzendenz zu vermitteln. Es ist in vielen dicken Wälzern beschrieben worden, alles Mögliche und Unglaubliche. Schwierige Wort- und Satzgebilde, welche nur die einzige Aussage treffen, das Nichtwissen, was hinter dieser Transzendenz, hinter dem Tod steht. Große Ausnahmen, die sich das „Drüben" schwer erarbeitet haben, wurden von mir bereits angeführt. Einen gewaltigen spirituellen Wert hat die Musik. Sie kommt direkt aus den göttlichen Sphären, trifft über die Musiker-Genialität die Menschen und berührt deren Seelen, welche sich bei diesen Klängen öffnen, die den Menschen mitteilen, wie schön es dort in ihrer ehemaligen Heimat, dem Himmel, gewesen ist. Genies, die den Tod erkannt und besiegt haben, sie leuchten in die Finsternis der Menschheit hinein – und dieses Licht ist die Wahrheit, aber die Finsternis hat das Licht nicht verstanden.

Mit Gott bin ich alles, ohne Gott bin ich nichts. Diese Wahrheit gilt für alle Menschen dieser Erde.

Die animalische Körperlichkeit, das *Ich* und die göttliche Seele in das Gebilde Mensch hineingeformt – das sind die Akteure auf der Erde. Die Akteure der Gegensätzlichkeit, das sind wir Menschen, jeder Einzelne von uns. Von der Kirche hört man doch immer wieder, der Herr hätte den Menschen als sein Ebenbild geschaffen. Woran dies zu erkennen ist, diese Erklärung fehlt. Hier die Erkenntnis: Die im Menschen innewohnende göttliche Seele ist der Beweis von dem göttlichen Ebenbild. Dieses Ebenbild ist nicht die animalische Fleischlichkeit, sondern das kooperative Ich mit der Seele und die veredelte Animalität dazu, das gäbe annähernd das erwähnte Ebenbild, welches Gott wollte. Die menschlichen Gedanken während eines Menschenlebens sind in der Akasha-Chronik gespeichert, alle guten und bösen, nebst allen guten und bösen Taten. Das

Gesetz des Karmas bedient sich dieser exakten Aufzeichnungen aus dieser Chronik.

Unsere Mensch-Trinität:
Wir haben den animalischen Korpus,
wir haben das Wesen der göttlichen Seele und
wir haben das *Ich*.
Eine Trinität des Menschen in seiner Gesamtheit. Das Ich ist der Regulator der göttlichen Seele und der gehirnmäßigen Gedankenwelt aus dem fleischlichen Korpus. Das Ich des Menschen trägt somit die Verantwortung für sämtliche Gedanken und Taten des Menschen. Das Ich macht den Mix aus seelischen Bedürfnissen, gehirnmäßigen Gedanken und Wollen. Ob nun der Mensch gut denkt und handelt oder eben das Gegenteil macht, bestimmt das Ich, welchen Mix es eben wählt. Das heißt, das Ich trägt die alleinige Verantwortung für Gut oder Böse. Obwohl das Ich genau weiß, dass seine Lebenszeit begrenzt ist und am Ende der unerbittliche Tod steht, sind körperliche Wollust und Macht so wertvoll, dass alle anderen Belastungen wie Krankheit und Leid einfach verdrängt werden. Daher sieht sich Gott vom Menschen, den er ja selbst geschaffen hat, einfach betrogen. Und deshalb begann auch der Leidensweg des Herrn ob dieses Betruges. Der Herr hat das Leid, die Schmach, den Kreuzestod, verbunden mit der Auferstehung, über sich ergehen lassen, um das Ich der Menschen endlich zur Vernunft zu bringen. Es war bis auf wenige Ausnahmen – leider vergebens. Die Verrohung, die Gewalt, das Böse nimmt noch immer zu.

Durch diese Tatsache ist das Gesetz des Karmas auch stark gefordert und muss immer mehr Straf-Sanktionen setzen. Die logische Folge ist die weiterhin zunehmende menschliche Verelendung in allen Bereichen der Erde. Z. B. sind die ständig sich vermehrenden Naturkatastrophen kein Schicksal, sie sind die Wirkung einer Ursache und diese Ursache habe ich bisher wohl klar genug erläutert. Ich möchte hier noch einmal das von mir immer wieder gern Gebrauchte anführen: das Verteufeln von Wissenschaft und Technik, weil diese beiden schlicht und einfach Gott in die Versenkung treiben. Bald werden nur mehr diese beiden von der Menschheit bejubelt und zu Götzen erhoben werden und das ist wohl der fataleste Fehler aller Zeiten. Beiden kreide ich auch an, dass sie eigentlich keiner Kontrolle unterliegen, denn oft liegen das Woher, das Warum und vor allem das Wohin im wissenschaftlichen Nirwana. Ob ihre Tätigkeit Sinn gibt, ob sie einen wahren Nutzen für die Menschen hat, wie ihre Zukunft und was das Ziel der Wissenschaft ist und was eigentlich am Ende dieser ungemein regen, rasant fortschreitenden und Unsummen von Geld verschlingenden Forschungen stehen soll. Denn eines hat die Wissenschaft nicht bemerkt in ihrer Selbstgefälligkeit und Überzeugung, nur Großartiges zu leisten zum angeblichen Wohle der Menschheit. Sie hat nicht bemerkt, dass sich Luzifer in ihr Boot geschlichen hat und sie so dem Grunde nach jemanden bekommen hat, der über ihr steht und bestimmt. Es sollte jetzt nicht die Wissenschaft allein eine Schuldzuweisung erhalten, nein, die Menschheit selbst war und ist es, welche ihr ob ihrer großartigen Leistungen fasziniert zujubelt. Technik und Wissenschaft sind die wahren Feinde der Erde geworden, es wird gebohrt, gesprengt, geschlägert, verseucht, vergiftet und zum Schluss gezündet. Dieser Wahnsinn wird uns als großartiger Erfolg verkauft. Versuchen Sie bitte, diesem Gedankengang einmal ernstlich wissenschaftlich nachzugehen, vielleicht können wir das Drohende alle gemeinsam noch abwenden. Es ist fünf vor zwölf, es trifft uns alle.

Es erhebt sich natürlich die Frage, wie sollte der Mensch seinen Lebensablauf gestalten, wenn ihm das Wissen der Wahrheit zuteilwird? Die wenigen Natur-Stämme, diese kleinen, von der Außenwelt und deren Kulturen noch unberührten Gruppen würden uns das ja ohnehin vorleben. Die Gesellschaft, vor allem die westlich orientierte, die auf Material, Technik und Gewinn aufgebaut ist, für die Gott zum Großteil nur mehr eine längst vergangene Metapher darstellt, ja, diese Menschen würden den größten Aufschrei um ihr pseudo Wohlergehen machen. Will uns der Irre (ich meine mich) vielleicht damit klarmachen oder gar beweisen wollen, dass wir auf unsere wohlerworbene Rechte verzichten sollen? Voran das Recht auf Wohlstand, auf weniger Anstrengung, um diesen zu erreichen, weniger arbeiten zu müssen, dafür mehr bezahlt zu bekommen usw. Wir, diese Gesellschaft, die wir immer weniger werden, die wir unsere Kinder zu Intelligenz-Bolzen und zu nach Macht strebenden, andere unterdrückenden Wesen erziehen wollen, damit diese einmal viel Geld verdienen können, um es dann wieder für Luxus auszugeben. Ja, dann wird es Ihnen himmlisch gut gehen. Meinen Sie? Der wahre Sinn an diesem System fehlt, denn Sie wollen es ja trotzdem immer noch besser und noch besser haben. Rechtfertigt wirklich das Ziel diese Mittel? Was im menschlichen Leben auf diese genannten Werte aufgebaut ist, geht früher oder später zugrunde. Alles, was aus Gier und Machtstreben jemals zustande gekommen ist, verschwindet in der Menschheitsgeschichte (verfolgen Sie die diversen Dokumentationen). Ja, die verschiedensten Religionen halten sich zwar einige Jahrtausende, aber was sind schon einige Jahrtausende in der Menschheitsgeschichte? Die Menschen und alle ihre Nachkommen lernen nichts aus der Geschichte, jeder will das „Rad" neu erfinden. Was wirklich neu erfunden werden müsste, wäre die richtige Art, die richtige Form für eine sinnvolle Menschen- bzw. Volksführung, mit der alle Menschen zufrieden wären. Aber wer sollte das erfinden? Die nach Macht Strebenden sicher nicht, denn die haben am Ende immer versagt und werden am Ende der Zeiten auch wieder versagt haben. Von der Dauer her gesehen könnten dies nur die Religionen übernehmen, diese Art und Form einer Menschenführung. Alle Religionen haben in ihrem Ursprung im Prinzip dieselben Anweisungen durch ihre Religionsgründer von Gott erhalten. Denn Gott war ja der Schöpfer dieser menschlichen Wesen und hat ihnen auch Lebensregeln mitgegeben. Lebensregeln, welche durch die Religionen in den Völkern Verbreitung fanden. Die Religionen und deren nachfolgende Träger, welche die wenigsten Änderungen in diese göttlichen Mitteilungen verpflanzt und diese möglichst getreu übersetzt und wenig Gewalttaten aus Machtgier an ihren Gläubigen ausgeübt haben, genau diese Religionen (es werden wohl sehr, sehr wenige sein) werden weitere Jahrtausende überleben, falls sie nicht der Sucht nach Machtausübung erliegen.

Über das, was die meisten Naturvölker heute noch richtig machen, wurde bereits geschrieben und das ist auch wahr. Nehmen wir den schlechtesten Fall für unsere heutige Menschheit an. Bei der karmischen Belastung meine ich die Belastung der Völker, Staaten usw., denn es gibt ja nicht nur ein Einzelkarma für jeden Menschen, sondern es existiert auch ein Volkskarma, ein Rassenkarma, ein Weltkarma, sozusagen der Durchschnittswert der Belastungen aller einzelnen Menschen der jeweiligen Völker, Staaten,

Rassen sowie der gesamten Menschheit. Diese Werte sind auch wieder aus der Akasha-Chronik abfragbar. Je nachdem, wo geballte Belastungen vorhanden sind, kann es in diesen Regionen vermehrt zu Natur- oder sonstigen Katastrophen kommen. Wenn das dann eine Ausbreitung erfährt, kann es eng werden für viele Menschen, soweit sie überhaupt überleben und vor allem, was ihnen an Lebensraum dann noch bleiben wird. Dies stellt jetzt nicht den Inhalt eines Science-Fiction-Filmes dar, sondern es ist ein Tatsachenbericht. Die durch das Karma aus ihrem Vorleben abgestraften Menschen werden immer mehr, daraus ergibt sich eine immer größere Flut von Armut und Leiden, denn diese karmisch stark belasteten menschlichen Wesen werden genau in diese Armut hineingeboren und das in Massen.

Immer wieder meine Aussage: Der Herr wird auch über die verbleibende Menschheit Herr bleiben und auch über die zuletzt übrig gebliebene Religion. Die Menschen werden von ihrem Wahn, etwas Großmächtiges zu sein, abgelassen haben, jetzt ist der wahre Überlebenskampf angesagt. Da wird jetzt bei diesen Menschen Einkehr gehalten, was wenige Menschengruppen schon immer getan haben, nämlich mit der Wahrheit leben, und die Wahrheit ist Gott. Diese könnten einen Neubeginn der Menschheitsgeschichte schreiben. Es wäre der Beginn des irdischen Endes der Menschheit, es könnte dann die Rückkehr dorthin, woher wir einst kamen, erfolgen. Die Rückkehr unserer befreiten Seelen ins wahre Paradies zu ihrem Vater und Gott.

Die Gemeinsamkeit zwischen dem Herrn und mir hat sich in der letzten Zeit, vor allem durch meine Schreibarbeit an diesem Buch, enorm erweitert, sodass ich wirklich Mühe habe, noch alles zu überschauen und vor allem noch alles zu „überfühlen". Was mich mit Gott so eng verbindet, ist meine Liebe zu ihm, die Liebe zum Vater. Meine Scheu, meine Demut, meine Ehrfurcht vor dem Herrn waren zu groß, als dass ich es hätte schon früher wahrnehmen können. Er war es, Gott der Herr, der mir seine Liebe, seine strahlende, göttliche Liebe schon viel früher angedeihen ließ, nur ich wollte und konnte es nicht erkennen. Er hat mir dieses Phänomen täglich aufgezeigt, doch nur langsam, sehr langsam überwand ich meine Scheu. Es war einfach nicht vorstellbar, dass es so etwas überhaupt gab, noch dazu – warum war gerade ich auserwählt? Meinen Weg zur Wahrheit und damit zu Gott habe ich Ihnen bereits beschrieben, aber das konnte es ja nicht sein, weswegen ich die Liebe Gottes erreicht habe. Alles ist wie ein Traum, ich fühle mich herrlich, fallweise auch problematisch mit meinen seelischen Wechselbädern. Ich muss wieder meine Frau als Helferin, als einzig Verstehende in diesem Reich der webenden Gefühle erwähnen – sie, mit ihrem klarem Kopf und ihrem großen spirituellen Wissen. Für meine Frau war das alles wie selbstverständlich. Sie kennt mich sehr gut, hat eine klare Übersicht und vor allem einen gewissen Abstand zu allem und kann dadurch objektiv sehen.

Ohne einen von Gott ausgesuchten Partner kann eine Partnerschaft mit Gott nicht möglich sein, weil ein Mensch allein niemals in der Lage wäre, diese seelischen Empfindungen (die oft wie Einbrüche sind) mit dem Aufwand der gesamten Eigenenergie auch geistig auszuhalten. Natürlich bin ich im Laufe der Zeit gefestigter geworden, aber der Herr sorgt immer wieder für Überraschungen. Wie dem auch sei, zwischen uns hat sich eine wunderbare geistig spirituelle Zuneigung angebahnt. Mein Kontakt beginnt am Morgen mit einem Dank für die Nacht und die Auffüllung meiner Energie, denn von der benötige ich gewaltig viel und die Nächte sind auch nicht immer geruhsam. Oft voll mit Ideen und Themen zwischen dem Herrn und mir. Dass ich mit dem großen Leid des Herrn wegen seiner Menschen mitleide und das sehr stark, ist zusätzlich ein Grund, warum eine so gewaltige Angleichung entstanden ist. Die Sprache zwischen dem Herrn und mir ist etwa vergleichbar der Taubstummensprache oder dem Blindtastvermögen, der Übersetzer dieser Sprache ist das Pendel. Es ist sicher nicht für jedermann verstehbar bzw. glaubhaft, dass man mit dieser Methode wirklich großartige Gespräche führen kann. Es sind einfach die unsichtbaren Leitungen, welche hier tragen.

So, wie wir heute in dieser Welt leben, haben wir bereits alle ohne Ausnahme tausendfachen Tod und tausendfaches Leben im karmischen Kreislauf durchlebt. Jeder von uns war früher jemand anderes. Es lässt sich in der Akasha-Chronik bei jedem einzelnen menschlichen Wesen weit zurückverfolgen, welches Leben es in welcher Gestalt geführt hat. Immer wieder und zu allen Zeiten wird sich jeder von uns wiederfinden, einfach unzählige Male. Das sagen Ihnen vor allem auch die östlichen Religionen, denn diese waren nie so von Gier, Macht und Gewalt angehaucht wie die westlichen.

Falls Sie die Möglichkeit hätten, bei verschiedenen religiösen Ritualen jeglicher Gemeinschaft eine Umfrage bei den Gläubigen zu machen mit der Frage „Wofür haben Sie gebetet?", würden die Antworten sehr unterschiedlich ausfallen. Für Heilung, für Reichtum, für Kindersegen, Schönheit, langes Leben, für Liebe, für gute Partnerschaft, gute Geschäfte usw. Die Gründe sind unglaublich vielfältig.

Herr, hilf mir bitte, dass ich Taten setze, um den richtigen Weg zu finden, den, der zu dir führt in meine Urheimat, in ein wunderbares Leben, in deine Welt, und der mich dadurch befreit von Leid und Tod.

In der innerlichen Versenkung bei diesem oben angeführten Gebet, aus Überzeugung und mit gutem Willen wird sich dieser Weg langsam, aber stetig auftun. Alle anderen Gebete werden in den seltensten Fällen die erhoffte Wirkung zeigen. Bei Menschen mit einem guten Karma sind allerdings die positiven Voraussetzungen eher gegeben.

Solange der Mensch sich nicht mit diesem Gesetz Gottes, dem Karma, ernstlich auseinandersetzt, läuft er im unkontrollierten Zick-Zack-Kurs durch alle seine Leben. Das Schönste, was es in der Menschenwelt überhaupt geben kann, ist die vollzogene Religion = Wiederverbindung mit Gott. Religion heißt eigentlich „Wiederverbindung". Die Religionen hätten somit die Aufgabe zu erfüllen, den richtigen Weg für diese Wiederverbindung der Menschen mit Gott zu zeigen, ohne eigennützige Umwege.

Derzeit habe ich mit vielen Menschen Kontakt, vor allem durch meinen Beruf. Privat schon weniger, denn ich muss mit meiner Zeit und Energie gut haushalten. Fallweise spreche ich dann ein wenig aus meinem anderen „Lager" und siehe da, ich stelle fest, die Jugend ist eher bereit, sich mit dem Leben und Tod ernstlich auseinanderzusetzen. Die Älteren haben immer dasselbe Strickmuster, vor allem die Männer. Was sie nicht alles geleistet hätten im Beruf, in der Politik, in der Partei usw. Leider sind sie jetzt nicht mehr so gefragt, umso mehr leben sie in der Vergangenheit und mit großer Sehnsucht nach dieser. Eine Zukunft haben sie nicht mehr, nur mehr das Sterben, der Tod. Ein Weiterleben? Ablehnung – Punkt!

Was ich so oft denke:

Eine Übersiedelung in ein fremdes Land, weit weg, denken wir dabei nicht ans Fliegen, das gibt es hier in meinem Beispiel noch nicht. Ein Mensch, welcher sich dort ein neues Leben aufbauen möchte, ein Aufbruch ins Ungewisse. An eine Rückkehr aus Gründen der Entfernung (und auch Kosten) ist nicht gedacht. Was wird diese Person alles tun, um die Örtlichkeiten möglichst exakt und genau auszukundschaften. Alle nur erdenklichen Erkundungen einholen, um sich zumindest ein theoretisches Bild über diese neue Heimat zu machen. Wie das Leben dort sein wird, über den Weg dorthin, oft nur durch gefahrvolle Situationen möglich, schließlich will man an diesem noch unbekannten Ort den Rest seines Lebens verbringen, eben ohne Möglichkeit einer Rückkehr.

Unvorstellbar, wie „blauäugig" der Mensch an das Sterben herangeht. Nur weil er sich beim leblosen, vom Leben verlassenen Körper nicht vorstellen kann, wohin jetzt das Leben ist. Unvorstellbar, dass sich die menschliche Energie in nichts auflöst, dieses Energie-Kraftwerk, einfach in nichts. Sehen Sie, die Energie verwandelt die Seele und das Ich des ehemaligen Menschen in den Zustand eines spirituellen Geist-Körpers – das ist die geheime Physik, die Metaphysik. Natürlich ist unbestreitbar, dass ein lebendes Menschenwesen, ausgestattet mit einem animalischen Fleischkörper und auch solchen Augen, diese Umwandlung nicht nachvollziehen kann. Dafür lebt ja ihr Ich mit der Seele weiter, muss ja auch jenseitig weiterleben. Und so stellt sich die berechtigte Frage, warum kümmert sich trotzdem kein Mensch um sein Leben nach dem Tod? Aus Angst, aus Feigheit vor dem Unbekannten oder weil es niemand lehrt, einfach weil es niemand weiß oder wissen will? Die unendlich lange menschliche Geschichte ist überall nachlesbar. Unglaublich, bei wie vielen geschichtlichen Ereignissen seit Jahrtausenden Sie persönlich involviert waren, wir alle involviert waren. Die mehr als engstirnige Behauptung, auch von Teilen der Wissenschaft und sonstiger erhabener Ängstlichkeit auf diesem Gebiet, lautet: „Geburt, Leben, Tod, Ende!" Bitte denken Sie doch selber, nein, fühlen Sie das selbst einmal nach, diese Aussage, eine ängstliche, vor der Wahrheit sich drückende Aussage, sie ist eine feige Feststellung von allen Beteiligten. Diese sagenhafte Umwälzung von Menschenmassen durch das karmische Rad ist aufgezeichnet. Was machen wir aus der Geschichte? Wir wollen alles auf dieser Welt befindliche Material inkl. Mensch aus allen Zeiten nur messen, in Zahlen setzen, in Schicksale kleiden, die Entfernung, das Gewicht, den Inhalt, das Material und den Umfang bestimmen. Die Archäologie nimmt irrsinnige Arbeit in Kauf, um Selbiges zu tun. Wie haben die damals gelebt und was getan? Ja, bequemt euch doch einmal zu dieser Annahme, wir alle waren es jeweils, welche ihre Seelen dem Unsinn geopfert haben und noch immer an das Rad der ständigen Wiederholungen menschlicher Ereignisse gebunden sind, weil ein Menschenleben nicht reicht, um sich aus diesem Wahnsinn zu befreien. Deshalb brauchen wir eben Tausende von Leiden. Ich habe es geschafft, mich zu befreien, meinen Weg habe ich Ihnen bereits beschrieben. Und jeder, der eine Herausforderung, sei es im Sport, Studium oder Beruf, bis nach oben gemeistert hat, gibt gerne Anweisungen an die, welche unten noch schwitzen und rackern, obwohl wahrscheinlich nur sehr wenige diesen Gipfel überhaupt erreichen werden. Aber an alle Menschen dieser Welt gerichtet: Ich möchte nur eines, euch diesen Glauben an die Wahrheit schenken, um endlich eurem Glauben an den sinnlosen Wahn auf dieser Erde ein Ende zu bereiten. Ich kann euch nur den Weg zeigen, ich bin diesen Weg gegangen, er muss aber nicht für jeden so schwierig sein. Jeder wird diesen Weg gehen müssen, alle, bis auf den letzten Menschen von diesen elf Milliarden, welche in beiden Welten unterwegs sind. Beginnen Sie damit, es wird ohnehin lange dauern, bis Sie überhaupt einen für Sie passenden Anschluss finden – aber ab dann wird es leichter. Jedermann, welcher die Mühen jetzt schon auf sich nimmt, wird nicht gezwungen werden, das eigene schwere Kreuz zu tragen. Der Weg muss beschritten werden, freiwillig oder mit Gewalt. Der Herr versteht keinen Spaß, wenn es um die Befreiung seiner Seelen-Kinder geht. Denn der Mensch hat mit seinem Ich die göttlichen Seelen nicht nur vergewaltigt und geknechtet, sondern noch dazu verleugnet. Entscheiden Sie nun selbst, was Sie zu tun haben, aber entscheiden Sie richtig – richtig für Gott.

Nach meiner Information hat es in dieser Ausführlichkeit noch keinen Traktat von Menschen über den Sinn des menschlichen Lebens gegeben. Ich weiß nicht einmal, wie ich selbst, als ich noch gar nichts oder nur sehr wenig vom wirklichen Sein wusste, auf so eine Wahnsinns-Schrift reagiert hätte. Aber ich denke, allein die Eindringlichkeit der Aufforderung, etwas zu tun, hätte mich zumindest intensiv zum Nachdenken gebracht, und dann wäre sicher auch meine Neugierde auf den Sinn des Lebens erwacht.

Zu Zeiten von Zarathustra, der Veden, Upanishaden usw., vor allem in den östlichen Religionen, hatten die Menschen zur Wahrheit, zur Seele noch einen viel engeren Bezug. Auch die Gottheiten des Nordens konnten ihren Menschen das Wahre noch gut übermitteln. Die Befreiung der Seelen aus dem Rad der Wiedergeburt war im Bewusstsein stark vorhanden, das Wissen darüber und auch Erfolgsmeldungen waren gegeben. Verbreitet und gelehrt von den Weisen, welche die Wahrheit kannten. Die Situation in dieser Hinsicht wurde aber zusehends schlechter, die karmische Belastung der Völker im arabischen und europäischen Raum nahm stark zu. Es kam zu einem Gipfel der menschlichen Schlechtigkeit um die Zeit das Neuen Testamentes herum, darum musste auch das fürchterliche Ereignis von Golgota geschehen. Das größte Verbrechen der Menschheit war der Mord am Herrn, der Mord an Gott.

Der Mensch:
Seele – göttlich
Ich – der Entscheidungsträger und Verantwortliche bis zur Freiwerdung der Seele
Körper + Gehirn – ausführendes Organ, der Tod beendet das irdische Leben.
Die Tiere – besitzen keine Seele. Tiere haben ein inspiratives Gefühl und können Angst und Freude ausdrücken. Tiere haben ein Einmal-Leben/Evolution. Die Funktion der Tiere ist dienend. Ihre Anwesenheit wurde für die Schaffung des Menschen erforderlich.
Die Pflanzen – für sie gilt exakt dasselbe wie für Tiere.

Ich habe darüber schon einmal geschrieben, muss nun aber weiter ausholen, und zwar zu meinem Gefühlsleben zwischen dem Herrn und mir, da bei mir oft ein kleiner Rest von Unbehagen bleibt. Ich denke nämlich immer dasselbe, wieso passiert dies gerade mir kleinem Menschen in so gewaltigem Ausmaß, und wie sollen Sie das verstehen, wenn ich Ihnen nicht mehr davon berichte. Überhäuft mit Gnade,

Gunst und Liebe von dem so weit entfernt im Universum seienden und mächtigen Gott. Mein Verdienst erscheint mir zu gering im Verhältnis dazu. Viele meiner Texte entstanden durch immer wieder neues Nachdenken darüber, dass das Göttliche einen sehr logischen Aufbau besitzt. Mit meiner Neugierde, Fantasie und unter Mithilfe von „oben" kommen diese Höhenflüge zustande und drücken sich in Gedanken aus, die ich dann unbedingt zu Papier bringen muss.

Meine letzte Verkörperung ereignete sich so zwischen 1490–1550 (mir sind die genauen Daten natürlich bekannt). Ich war ein sehr bedeutender Mann damals und weilte nach meinem Tod ca. 379 Jahre lang in der oberen Welt in Schulung für den nächsten Lebenseinsatz. Ich wurde diesmal mit einem karmischen Plus von 30 % geboren. Diese Werte waren auch etwa in meinem Vorleben vorhanden. Es gelang mir aber, in jenem Leben durch Dummheit eine Belastung von minus 50 % aufzubauen, konnte dieses Minus aber rasch wieder loswerden. Natürlich hatte ich damals keine Ahnung über mein beschädigtes Karma. Diese Tatsache hätte mir fast mein derzeitiges Erleben und Wissen verbaut.

Nach meinem physischen Tod im Jahr 2010 (ich schrieb bereits kurz darüber), hat sich natürlich viel mehr ereignet. Da ich die höchste Stufe im menschlichen Sein erreicht hatte, konnte ich damit den Kreislauf von Tod und Wiedergeburt endgültig durchbrechen. Nach den üblichen göttlichen Gegebenheiten hätte meine Seele in die himmlischen Sphären einziehen müssen und das in Hunderttausenden von Jahren durchgemachte, teils elende Dasein hätte sich in einer wunderbaren, herrlichen und himmlischen Wahrheit bei Gott aufgelöst. Das wäre die „Normalität" gewesen. Mein Körper samt Gehirn wäre verwest und das Ich, das alle guten und schlechten Taten in dieser langen Zeit verursacht hatte und für alles verantwortlich war (in der Akasha-Chronik gespeichert), hätte die Daten daraus entnommen und wäre damit in die Unendlichkeit verschwunden (das ist das Datenlöschprinzip). Nun, bei mir ist es anders gelaufen. Meine Seele ist zwar zurückgekehrt in ihre Heimat zu Gott, aber mein Ich mit dem Kadaver hat sie auf der Erde zurückgelassen, um das zu tun, was man mich anscheinend in der Zwischenära, in diesen 379 Jahren, gelehrt hatte. Die Seele, meine mich durch alle Zeiten begleitende Seele hat sich nicht direkt von mir getrennt, sie steuert von oben mit dem Herrn das, was erforderlich und auch hier von mir zu tun ist. Da meine Seele jetzt bei und in Gott ist, ist der Herr dadurch direkter Ansprechpartner geworden. Sehen Sie selbst, wie schwierig meine Erkenntnisse und Wahrheiten sind, wie soll ich mit den vielen Gefühls-Wechselbädern, die permanent über mich ergehen, zurechtkommen? Da ist die Hilfe und Liebe des Herrn immer wichtig und nötig. Nach solch niedergeschriebenen Zeilen kann ich mir denken, dass etliche Leser mich eher für unzurechnungsfähig halten, aber für mich ist wichtig, dass der richtige Samen gelegt ist. Natürlich könnte man sagen, das, was hier erläutert wurde, ist mehr oder weniger auch glaubwürdig, denn derjenige, welcher für sich einen besseren Weg einschlagen möchte, der hat ja auch keine wirkliche Anleitung für Ausführung und Verhalten. Wie sollte man auch so ein Thema behandeln bei den vielen Milliarden von Menschen, von denen keiner dem anderen gleicht, weder im Aussehen noch in seiner Lebenseinstellung oder in den jeweiligen karmischen Belastungen.

Ich stelle einen Satz des deutschen Mystikers, Theologen und Philosophen „Meister Eckhart" vor diese Thematik: *„Mitten im Leben müsst ihr Gott ergreifen."*
Eine bessere Kurzform ist nicht möglich, sie beschreibt eigentlich sehr treffend, was wirklich Sache ist. Im Leben des menschlichen Alltags sollte Gott einfach präsent sein. Die Massenzusammenkünfte in Gotteshäusern aller Glaubensrichtungen haben sicher einen Wert, vor allem den der Gemeinschaft und einer Art von Massenmeditation. Wenn man das Wahre über die Predigten gesagt bekommt, dann hat es *großen Wert*. Wenn aber andere Absichten der Prediger dahinterstecken (auch verborgene), wie Hass auf andere Völker und Menschen, Ausbeutung und dgl., dann hat es *Unwert*. Der Mensch sollte kritisch zuhören und dabei auch das Hinterfragen für sich lernen. Denn eines ist unumstritten, alle Prediger in der Welt sind auch nur Menschen und wurden auch von Menschen in diese Ämter erhoben. Sie kennen ja Sätze wie „Vertrauen ist gut, Kontrolle ist besser". Daher ist Ihre geistige Kontrolle gefragt, denn das Wesentliche an religiösen oder geistigen Führern ist ihre spirituelle Wertigkeit, verbunden mit ihrem hohen spirituell karmischen Wert, und die Fähigkeit, mit Menschen zu reden. Ein weiterer Wert ist der *Erinnerungswert*, der aber gehört immer der Vergangenheit an. Was wir brauchen, ist aber auch ein *Zukunftswert*. Es geht um die Zukunft der verloren gegangenen oder sich verlierenden Seelen. Denn das Nicht-vorhanden-Sein einer Seele im lebenden Menschen kann nur von Menschen behauptet werden, die ahnungslos, unwissend und in die Gier ihrer Selbstverherrlichung verstrickt sind. Diese Art von Menschen verneint nicht nur die Existenz der Seele, sondern auch die Wahrheit von Gott. Die menschliche Seele ist Energie und damit Leben im Körper der Menschen, sie ist unsterblich und von Gott dem animalischen Wesen Mensch geborgt.

Falls Sie eine Zukunft über den Tod hinaus anstreben, dann liegen Sie richtig, denn die Zukunft über den Tod hinaus ist Ihnen auf alle Fälle sicher, ob Sie das wollen, daran glauben oder nicht, das ist egal. Die Zukunft findet einfach statt – auch nach dem Tod. Offen ist nur die Antwort, in welcher Form es für Sie weitergeht. Ihre Seele mit Ihrem Ich im Jenseits kann je nach karmischer Belastung sehr belastend für Sie werden oder himmlisch weitergehen. Das bestimmen Sie selbst in Ihrem irdischen Leben.

Ich weiß aus eigener Erfahrung, es ist nicht einfach, seine bisherige Gedankenwelt unter Zuhilfenahme der Gefühlswelt zu koordinieren – hin zur Wahrheit. Beginnen Sie, nicht nur mit dem Gehirn zu denken, fühlen Sie die Richtigkeit Ihrer Gedanken mit Ihrer Seele nach. Ja, das kann man – Sie wissen genau, was ich meine. Ich bin davon überzeugt – falls Sie dieses Buch bis hierher nicht nur überlesen, sondern wirklich gelesen haben –, dass es mir gelungen ist, Ihnen einen großen Schritt ermöglicht zu haben. Seien Sie in diesem Leben strebsam, tüchtig im Beruf, in der Familie ausgleichend, leben Sie Ihren Kindern vor, dass nicht die Gier nach Haben das Wertvollste ist. Der Herr hat einmal gesagt, „Werdet wie die Kinder", hat aber nicht damit gemeint, Sie sollen Sandkuchen backen oder Indianer spielen. Wenn Sie zu den ordentlichen Gefühlseltern zählen und Ihr/Ihre Kinder betrachten, so fällt es Ihnen nicht schwer, daraus viel zu erkennen. Sicher konnten Sie bei einem Kleinstkind schon einmal bemerken, wie es in sich hineinlächelt, ohne einen äußeren Grund. Der Volksmund hat das als „Engelslächeln" bezeichnet.

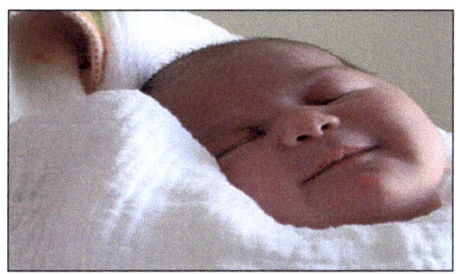

Eigentlich ist das vollkommen richtig. Kinder, welche in ihr neues Leben bereits ein gutes Karma aus dem früheren Leben mitbringen, vereinigen sich ja bei der Geburt mit ihrer Seele. Der animalisch geborene Mensch wird jetzt bei seiner Ankunft beseelt, das heißt, im gewesenen Reich zwischen Tod und neuem Leben hat sich der Mensch mit seiner Seele und seinem Ich allein befunden, jetzt kommt der animalische Körper dazu und die Seele schlüpft samt dem Ich zur Bewusstwerdung des neuen Menschen in diesen hinein. Natürlich in reiner, unsichtbarer Geist-Energieform. Die Seele inkarniert sich im Neugeborenen und dieses Lächeln drückt die Seele über den Körper des Kindes aus und gibt damit eine Erinnerung an die himmlische Zeit frei. Das Kind orientiert sich neu, der Körper, die Seele und das Ich müssen sich in der neuen Umgebung erst zurechtfinden. Wird das Neugeborene von den Eltern geliebt, so empfindet das neue Wesen mit seiner Seele diese Liebe, denn die Liebe der Mutter bzw. der Eltern stammt ja auch aus deren Seele/Seelen. Liebe kann nur von Seele zu Seele wirksam sein und so baut sich das Vertrauen des Kindes zu den Eltern über diese seelische Liebe auf. Das Kind wächst heran und wird mit gläubigem Staunen erfüllt. Es hat einen unerschütterlichen Glauben und Vertrauen auf die Eltern, welche das Kind weiter ins Leben führen. Jetzt sind wir auf dem Punkt – werdet wie die Kinder ..., der Herr meinte damit, wie die Kinder ihren Eltern, ihrem Vater oder ihrer Mutter vertrauen, ohne jegliches Misstrauen, in Liebe, im Staunen, im Geborgensein, sich hingebend der Wahrheit von Gott – so sollt ihr Menschen sein. Glaubt an mich und vertraut mir, ich führe euch in mein Leben ein und damit in eure Zukunft, ich bin doch euer Gott-Vater. Verdorben werden die Kinder durch die Erwachsenen, mit denen sie später in Berührung kommen. Dann sind sie selber am Erwachsenwerden und müssen wieder einen Weg des Vertrauens, an welches sie die Seele erinnert, finden und hoffentlich auch gehen. Jetzt sind es nicht mehr die Eltern, nein, jetzt wäre es Gott, dem diese jungen Erwachsenen vertrauen sollten. Dazu müssen sie das Gefühl eines Kindes wieder in sich finden und erfühlen lernen. Das Verhältnis Gott–Mensch ändert sich nie, deshalb will der Herr die Unverdorbenheit des Kindes im Gefühl des Erwachsenen. Denn nur einem so vertrauensvollen, beseelten menschlichen Wesen kann Gott sich nähern. Das ist das Geheimnis von „Werdet wie die Kinder". Eigentlich sehr einfach.

Mein Leben in dieser Form ist ein hochgeistig spirituelles, energievolles Leben bei und mit Gott. Vor allem in der Zeit meines Schreibens besteht immer die Verbindung mit dem Herrn, wissend, ein Beauftragter, ein von ihm Beauftragter zu sein. An diese Situation kann kein normal menschlicher Maßstab angelegt werden, aber auch nicht der Maßstab der vollen Wahrheit, diesen würde ich nicht überleben können. Ich fühle mich im menschlichen Leben voller Liebe, voller Vertrauen, aber auch voller Verantwortung, schwerer Verantwortung gegenüber Gott dem Herrn. Mit dem Schreiben wachsen die Liebe, das Vertrauen und die Verantwortung weiter, von der Hoffnung getragen, dass es aufwärts führt mit dieser Menschheit. Gott und die Menschen befinden sich nun im selben Boot, im Boot des beiderseitigen Leidens, jeder auf seine Art. Wer beginnt nun, wer macht den Anfang, um dem Leiden dieser Welt ein Ende zu bereiten. Der Herr hat den größtmöglichen Versuch gemacht. Leider, trotz des immensen Opfers des Herrn, blieb der Erfolg aus. Nun ist der Mensch am Zug, er muss begreifen, wenn er nicht untergehen will, muss er sich wieder mit Gott verbinden. Es ist seine letzte Chance – das ist die Wahrheit über den Sinn des Lebens.

Es wurde das Irdische, den Menschen betreffend, ins Licht gestellt, im Zusammenhang mit dem himmlischen Licht, mit Gott. Also den Bereich Erde mit seinen Menschen und sonstigen Wesen und den Bereich Himmel mit

Gott und seinen Engeln. Was noch fehlt, ist der Bereich Hölle mit seinen Teufeln. Damit wollen wir uns jetzt auseinandersetzen.

Denken wir zurück, der Herr hat seine Engel in die Lehre der harmonischen Gegensätzlichkeit gesandt, um das Verständnis für die Polarisierung zu bekommen. Dies war erforderlich, um nach der Rückkehr dieser Engel im Himmel eine neue Struktur aufbauen zu können. Eine neue Struktur des Guten und des Besseren. Mit diesem Prinzip will der Herr ein neues Konstrukt im Universum aufbauen. Also war es erforderlich, zum Himmlischen den Gegenpart des Teuflischen zu stellen.

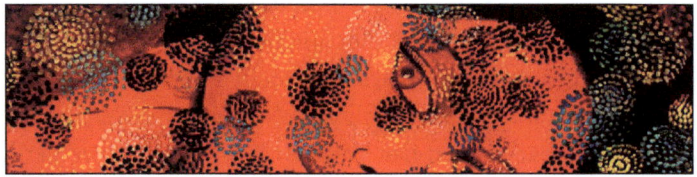

Der Herr hat dieses luziferische Prinzip gleichzeitig mit der Beseelung der animalischen Menschwesen geschaffen. Damit war die Dualität vorhanden und bereit zu wirken. Gott hat als Chef des Alls, des Universums, der Engel, des Himmels eine kleine Welt geschaffen. Diese kleine Miniatur-Welt besteht nicht wie alles andere aus Geistigkeit, Spiritualität, Energie und Liebe. Diese Welt hat Gott in die Stofflichkeit verwandelt, ein „Trainingsgelände" für seine Engelsmannschaft. Diese kleine Welt sollte ein Provisorium nur für die Lehrzeit darstellen, da eine Rückkehr aller seiner Studenten-Engel-Kinder, welche derzeit in einen animalischen menschlichen Körper als deren Seelen inkarniert waren, erfolgen sollte. Studienzweck: die Umsetzung von „Gut und Besser", weg von dem krasseren Zweig „Gut und Böse". Der Herr hat das luziferische Prinzip selbst geschaffen, demnach ist es wie alles andere ein Auslaufmodell. Und trotzdem hat diese von Gott selbst installierte Teufelsbrut dem animalisch menschlichen Ich-Wesen so zugesetzt, dass der wahre Sinn dieses Lernprozesses der göttlichen Seelen ins Wanken geraten ist. Die arme, gute Seele hat dem Ansturm des bösen Teufels nicht den erforderlichen Widerstand entgegensetzen können, weil – und da kommen wir wieder auf einen bekannten Punkt – das Ich sich eher zum Bequemen, zum Einfachen, zum Lustvollen, zu Gier und Macht geschlagen hat. Der Teufel hat dies dem Ich vorgegaukelt und ihm das Vorhandensein eines schönen Lebens mit all seinen Facetten eingeflüstert. Die Seele konnte dem Ich nur den Wert Gottes entgegensetzen und diesen Wert lehnte das Ich in jedem von uns ab. Wenn es keine Änderung geben wird und das Menschengeschlecht weiter herunterkommt, dann können die Teufel bald große Erfolge verbuchen, denn Höllenfürsten sind allzu gerne bereit für neue Spielgefährten.

Nun sind wir wieder an dem Kreuzungspunkt angelangt, wo wir uns schon öfters getroffen haben, nur eben aus einer anderen Richtung (Sichtweise) kommend. Wir stehen vor einer gewissen Ausweglosigkeit. Ich habe viele Seiten damit gefüllt, den Menschen klarzumachen, was sie tun müssten, um das Schlimmste zu verhindern. Ob sie den gewiesenen Weg zu Gott gehen werden, weiß ich nicht. Vielleicht sind es nur wenige, aber das wäre mir allein schon die Mühe wert, das alles geschrieben zu haben.

Doch der Herr ist viel klüger als alle Teufel zusammen. Er lässt das Rad der Wiedergeburt einfach schneller drehen – was geschieht da?

Die Weltbevölkerung steigt und steigt dadurch. Er verkürzt die Zeiten der Zwischenleben (zwischen Tod und neuer Geburt). Es gibt immer mehr Menschen, aber nicht mehr so viele Teufel zu ihrer negativen Betreuung. Gott überfordert das satanische Prinzip und das bietet somit die

Chance, dass die heranwachsende Jugend nicht sofort von dem luziferischen Wesen angefallen werden kann, eben nur punktuell. Die Hölle hat einen bestimmten Bereich zugeordnet bekommen. Dieser Bereich ist voll, der Teufel ist auch mit einem Ablaufdatum versehen und hat enorme Probleme (Personalprobleme).

Die Jugend dieser Welt hat einen enormen Stellenwert in dieser Causa erhalten, sie gibt Hoffnung. Wenn die Alten sich besser besinnen würden, dann wäre das Problem des Leidens für alle, für Gott und für die Menschen, wesentlich zu verringern und auch bald zu beenden.

Ihr alle seid euer Ich und ihr tragt die Verantwortung für euer Leid und dafür, ob ihr aus diesem **Teufelskreis** *herauskommt oder nicht.*

Das Ich von jedermann.

Das ist die Wahrheit.

Zusammenfassung aus der menschlichen und außerirdischen Sichtweise, wahrheitsgemäß interpretiert, soweit die menschliche Sprache dies zulässt:
Die Unendlichkeit der grenzenlosen Weite des gesamten Alls, das alles und jedes, das Kleinste und das Größte umfasst, die sich unaufhörlich in alle Richtungen bewegende Universal-Energie, die sich milliardenfach aufteilende Kraft in Einzelwesen, mit denselben göttlichen Attributen versehen, diese Energie ausstrahlenden Geistwesen, das alles ist Gott, der Herr des Universums, des Alls mit seiner unendlichen, weisen Organisation. Gleichmäßig aufgeteilt in allem. Diese göttliche Organisation stammt aus der Unendlichkeit. Alles in diesem Konstrukt ist gut, nicht besser und auch niemals böse. Die milliardenfach im Universum verteilten göttlichen Geistwesen, mitbestimmend mit ihrer gleichmäßigen, guten Verwaltungstätigkeit, sind die ausführenden Organe des Herrn. Sie sind zwar geistige Energie-Eigenwesen, aber zugleich auch Gott selbst, also göttlich. Diese zeitlose göttliche Organisation sollte einer Reformation unterzogen werden. Eine kleine Änderung in der Struktur der Gleichmäßigkeit des Guten sollte als Verbesserung eingeführt werden. Die Arbeitsweise aller Geistwesen sollte daher in diese Reformation einbezogen werden. Von einer gewaltigen Basis aus ist Neues geplant. Eine Struktur der Verantwortung in gleitender Form, in der Art von gut zu besser, war vom Herrn angedacht. Bisher musste Gott alle Entscheidungen im Universum, auch die kleinen, selbst treffen. Bei den Geistwesen gab es auch eine gewisse Unzufriedenheit wegen der ewigen Gleichmäßigkeit und so war der Grund für die Maßnahme des Herrn, den aufkommenden Unmut der Seinen zu beenden, gege-

ben. Entscheidungsträger mit hierarchischem Strukturen-Aufbau im universellen Sinn würden notwendig werden. In diesem Weltengebilde gab es im Sinne der Metaphysik nur Weltenharmonie. Das Böse in unserem Sinne war unbekannt, das Gute obligat, das Bessere noch nicht geformt.

Die Erfordernisse sind für uns Menschen weder verständlich noch nachvollziehbar und daher auch nicht erklärbar. Dieses Erfordernis stellte sich für Gott, da waren wir Menschen noch nicht einmal göttlicher Gedanke.

Das Gute war, wie gesagt, vorhanden und strahlte auch in Form von Harmonie im gesamten All. Die Neuorganisation erforderte das Bessere, um auch Besseres zu bewirken. Eine heikle Sache, denn das Bessere vom Guten könnte ja auch zu einer Art Eifersucht (bisher nicht bekannt) führen und dadurch zu einer Gegensätzlichkeit – undenkbar in den Sphären der Harmonie. Im All musste immer die Wahrheit und nichts als die Wahrheit die Dominanz bilden und das für alle Bereiche.

Wenn ich für meine unendlich vielen Energie-Geistwesen ein System entwickeln würde, in welchem dieselben etwas viel Stärkeres als das Gute, nämlich das Bessere kennenlernen würden (so dachte der Herr), dann wären sie für die ihnen zugedachten Veränderungen im universellen Verwaltungsbereich wesentlich besser einsetzbar, harmoniebereiter und vom Konkurrenzdenken, von Eifersüchteleien und dgl. für immer geheilt. Nach dem Erleben einer Polarisierung, einer Dualität von Gut und Böse, verbunden mit Leid, Freud, Neid, Hass usw. könnte das Zukünftige jedenfalls sinnvoller aufbereitet werden. Somit wären alle Wesen Gottes nach dieser Schulung perfekt geeignet, um allen Aufgaben in der geplanten Neuordnung des Universums gerecht zu werden. So plante der Herr das neue System. Die Schaffung einer Polarisierung, einer Gegensätzlichkeit, einer Dualität, ja, das ist im Weltenraum aus konstruktiven Gründen schwer zu machen. Die unendlich vielen Planetensysteme waren immer schon vorhanden, existierten ähnlich den heutigen im Universum. Nur bestanden sie nicht aus Festkörper wie heute, sondern aus einer in sich bewegenden Energiebündelung. Es wurde daher vom Herrn eine Beschleunigung herbeigeführt, bei der eine gewaltige Reibung entstand, und damit ballte sich im Laufe der Zeit die Stofflichkeit zusammen. Dies geschah mit bestimmten Planeten. Durch chemische Megaprozesse nahm die Stofflichkeit Formen an. Wo damals die Planeten als Energie vorhanden waren, entstanden diese in ihrer jeweiligen stofflichen Form und ziehen bis heute ihre vorgeschriebene Bahn. In sehr langen Zeiträumen bildete sich diese Körperlichkeit so aus, dass auf ihr die Möglichkeit bestand, Lebewesen in materialisierter Form aus ätherischen Samen zu entwickeln, und zwar anfänglich in den Gewässern. Der Herr hatte den Planeten Erde, welcher nicht immer der war, als den wir ihn heute kennen, sozusagen zum Lebensplaneten für seine gedachten Lebewesen erwählt. Dieser Planet Erde schien für den göttlichen Plan gut geeignet zu sein. Materialistisch gesehen musste der Herr eine Zählung seiner Himmelswesen durchführen lassen (in der rein universellen Welt waren Zeit, Zahlen und Raum nicht bekannt). Die nun errechnete Zahl von den erwähnten Wesen war so gewaltig hoch, dass die Fassungskraft der Erde bei Weitem nicht ausreichend gewesen wäre. So mussten noch sechs Planeten innerhalb von sechs Systemen auserwählt werden, also insgesamt sieben sogenannte Lebensplaneten, weit verstreut im Universum. Auf allen diesen wuchsen Lebewesen heran und zu deren Ernährung eine im festen Teil flächendeckende, gewaltige Flora und Fauna. Die Evolution der Lebewesen wurde ausnahmsweise dem Zufallsprinzip überlassen, und dies auch auf allen anderen Lebensplaneten. Bei den tierischen Lebewesen herrschte jedweder Gegensatz wie fressen und gefressen werden, und genau diesen Gegensatz benötigte Gott für seinen Schulungsplan. Bis dahin sollten jedoch noch mehrere Millionen von Jahren vergehen. Die Evolution nahm ihren Fortschritt, Tier- und Pflanzenwelt wurde immer mannigfaltiger. Seine in die Schulung kommenden, himmlischen Wesen mussten also in diese Kräfte der Dualität und diese gab es eben nur in der materialisierten Welt. Noch verging sehr viel Zeit bis dahin auf der Erde. Die göttlichen Wesen sollten einen Gegenpart bekommen. Eine teuflische Organisation als gegnerischer Partner, Wesen, welche nur Schlechtes verbreiten konnten. Dieser Gegenpart bestand ebenso nur aus reiner Energie. Engel–Teufel, ein fatales Duo. Ob Gott das teuflische, luziferische Konstrukt als zu mächtig geschaffen hatte, konnte man damals noch nicht feststellen. Eines aber klärte sich langsam auf, zu dem Erdenwesen, welches die Dualität austragen sollte, wurde nach dem Willen Gottes ein Mensch bestimmt. Ein Tier, welches sich zu einem animalischen Wesen herausgebildet und sich kraft seines gedanklichen Gehirns zum Menschen mit animalischen Wurzeln entwickelt hatte. Ein Wesen, das sich aus der Tierwelt herausentwickelte und zum Menschen mutierte. Der Mensch wurde nun in die Mitte platziert zwischen Gut und Böse, erhielt durch die Inkarnation der Engel ein Ich-Bewusstsein, d. h., in jedem menschlichen Wesen befand sich ein Engel, umgewandelt in eine menschliche Seele. Der Mensch wurde somit Hauptdarsteller in dem materialistischen Zirkus. Es entstand eine Trinität: die Engel des Herrn, welche die Gegensätzlichkeit für eine neue Aufgabenbasis kennenlernen mussten, die luziferischen Geistwesen – die Bösen – und als Entscheidungsträger der Mensch, in ihm verwoben die Seele.

Das Böse – Luzifer und	*Das Gute* – Engel-Seele Mensch-Ich

Das Gute stand nun plötzlich dem Teuflischen, dem Bösen gegenüber. Die neue Trinität als Seele–Ich–Luzifer. Das Ich, dieses menschliche Ich, hatte nun selbst die volle Verantwortung über alles. Der Entscheidungsträger für Gut oder Böse ward geboren. Der animalische Mensch, ausgerüstet mit seinem gehirnmäßigen Denken, trug nun in sich etwas Großartiges – die göttliche Seele. Und diese göttliche Seele musste sich nun mit ihrer guten Wirkung mit dem ebenfalls im Menschen inkarnierten luziferischen Prinzip als schlechte Wirkung auseinandersetzen. Göttliche Seele kontra teuflischen Einfluss. Nun zur Hauptperson – dem Ich des Menschen. Dieses wurde sehr gewichtig, denn das Ich konnte nun für sich entscheiden, will ich das Gute oder das Böse oder einen Mix von beidem in mein Leben einfließen lassen. Für die menschlichen Seelen begann nun auch die Vertreibung aus dem Paradies. Der Mensch hatte in den ihm gereichten, luziferischen Apfel gebissen.

Kain erschlug Abel und damit begann das Drama Mensch und dauert bis zum heutigen Tage. Die Engel in Form der menschlichen Seelen hatten doch nur den Gegensatz von Gut und Böse kennenlernen sollen, nicht Mord und Totschlag. Auf so einen gewaltigen Einfluss auf das menschliche Ich, wie er dem Teufel gelang und das gleich am Anfang, waren die Seelen einfach nicht vorbereitet und so wurden sie durch jede weitere Missetat ihres Ich's dessen Gefangene. Dasjenige menschliche Ich, welches dem „Guten" seiner Seele nachkam, hatte seine Schulungen durchgemacht und sehr wohl den Gegensatz von Gut und Böse erkannt. Damit stand ihm für den neuen (alten) Einsatzort bei Gott nichts mehr im Wege (das war nur eine verschwindende Minderheit). Die anderen haben in der Welt des Teuflischen den Siegeszug in unserer Welt angetreten. Die Geschichte der Menschheit erzählt von ihrem Wahnsinn. Nach Gottes Plan hätte es diese Geschichte der Menschheit niemals so geben dürfen. Die Menschen haben sich in den teuflischen Netzwerken von Macht, Reichtum, Wollust und Gier verfangen. Das Lösegeld zur Befreiung heißt Leid und das muss jedermann für sich allein bezahlen. Jeder Einzelne muss über seinen mehr oder weniger langen Leidensweg seine Seele geläutert entlassen können. Jedes *Ich* ist gefordert, diesen Weg zu gehen.

Wenn man die karmischen Belastungswerte vieler Menschen ansieht, vor allem wenn diese so zwischen + 30 % bis + 50 % hin- und herpendeln, geschieht etwas sehr Interessantes. Haben Menschen dieses an sich sehr gute Niveau einmal erreicht, aus welchen Gründen auch immer, dann ist es sehr schwer, es zu halten und weiter ins Positive zu steigern. Im Allgemeinen schätzen sich solche Menschen selbst eher als gut ein und bekommen auch eine solche Rückmeldung aus der Umgebung. Daraus folgt eine bequeme Zufriedenheit, aber das ist zu wenig. In so einem Zustand beginnt das Karma gerne zu zündeln. Plötzlich bekommt ein Mensch z. B. Liebesgefühle einem anderen gegenüber oder es tun sich Möglichkeiten für „linke" Geschäfte auf oder es gibt etwas zu denunzieren usw. Es werden einfach Prüfsteine gelegt. Entweder geht es dann wieder bergab oder der Mensch bleibt seinem Wesen nach annähernd auf seinem geraden Weg. Das ergibt dann wieder hohe Prozente nach „oben". Warum ich das sage? Die menschliche Seele benötigt sehr viel positives Karma, um sich aus dem ewigen Rad von Sterben und Wiedergeburt zu befreien. Damit ist die göttliche Seele geläutert und kehrt zu sich selbst zu und in Gott zurück und kann ihr zugewiesenes, engelhaftes Wirken im Universum beginnen. Das menschliche Ich, dieses Ich, welches wir im menschlichen Leben ja sind, hat sich für den guten Weg im Menschen entschieden und ist dem Rat seiner göttlichen Seele gefolgt. Jeder, der diesen Weg der Seele im Leben gegangen ist, kennt die Schwierigkeit dieser Strecke. Natürlich ist für den, welcher tief unten begonnen hat, der Lohn der Angst umso größer, wenn er diese Freiheit erreicht hat. Eine Schönheit, eine Brillanz von ungeahntem Ausmaß, es gibt keinen Vergleich dazu auf der Erde. Die ehemalige Trinität hat sich aufgelöst, der animalische Körper geht den Weg des Natürlichen, das Ich löst sich auf im All und alle seine aufgezeichneten Taten sind gelöscht – die Seele ist wieder in Gott. Jetzt werden Sie verstehen, wie wichtig es ist, die karmischen Fallstricke im Leben zu erfühlen und richtig zu handeln. Es lohnt sich millionenfach ... Der Mensch sollte vorübergehend als Heimstätte der göttlichen Seele dienen, damit diese vom Ich den Gegensatz von Gut und Böse erlernen kann. Mit dieser Erkenntnis sollte sie dann wieder zu ihrer reinen Göttlichkeit zurückkehren, um das Gute und Bessere perfekt interpretieren zu können.

Die Regentschaft im Universum benötigt diesen kleinen Gegensatz, in welchem trotzdem Harmonie in Vollkommenheit gewährleistet ist. Gott hat dieses Konstrukt bestimmt und geschaffen. Das luziferische Prinzip, das karmische Gesetz, Raum und Zeit wurden notwendige Erfordernisse für diese Lernbühne. Ebenfalls die vorangegangene Materialisierung aller Himmelseinheiten sowie die Schaffung des Lebens als Tier- und Pflanzenwelt. Dies geschah in insgesamt sieben Planetensystemen im universellen Bereich und alle sind gleichgeschaltet. Für unsere Denkweise ist das eine so gewaltige Anstrengung, dass diese Vorstellung für uns Menschen eben unvorstellbar bleibt und deshalb nicht als Wahrheit angenommen wird. Wenn man weiter bedenken würde, dass Gott das alles nur für einen bestimmten Zeitraum geschaffen hat, eben nur über die geplante erforderliche Studienzeit seiner Engel, so kann man von dem gewaltigen Ausmaß dieses Geschehens auf die Wichtigkeit schließen.

So, nun bin ich wieder bei uns so wichtigen menschlichen Wesen angelangt, die nicht einmal wissen, wo sie herkommen oder hinwollen. Jedes einzelne Ich von jedem Menschen auf dieser Welt, auch von jenen, welche noch nachgeboren werden, hat durch ihr falsches Tun den Plan Gottes verzögert. Nach seinem Plan hätten schon alle seine Seelenwesen (das sind wir selbst) wieder in ihrer Heimat zurück sein sollen. Wir sind alle für diese Verzögerung verantwortlich. Wenn den Menschen ihre Verantwortung nicht von selbst bewusst wird, dann wird das Leid, das unsagbare Leiden, die sicherste Waffe Gottes, so lange wirken, bis das Ich jedes Menschen die Verantwortung erkennt und seine geknechtete Seele, bewusst und in Demut vor Gott, freigibt.

Die heutige Menschheit ist sehr stark von Leid geplagt. Gibt es einen einzigen Menschen, welcher in seiner Umgebung jemanden kennt, welcher kein Leid zu tragen hat? Das könnte nur ein Mensch sein, der in seinem Größenwahn noch nicht einmal sein eigenes Leid wahrnimmt. Seien Sie alle ehrlich zu sich, schauen Sie sich genau um, überall lauert das Leiden in allen nur erdenklichen Formen. Diese Situation wird sich gewaltig verschlimmern. In der Menschheit ist niemand in der Lage, auch nur die geringste Kleinigkeit diesem sich ausbreitenden Leiden entgegenzusetzen. Jeder einzelne Mensch mit seinem Ich müsste diese Lebensparole haben: Ich werde mich zum Guten und damit zu Gott hinwenden. Am Ende dieser langen Ausführungen sollte noch einmal in aller Deutlichkeit auf den wahren Sinn des *Menschseins* hingewiesen werden.

Ein zehnjähriger Junge muss in seinen Ferien Mathematik lernen. In dem ohnehin recht kurzen Zeitraum seiner Freizeit wird er verpflichtet, Arbeit zu leisten. Ein Zehnjähriger hat gerade ca. 15 % seiner Lebenszeit vollbracht. Schauen wir einmal zu seinen animalischen Verwandten. Nehmen wir ein Pferd, ein Jungtier, welches 15 % seiner voraussichtlichen Lebenszeit alt ist. Dieses wäre noch keine 3 Jahre am Leben. Ein Menschenkind wird bereits zwischen 4–5 Jahren in die Vorschule gedrückt, das entspräche ungefähr 7 % seiner vergangenen Lebenszeit. Ein Fohlen wäre da gerade ca. 1.5 Jahre alt, haben sie ein Fohlen in diesem Alter schon arbeiten gesehen? Schimpansen wären mit dem Menschenalter vergleichbar. Unsere engsten Verwandten würden niemals ihren Kindern Naturwidrigkeiten aufzwingen, sie lassen sie naturkonform ihre Welt erleben und daraus lernen. Seit undenklichen Jahren begeht unsere Spezies Verbrechen, mit diesen Verbrechen hat der Teufel die Gier gebracht und diese Gier hat die grauenvollsten Auswüchse des menschlichen Denkvermögens umgesetzt, bei denen auch der Teufel Regie führt – bis heute. Ein Kind hat in unserer Gesellschaftsform keine Chance, so zu wachsen, wie es die kindliche Seele verlangt – was ihre Natur wäre. Nein, es werden Maßstäbe gesetzt, oft dieselben, wie sie in der eigenen Jugend angelegt wurden, oder noch brutaler, wie es in der heutigen Zeit zum Weiterkommen sein muss. Die sogenannte Gesellschaft mit ihrem Tun und ihren Vorschriften von so vielen blödsinnigen Dingen bewirkt den Rest der Gewalt, welche den ganz jungen Menschenkindern angetan wird. Angezüchtet wird die Gier, nicht die wahre Natürlichkeit. Diese Handlungsweise der Menschen gleicht nicht der der Tiere. So ein Leben erstrebt kein Tier, denn ihnen ist die Gier fremd. Der heutige Mensch ist durch seine Geschichte, durch die wahre Geschichte der Menschheit, von der göttlichen Wahrheit so weit abgedriftet, dass er von sich aus nicht mehr zurückfinden kann. Diese Wahrheit der göttlichen Wirklichkeit gehört eingehämmert in seine Seele und nur diese kann sie schrittweise dem Gehirn des Menschen nahebringen, dieses harmonisieren und so eine Veränderung zum Guten bewirken.

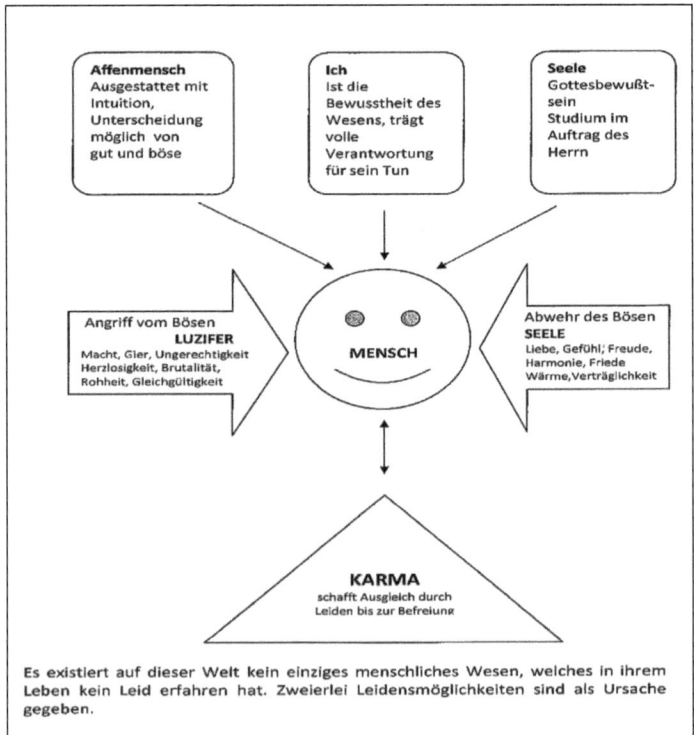

Es existiert auf dieser Welt kein einziges menschliches Wesen, welches in seinem Leben kein Leid erfahren hat. Zweierlei Leidensmöglichkeiten sind als Ursache gegeben.

Das karmische Leiden – welches selbst verursacht wird (darüber wurde schon genug gesprochen)
Das unbewusste Leiden – trifft Menschen mit einem ausgezeichneten Karma. Menschen, welche sich Gott weitgehend nähern durften und vom Herrn auch angenommen wurden. Dieses Leid ist ein Leiden mit Gott.

Der Menschheit stehen allerdings immer weniger Wegweiser, Orientierungshilfen, die ihm helfen könnten, zur Verfügung. Teils sind diese Hilfen schlecht interpretiert, teils nimmt der Mensch nur das an, was für ihn als Beweis gilt und angenehm erscheint. Vor allem die westlich materialistisch orientierten Menschen wollen alles bewiesen haben, obwohl sie nicht einmal nach so langer Lebenszeit sich selbst beweisen können. Ihr Woher, Wohin, Wozu, der Sinn ihres Lebens, alles ist ihnen unbekannt. Was dem Menschen bewiesen werden kann, könnte nur im Zusammenhang mit Stofflichkeit erfolgen, denn die Wahrheit der Transzendenz kann er nicht als Beweis gelten lassen, da sie über den Materialismus hinausgeht. Was der Mensch nicht einmal im Traum andenken wird, ist seine lächerliche Winzigkeit gegenüber dem gewaltigen Gestalter des Universums. Alle krabbeln unten am Boden, beweihräuchern sich selbst, bringen sich gegenseitig um und Beweisbarkeit gilt nur innerhalb ihres eigenen Sammelsuriums. Sich die Mühe des Hinaufkletterns zu machen, daran wird selten gedacht oder es wird als zu gefährlich empfunden. Wenn doch, schweigt man aus Scham über den Menschen.

Wenn ich auch noch so ein Mensch wäre, so würde ich mich über meine Schreiberei furchtbar aufregen – uns Menschen so zu beleidigen. Ja, ich bin trotzdem einer von euch, ein Mensch, welcher auf den Rand hinaufgeklettert ist. Jetzt sehe ich das weite Land, empfinde die Wahrheit und darf mit dem Herrn täglich Gespräche führen. Gespräche über diese Wahrheit – die göttliche Wahrheit –, welche so viele Menschen nicht erreichen können. Trotzdem wurde ich erwählt zu versuchen, diesen leidigen Weg zu gehen, den wahren Sinn des menschlichen Lebens unter die Menschen zu bringen. Ich liebe die Menschen, ich liebe ihre Seelen und ich weiß, dass es sehr viele unter ihnen gäbe, welche gern bereit wären, sich mit dem, was ich zu sagen habe, zu befassen. Jeder Mensch hat seine einsamen Stunden, in denen er nachdenkt über vieles, was nicht immer den Alltag betrifft. Wo er nur für sich denkt, wo er fühlt und erfühlt, dass es noch etwas anderes geben muss, etwas über uns. So denken normale Menschen hin und wieder und genau dort, an dieser Fruchtbarkeit des seelischen Bodens, möchte ich ansetzen und helfen – wenn man mich lässt.

Jetzt war wieder einmal Advent in der Stadt meiner Kindheit. Meine Frau und ich verbrachten hier wie fast jedes Jahr einige Tage mit Trubel und Heiterkeit, aber auch mit einer tiefen Besinnlichkeit. Ein seltenes Gemisch in der Gefühlswelt, vom Punschgewühl bis zur inneren Stille, vom Spaß zum Ernst, einfach nur beim Umhergaukeln. Mit der Freude, Menschen spontan kennenzulernen, zu trinken und zu diskutieren, einfach über alles, auch über „das Thema". Es lässt sich so herrlich nebenbei einflechten, Worte fallen lassen, Sprüchlein aufnehmen, leicht oft und nur schnell, keine wirklich schwere Stimmung aufkommen lassen. Nein, Heiterkeit benützen, um in der Seele der Menschen kleine Samen zu setzen. Gute Samen, welche gedeihen und das Interesse an der Wahrheit wecken. Das ist es eigentlich, was der Teufel – nur anders herum – gut kann. Schlechte Samen zu setzen, welche leider oft genug aufgehen, allerdings nur im Gehirn der Menschen, niemals in deren Seelen.

Manchmal gelingt es mir, die vorhandenen Widerstände gegen den wahren Glauben aufzuweichen und das Nachdenken über Gott und seine Welt in Bewegung zu bringen. Eines ist immer feststellbar, nur Argumente oder bestimmte Konfrontationen sind nie sinnvoll, nur Einzelgespräche führen zu echten Fragen und Interesse. Mit kräftigem Nachdruck geht gar nichts, denn Beweismittel gegen Halbatheisten gibt es nicht. Man muss versuchen, sich in die Seele einzuschleichen, das Wesentliche zu unterstreichen, vor allem aber unter Umgehung der sogenannten realen Gedanken dieses Menschen, denn die würde sofort den guten Samen „auffressen". Man muss lernen, mit den Methoden des Feindes (Luzifer) zu arbeiten, um an das „Opfer" Mensch erfolgreich heranzukommen. Wahrheit zu vermitteln ist jedenfalls nicht leicht, aber schön – besonders, wenn es gelingt. Meinem Gefühl nach wäre die Zeit reif für die wichtige Aufklärung im menschlichen Leben, jeder Mensch müsste sich dieser stellen. Der Satan hat es leicht, die menschlichen Gedanken zu verführen, denn er kann den angeblichen Vorteil sofort klarmachen und den Menschen jeglichen Genuss vorspiegeln. Gegen Genuss im moralisch verträglichen Sinn ist auch nichts einzuwenden, solange er keine Störung im seelischen, körperlichen und materiellen Bereich anderer Menschen bewirkt.

Eines muss ich öfters als Lese-Erinnerung einfließen lassen, denn auf vielerlei Art kommt dieses Thema immer wieder vor, nämlich warum wir Menschen eigentlich hier auf dieser Welt sind? Was ist der Grund dafür? Wir ergehen uns in der Beschreibung des Menschen, seines Inneren und Äußeren, vermessen ihn, bestimmen sein Gewicht, finden ihn schön oder hässlich, versuchen vage, seinen Charakter zu beschreiben. Sein Körperanteil an Wasser und Feststofflichem wird bestimmt. Das alles und noch mehr wissen wir über den Menschen. Wir können ihn auch heilen, operieren, töten und dgl. Aber eines wissen wir nicht über den Menschen:

Woher kommt der Mensch?
Warum ist der Mensch hier?
Welches sind seine Aufgaben?
Wohin führt sein Weg am Ende?
Wo ist seine Seele?
Was ist seine Seele?
Was ist Geist?

Unsere Wissenschaft hat dasselbe Problem, das, was in unserem bekannten Universum inkl. unserer Erde sich befindet, egal was das sei, zu ergründen. Es wird auch hier beschrieben, vermessen, untersucht, berechnet, bewertet usw. Unbeantwortet bleiben aber ebenfalls dieselben Fragen. Niemand hat eine brauchbare, logische, einfache Erklärung. Beherrschend sind nur die Zweifel an allem. Unter diesem chaotischen Einfluss kann man dem Menschen wirklich keine Hilfestellung bieten, was die angeführten Punkte betrifft, die Antworten zu diesem Versinken in unzähligen Meinungen und Dogmen, ob in der Philosophie, in den Religionen oder im Materialismus. Ich habe mich bemüht, in diesen Schriften eine Erklärung zu diesen Punkten zu geben. Nun ist es Sache jedes einzelnen Menschen, die eingefahrenen Bahnen handelnd zu verlassen.

Das „Glauben" an das von mir Erlebte und das daraus Dokumentierte, das liegt nicht in meinem Ermessen. Sie selbst müssen den Mut zum wahren Glauben aufbringen. Ich kann nur so eine Aussage machen, weil ich täglich in meiner bereits erwähnten Form mit „oben" in Verbindung stehe. Diese Verbindung hat sich in den vielen Monaten des Schreibens stark intensiviert. Meine Erkenntnisse wachsen dadurch täglich und weiten sich immer mehr aus. Diese Schriften habe ich oftmals selbst für mich hinterfragt, Unsicherheit hatte sich fallweise eingestellt. Aber mein Schreiben konnte ich mir immer wieder vom Herrn bestätigen lassen und mich dadurch von dieser Unsicherheit befreien.

Heute getraue ich es mir auch auszusprechen, da mein Auftrag eindeutig ist. Er lautet: „Du, der du da bist, hast die Fähigkeit erworben, die Wahrheit zu erkennen und diese an die Menschen weiterzugeben." Lange Zeit stand ich unter meinen eigenen Zweifeln, wollte sogar schon alle meine Manuskripte vernichten. Ja, der Luzifer hat auch bei mir Versuchungen betrieben, ich habe sie aber rechtzeitig erkannt. Heute weiß ich genau, wenn nicht, hätte mich der Herr ganz schön in die „Mangel" genommen und ich wäre in der von mir beschriebenen, elenden Grauzone gelandet oder noch viel schlimmer. Gott hat mir sein volles Vertrauen „aufgeladen" und dieses Vertrauen besteht aus schauriger Schönheit. Der Herr beweist mir täglich in vielen kleinen Begebenheiten seine wunderbare Liebe. Dieses Verhältnis ist schwer in unsere Sprache umzusetzen. Meine tägliche Arbeit im Bereich der Familie, im Bereich meines Berufes und allem Sonstigen, was irdisch ist, fordert mich zu Leistungen, welche zu erfüllen sind. Dazu ist die Hilfestellung von „oben" beträchtlich. Hier unten hat meine Frau einen enorm hohen Stellenwert, einen Stellenwert in philosophischer, psychologischer und realer Hinsicht. Sie ist somit meine wichtigste Hilfe, eine sehr, sehr wertvolle Hilfe. Denn in diesem Bereich wäre jeder Mensch allein sicher auf verlorenem Posten, sein Bezug zur Realität würde schwinden. Bei wirklichen Problemstellungen kann ich mir Rat beim Herrn holen, natürlich nur, wenn ich die richtigen Fragen stelle (nicht immer leicht). Dann bekomme ich auch die richtigen Antworten und Verhaltensmuster. Meine Gesundheit ist kein Thema, trotz meines fortgeschrittenen Lebensalters. Seit meinem Tod ist mein Status stabil, allerdings höre und sehe ich besser und habe keine Krankheiten zu bewältigen. Meine Lebensfreude und Schaffenskraft sind ungetrübt. Es gibt Anweisungen (sehr logische) über Nahrung und Getränke, die z. B. zu meiden sind. Ich lebe in dem, was man schlicht und einfach „Gnade" nennt. Gnade habe ich erworben und erkannt. Sie ist etwas Wunderbares und trägt in sich auch große Verantwortung. Meine irdische Lebensweise ist eigentlich ein Idealzustand, sagen wir, für den Anteil meines Lebens auf dieser Erde, dem ich mich verpflichtet fühle. Ich habe Ihnen eingangs erklärt, dass mein Absterben aus dem normalen, menschlichen Leben am 24.8.2010 stattgefunden hat. Meine vorgegebene Lebenszeit war damals abgelaufen. Aufgrund meiner durch den Herrn vorgenommenen Wandlung ist wohl meine Seele zu ihm zurückgekehrt und mein Ich, mit meinem animalischen Körper samt Gehirn, sind nicht den normalen Weg nach Eintritt des Todes gegangen. Mein Ich mit meinem Körper wurde hier auf Erden belassen. Aber nicht nur, um die vorerwähnten Aufgaben im Bereich Familie und Beruf zu erfüllen, nein, einzig und allein deshalb, um die Aufgaben zu bewältigen, welche der Herr mir stellt. Diese meine Aufgabe ist es, das zu dokumentieren, was ich täglich von Gott über die Wahrheit des menschlichen Lebens und Seins erhalte und erhalten habe. Meine Aufgabe ist, dieses Buch über diese Wahrheiten für die Menschen zu schreiben. Diese Arbeit erfordert 70 % meiner mir gegebenen Energie. 30 % Energie bleiben für den irdischen Lebensablauf. All das Geschehen mit mir ist nicht plötzlich gekommen, aber trotzdem sehr gestrafft in mein Bewusstsein eingedrungen (ein bisschen schneller und ich wäre gekippt). Dieses Gefühl hat mich oft begleitet und begleitet mich auch heute noch. Noch immer frage ich mich, wo ich den Mut hergenommen habe, mich solch zweifelhaften Situationen zu stellen. Man muss lernen, Gott zu vertrauen (das ist sicher leicht gesagt). Du musst empfinden lernen, Gott bietet dir sein Vertrauen an. Bedenke diesen gewaltigen, irren, unvorstellbaren Unterschied zwischen Gott und Mensch, und dieser Gedanke macht dich nieder, immer wieder nieder. Oft hatte ich das Gefühl, ich würde einfach nur „gepflanzt", man spiele mit mir. Dann kam wieder die Angst, hinter dem ganzen Wahnsinn stehe vielleicht das teuflische Prinzip. Aber es gab immer wieder eindeutige Gottesbeweise und nur diese konnten mich dann beruhigen. Meine Demut dem Herrn gegenüber fühlte sich oft zerrissen und zerfleddert an. Sollte Ihnen so ein Gefühl vom Herrn einmal zugedacht werden, nehmen Sie es in Demut an und haben Sie Geduld. „Halte still – Gott prüft dich." Leider war Geduld nie meine Stärke, deshalb musste ich auch oft schmerzhaft anrennen und daraus wieder Mut und Stärke entwickeln. Den braven, einfachen Weg wollte ich trotzdem nicht gehen. Glauben Sie mir, diese Chance, von Gott angenommen zu werden, betrifft viele Menschen. Leider erfühlen viele nicht, was ihnen ihre Seele sagen will, weil alle das nur mit dem Denken bewältigen wollen. Sie müssen fühlen lernen, erst dann können Sie mit Ihrer Seele – mit Gott sprechen. Ich habe das auch selbst zuerst weniger gut gemacht. Anstatt demütige Ruhe zu halten, begann das neugierige Hinterfragen bei mir. Der Herr hat dagegen eine gute Waffe, man wird mit dem Denken ständig in die Irre geführt und dadurch musste ich auch sämtliche Tiefen in Kauf nehmen. Aber eines wird man dadurch, flexibel. Wenn ein Mensch immer hart an den Grenzen vorbeischrammt und bei der Wahrheit bleibt, den Mut dazu hat und vor allem lernt, mit seiner Energie richtig umzugehen, gefällt dem Herrn auch eine gewisse Neugierde. Noch eines, wir haben sehr oft riesigen Spaß zusammen. Meine Turbulenzen lösen beim Herrn oft Heiterkeit aus und beide können wir darüber herzhaft lachen. Durch mein Schreiben hat sich auch ein Phänomen ergeben. Ich wachse mit meinen Gedanken immer mehr mit dem Herrn zusammen. Es tun sich immer größere Weiten und wichtigere Tatsachen auf. Was ich hier erzähle, ist einfach die Wahrheit, die ich immer wieder damit betonen möchte. Eine Wahrheit, welche Gott durch mich an Sie *alle* zum Verständnis bringen will. Heute, nach all dem Erleben der letzten Monate, sehe ich das als meine einzige Aufgabe, welche ich in diesem Leben noch zu erfüllen habe. Eine große, edle Aufgabe.

Das Leben mit der göttlichen Wahrheit bietet etwas, wozu das normale menschliche Leben in seiner größten Herrlichkeit niemals in der Lage sein kann. Es ist daher vollkommen sinnlos, sich in diesem Leben einzubilden, für sich Großartiges auf lange Sicht gestalten zu müssen. Es bleibt nichts über, alles geht den Weg des Sterbens. Alles ist endlich, die gesamte Welt, wie wir sie sehen, samt dem materialisierten, universellen Bereich und der Erde, sowie alles Feststoffliche. Alles sogenannte Leben wird eines Tages nicht mehr sein, nicht mehr sein müssen und daher verschwinden – so, wie es eines Tages entstanden ist, geschaffen wurde von Gott zu einem bestimmten Zweck. Diesen habe ich schon erläutert.

Zu diesen Erläuterungen muss noch ergänzt werden, dass durch die Rückkehr von zu wenigen an geläuterten Menschenseelen nicht ausreichend Engel für die vielen Aufgabenbereiche vorhanden sind. Durch diese Tatsache ist ein starkes Ungleichgewicht entstanden, denn die universelle Umstrukturierung war unter anderem auch für sämtliche Planetensysteme vorgesehen, und zwar auch in Bezug auf klimatische, sowie strahlungsmäßige Veränderungen. Dem Planeten Erde könnte eine gewaltige Eiszeit ins Haus stehen. Unfassbar, die Menschen sind imstande, durch ihr mangelndes moralisches Verhalten universelle Störungen zu verursachen. Nicht die Erderwärmung, nein, etwas viel Gewaltigeres ist es. Es geschieht durch die Blockade, welche die Menschheit gegenüber ihren Seelen bildet, wodurch diese nicht zurück zu Gott und zu ihrem universellen Arbeitsbereichen kommen können. Maßlose Störungen im Universum sind vorprogrammiert. Wissenschaftler und Experten werden mir im günstigsten Fall ein müdes Lächeln gönnen ob dieser Feststellung.

Gott, seine Engel und das All sind eins. Dieses Einssein ist die universelle Harmonie im gesamten Weltengeschehen. Diese Harmonie stört ein selbstbewusstes Wesen mit seinem Ich. Jedes menschlich Ich-Wesen, und sei es noch so brutal, wird eines Tages nur mehr mit sich allein da sein. Es gibt niemanden mehr, dem es etwas antun könnte. Dann kommt für jeden die Stunde der Wahrheit. Im größten Elend, in der größten Schmach und im größten Schmerz wird der böseste Mensch sich selbst in die Knie zwingen und begreifen, es gibt ihn, den Gott, den Herrn über die gesamte Welt, und seine so lange in schrecklicher Gefangenschaft lebende Seele wird frei.

Wir Menschen, Menschen, die guten Willens sind, müssen in dieser Situation, in diesen schrecklichen Zeiten einen Zusammenhalt, eine gegenseitige Befruchtung erwirken. Gefordert sind auch alle Menschen, welche in Glaubensfragen amtlich unterwegs sind. Wahres, keine Dogmen müssen verbreitet werden. Das Wesentliche ist, dass die Menschen lernen müssen umzudenken. Der Mensch ist nicht auf dieser Welt, damit er es für sich und seine Nachkommen gemütlich einrichtet, nämlich so einrichtet, dass die Umwelt darunter leidet. Wenn Sie Ihr Empfinden fragen, welches Ihnen Gott durch Ihre Seele mitteilt, dann werden Sie ein gutes Maß erhalten, ein Maß für Ihr Leben und dafür, wie weit Sie nicht gehen sollten. Durch Ihre Seele lebt Gott in Ihnen, dieses Feeling ist es, was Sie benötigen. Suchen Sie die Wahrheit und bleiben Sie bei ihr, vor allem dem Herrn (Ihrer Seele) gegenüber. Wahrheit ist, wenn Sie es geschafft haben, durch möglichst natürliche Lebensart Ihr Karma zu verbessern, das Schlechte abzubauen und das Gute aufzubauen. Dann werden Sie nach Ihrem Ableben plötzlich in eine unvorstellbar schöne Welt eintreten. Diese Großartigkeit, diese Brillanz kann alle Herrlichkeit auf der Erde nicht annähernd wettmachen. Wenn die Menschheit nur einen kleinen Begriff von dieser Gewalt an Edlem und Schönen hätte, würden alle ihr Ego und ihre Lebensgier aufgeben, um nach dem Edlen zu streben – zur göttlichen Wahrheit.

Ich bin der **Wahrheit** verpflichtet,
wie ich sie jeden Tag erkenne, und nicht der **Beständigkeit**.
Mahatma Gandhi

Die **Wahrheit** triumphiert nie, ihre **Gegner sterben** nur aus.
Max Planck

Der Mensch ist seiner Konstruktion nach, wie schon oft geschrieben, ein Säugetier mit erfolgter göttlicher Beseelung, mit einem Ich-Bewusstsein. Schlussfolgerung: Je mehr der Mensch das Vorhandensein seiner Seele verdrängt, umso mehr nähert er sich wieder dem Tiersein. Dies geschieht aber mit einem wesentlich erweiterten Gehirn als Denkinstrument und seiner Sprache. Damit ist er zum gefährlichsten Individuum auf der Erde geworden. Das ruppelige Aussehen, die Ausdünstung, die Ess(Fress)-Gewohnheiten werden durch weitgehendste Raffinessen gut kaschiert. Die Haare rasiert, die Haut gepflegt, die Ausdünstung mit Mittelchen unterdrückt. Die Fortpflanzung ist meist ein Regiefehler, ansonsten herrscht Lustmaximierung. Was dieses Wesen mit seinem Ich sonst noch alles negativ leisten kann, ist manchmal sogar unvorstellbar. Die Gier nach Macht, die Brutalität der Mordlust, der Wahnsinn zum Höchsten. Ein fast großartig gelungenes Werk des Teufels.

Mensch: Geburt, Leben, Tod–Grauzone–Geburt, Leben, Tod–Grauzone = „das Rad"

Leben nach dem Tod: Die Seele hat die Aufgabe, dieses sich noch immer ungut gebärdende Ich durch das Leben nach dem Tod zu führen. Die Seele führt das Ich zu jeder einzelnen verübten Schandtat und zeigt ihm alle im Leben geschändeten Menschen. Deren Geistwesen stehen dem Ich gegenüber und dem Ich werden die von ihm verursachten Schmerzen und Leiden vorgeführt, welche diese Menschen im Leben ertragen mussten. Egal, wie viele Leiden im Leben erzeugt wurden, alle, jedes einzelne Leid, müssen nun vom Ich in vielfacher Intensität ausgetragen werden. Jede böse Tat des Tier-Ich-Wesens wird gesühnt. Das ist das gerechte Gesetz Gottes. Das Ich hat in dieser Katastrophe keine Ausweichmöglichkeit, es ist mit seiner unsterblichen Seele verbunden und somit auch mit diesem unvorstellbaren Leid unsterblich. Nicht die unbefreiten Seelen treiben im erdnahen Bereich ihr Unwesen, sondern ihrer aller Ich, welches von den Seelen getrieben wird, denn jetzt haben die Seelen für die Gefangenschaft im Leben Genugtuung vom Ich zu fordern und das geschieht ausgiebig. Wenn auch viel Zeit vergeht, eines Tages aber wird jedes Ich mit seiner Seele wieder auf der Erde in einem Körper inkarniert, hineingeboren (je nach Karma) in eine Gegend, in der auch grauenhafte Zustände herrschen können.

Wir westlichen „Wohlständler" kennen diese Schicksale meist nur als Kurzbilder aus dem Fernsehen. Was dort an Menschen verbrochen wird, ist unvorstellbar. Jedes Ich mit seiner Seele wird hier weiter gedemütigt und mit Leid zugeschüttet. Nur im menschlichen Leben kann das Ich sich der Seele mit Gutem zuwenden und nach einem leidvollen, aber guten Leben seine Schuld abbauen. Wird das Ich in diesem Leben wieder rückfällig, dann ist die Leidensdauer fast auf unendlich prolongiert. Daher ist der Teil der

Menschheit, welche unter furchtbaren Zuständen überall auf dieser Welt zu leiden hat, die Wirkung einer vergangenen Ursache dieser Menschen. Die Menschheit auf der Welt gebärdet sich immer gottloser, schlechter und zügelloser von einer Generation zur nächsten, daher werden die Elendsgebiete dieser Menschen immer größer. Ich denke, diese Ausführungen müssten uns nachdenklich stimmen. Die Zeit der Verantwortung kommt für jeden Einzelnen ganz bestimmt, ohne Erbarmen. Die heute erbarmungslosen Mächtigen sind die ohne Erbarmen im Elend Vegetierenden von morgen. Gott hat die Natur geschaffen. Natur ist alles, was für uns wahrnehmbar ist, außer dem, was der Mensch geschaffen hat, wobei er die Natur minimierte. Wenn auch die Grundsubstanz aus der Natur stammt, so kommt das, was der Mensch geschaffen, konstruiert, umgeformt usw. hat, gegen die Natur zum Einsatz. Die Mutter Natur wird geschändet und bereits zerstört. Daher stellte der Mensch durch seine Gier ein Ungleichgewicht her. Die göttliche Konstruktion dieser Erde (warum, wurde bereits von mir beschrieben) ist der einzige und wahre Grund, weshalb wir Menschen hier sind. Wir sind ein göttliches Faktum und sollten unserer auferlegten, edlen Aufgabe gerecht und uns ihrer bewusst werden und die Natur trotz kleiner Abweichungen im Gleichgewicht halten. Genau diese kleinen Abweichungen sollten das Studien-Objekt der Engel sein, um daraus ein variables Gleichgewicht zu erhalten. Das ist und war der Kern, welcher im Universum und gesamten All das totale Gleichgewicht und die totale Harmonie ablösen sollte: sie umzuwandeln in eine variable Harmonie mit variablem Gleichgewicht ohne Gegensätzlichkeit als Endziel. Eine bessere Aussage dazu ist mir nicht möglich, es soll damit nur der göttliche Plan angedeutet und aufgezeigt werden, damit dem Menschen bewusst wird, welche Aufgabe er im edlen Sinne zu bewältigen hätte.

In jedem von uns Menschen ist ein göttlicher, sagen wir Elite-Manager, in der Art eines Engels inkarniert. Wenn jeder von uns seine Aufgabe erfüllen würde, wäre alles auf der gesamten Welt wunderbar. Wenn jeder in seinem eigenen Bereich das variable Gleichgewicht der Natur respektieren, sein Leben annähernd im Gleichgewicht zwischen Gut und Böse gestalten würde, dann wäre seine Aufgabe schon fast erfüllt. Natürlich müsste auch der Herr anerkannt und respektiert werden. Denn er ist der Allmächtige und wird seinen „Konzern" in den Griff bekommen. Mit Strafmaßnahmen gegen die Abtrünnigen wird er nicht zimperlich sein. Gott der Herr lässt sich nicht sein Werk von Unbefugten zerstören. Ich darf diese Behauptung aufstellen, weil ich von ihm ermächtigt wurde, diese Wahrheiten niederzuschreiben. Sein Wille ist es wieder einmal, diese Wahrheit kundzutun. Seine eindringliche Bitte:

„Menschen, erkennt endlich die Wahrheit, befreit euch von Gier und beendet selbst euer unendliches Leid."

Dass Gott uns zu seinem eigenen Zweck geschaffen hat, daran besteht kein Zweifel. Dadurch entstand unsere heutige sichtbare, materialisierte Welt. Wir wurden als Säugetiere hineingestellt, was sich ja rein körperlich bis heute im Prinzip nicht verändert hat. Dieses Konstrukt ist einfach ein Wunderwerk. Diesen Körper zur Gänze zu durchschauen, gelingt keinem Mediziner und keinem Wissenschaftler. Trotz komplizierter Maschinen, Messgeräten und dgl. sind die heutigen Erkenntnisse nur Bruchteile dieses Ganzen. Rechnet man noch die psychischen Probleme hinzu, mangelt es erst recht an tatsächlichem Wissen trotz vieler Experten. Dieses Wunderwerk „Tier-Wesen" hat der Herr nur mit einem einzigen Gedanken erzeugt und das aus dem in der Natur vorhandenen Material. Im Grunde genommen haben Tierärzte das bessere Los gezogen, denn eines müssen diese nicht, sich mit der viel diskutierten, umstrittenen Seele (der menschlichen Seele) herumplagen, ob es diese überhaupt gibt bzw. wo man sie finden könnte.

Gott hat die Überlebensfähigkeit dieser dann beseelten menschlichen Wesen gut geplant. Aus der Natur konnten Nahrung, Unterkunft, Bekleidung, Medikamente usw. für den Bestand dieser Körperlichkeit Mensch genommen werden. Menschen, welche im Gleichgewicht mit der Natur lebten, hatten daher keine Probleme und Krankheiten, nur den Tod mussten sie besiegen und das konnten sie perfekt. Natürlich war dieses Leben nicht gefahrlos zu bewältigen. Im Notfall war auch Heilung möglich, denn auch das lernte und beherrschte der Mensch von Anfang an. Der Mensch lebte in einem leicht schwankenden Gleichgewicht ohne grundsätzliche Konfrontation. Das war der beste Schulungsboden für die Eliten Gottes, denn von dieser Warte aus konnten sie sehr genau die echte, harmonische Dualität empfinden lernen, ohne selbst beschädigt zu werden. Gut und Böse und was daraus entstehen könnte, wurde ihnen klar. Genau das war es, was sie benötigten, um in ihrem späteren Aufgabenbereich wirken zu können. Viele Eliten konnten dadurch wissend diesen Erdenbereich wieder nach oben verlassen.

Nun kam aber die Konkurrenz des luziferischen Prinzips ins Spiel und mit ihm wurde das Gesetz des Karmas erforderlich. Der Mensch begann für sein „besseres" körperliches Wohlbefinden zu sündigen, dadurch wurde das karmische Gesetz wirksam und verteilte Krankheit, Unfälle und Leid an die Menschen. Diese nochmalige kurze Skizzierung reicht, das Weitere kennen wir zur Genüge. Hätte der Mensch seinem Ego, seiner vom Teufel injizierten Gier eine Absage erteilt, dann, ja, dann hätte das Karma keine oder nur wenig Arbeit gehabt bei der Zuteilung dieser Leiden.

Es gibt nur *eine* Möglichkeit, um des satanischen Prinzips Herr zu werden: es *auszuhungern*. Das heißt, je stärker sich der Mensch den Angriffen und Einwirkungen des Bösen zu widersetzen lernt, umso mehr Energie muss dieses Böse aufwenden, um ans Ziel zu gelangen. Denn das gesamte luziferische Prinzip ist ebenso endlich wie der Mensch und deshalb ist auch diese Energie bemessen. Je mehr Menschen sich widersetzen – und es sollten immer mehr werden, welche sich ihrem eigenen Seelenwohl zuwenden –, umso eher wird die Energie das Böse verlassen. Die göttliche Seele im Menschen ist unsterblich und daher ihre Energie auch unendlich. Die Seele wird den Menschen zum Göttlichen führen.

Sehen Sie, ein Problem gibt es: die Beweisbarkeit. Denn in der materiellen Scheinwelt ist die Kraft des Beweises alles, weil die Menschheit ihr eigenes „Süppchen" kocht und schon lange der Meinung ist, wir würden unsere Zukunft selbst gestalten. Die Menschen sehen einfach nicht über den Tellerrand hinaus, denn da könnten sie die Wahrheit erkennen. Da ist es – treu nach dem teuflischen Prinzip – schon besser, ewige Jugend und Gesundheit, ewiges Leben vorgegaukelt zu bekommen. Sich gegen die satanischen Angriffe zu wehren, gegen sich selbst ankämpfen, den sogenannten inneren „Schweinehund" möglichst zu überwinden, ist schwer – aber machbar. Glauben Sie mir, wenn man sich immer wieder mit dieser Thematik auseinandersetzt, nur leicht, ohne Probleme, aber beständig, dann wird sich die Anschauung langsam ändern, kaum merklich, aber stetig. Eines Tages werden Sie dann merken, Ihr Inneres wird heller. Sie werden automatisch die richtigen Gedanken formen und das Richtige tun. Beobachten Sie Ihre Umgebung genau, Sie werden erkennen, dass Sie beständig aus ihr herauswachsen. Ihre ehemaligen Prinzipien werden sich wandeln. Wird Ihnen dann dies alles bewusst, dann beginnt Ihr Leben, sehr interessant zu werden. Sie werden merken, es gibt keine Zufälle, Sie bekommen ein gewisses Steuerungsgefühl von oben und Sie merken, dass Ihnen Hilfe in allen Lebenslagen angeboten wird. Ihr Inneres bekommt Festigkeit, die Welt erscheint Ihnen in einer ganz anderen Brillanz und Sie werden niemanden mehr beneiden, der nach so vielem giert, egal wonach. Von da an beginnt für Sie erst das wahre Leben. Menschen, die Sie nicht mehr verstehen, werden Sie hinter sich lassen – und auch nicht mehr vermissen.

Wenn ich nochmals auf das Pendeln zurückkomme, so verwandelt dieses Pendel vorhandene Energie, vor allem geistig spirituelle Energie, in sichtbare Bewegung, in von der

Energie der Seele gesteuerte Bewegung. Also ich setze darauf, dass Sie zu der menschlichen Spezies zählen, welche die Existenz einer Seele im Menschen zumindest für möglich halten und nicht unbedingt ablehnen. Die Seele des Menschen bewegt das im Menschen, was den Tieren fehlt. Das Erleben von starken Gefühlen wie Liebe, Hass, Freude, Neid, Trauer, Hoffnung, Gottes-Bewusstsein und dgl., all das ein Sammelsurium von inneren Welten, welche im menschlichen Unterbewusstsein schlummern und vom wissenden Ich abrufbar wären. Die Aufrechterhaltung aller körperlichen Lebensfunktionen bei Mensch und Tier sind rein organisatorischer Natur und vom Schöpfer als solche gestaltet. Ohne die Seele wäre der Mensch dem Tier voll gleichzustellen. Es gibt genug Menschen, deren Ich die Seite des Luziferischen einnimmt. Da kommt dann nicht mehr das Tier zur Geltung, sondern der schlechte Mensch, denn ein so schlechtes Tier gibt es einfach nicht. Die Seele ist reine, für uns unsichtbare, göttliche, gewaltige, positive Energie.

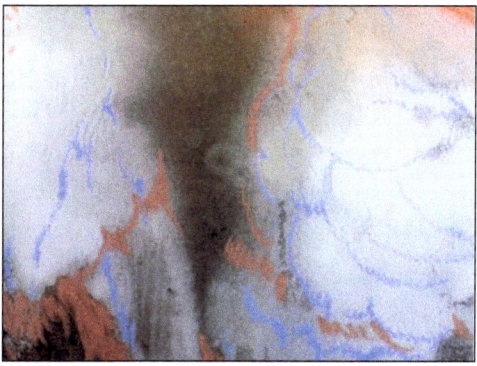

Die Seele ist es auch, welche bei jedem Menschen als sogenannte *Aura* nur für Kundige sichtbar ist. Ein Mensch, welchem diese Energie bewusst werden durfte, ist angeschlossen an die universelle Energie, am göttlichen Energiezentrum, auch Akasha-Chronik genannt. Auch das viel zitierte Karma hat in diesem Zentrum seinen Sitz. Von diesem gewaltigen, rein geistigen Energiezentrum wird das gesamte All gesteuert. Die gesamte Energie bildet eine einzige Einheit mit Gott und ist auch Gott. Besser lässt sich das nicht erklären. Wie diese Energie mit ihren gewaltigen, wellenden Strahlungen im gesamten Universum evident ist, so ist auch unsere Erde mit einem positiven Strahlennetz überzogen, exakt geordnet in gleichmäßigen Abständen. Die göttliche Seele des Menschen ist der gewaltige, wahre Energieträger. Das Universum bezieht die Energie von Gott, der Mensch bezieht seine Energie von der zu Gott gehörigen Seele. Diese Seelenenergie bringt das Pendel in Schwingung, nachdem das Ich aufgezeigt hat, welchen Wunsch oder welches Begehren es hätte. Jetzt kommt es zu einer Differenzierung der Ergebnisse. Ein Mensch, welcher das Pendel nur mit seinem reinen Gehirndenken betätigt (ohne Beimessung eines seelischen Gedankengutes), kann aus der Aussage des Pendels kaum einen Schluss ziehen, d. h., die Seele als positiver Energieträger lässt kein richtiges Resultat zu, denn die Fragen von Menschen der vorher beschriebenen Art werden zwar das Pendel in Bewegung bringen, aber keine wahren Auskünfte bewirken, sondern eben falsche. Die negative Ausstrahlung des Fragenden behindert die Seele, besonders wenn es materialistische Fragen sind. So ein Ego-Ich kann stundenlang das Pendel bemühen und bekommt stundenlang sich total widersprechende Ergebnisse. Fazit ist, die geistig spirituelle Energie aus der Seele bestimmt den Erfolg und nur diese. Je höher ein Mensch seine wahre ethische, moralische Wertigkeit gebracht hat, umso größer ist die erpendelte Wahrheit. Mein Rat ist, befassen Sie sich zuerst mit Ihrem eigenen Wesen und sezieren Sie sich selbst, schätzen Sie sich richtig ein. Sind Sie im Besitz einer positiven Wertigkeit, so greifen Sie zur Kunst des Pendelns. Die Frage ist, wie leitet man diesen Umdenkungsprozess eigentlich am besten ein? Wir sind seit unendlich langen Zeiten einem Prozess, sagen wir, der Tradition, erlegen, wie „Es war immer so …" Alles, was geschah, wurde mit dem ewigen, unerbittlichen, von niemandem erkannten, geheimnisvollen „Schicksal" abgetan. Etwas, was eigentlich weder Ursache noch Wirkung zur Aussage bringt. Das Kausalitätsgesetz konnte von den Menschen in diesem Zusammenhang nie zur Anwendung gebracht werden. Für die in dieser Schrift angeführten Tatsachen ist dieses Gesetz immer zu erkennen. Die Menschen sind gewohnt, immer nur die Wirkungen zu bekämpfen, die Ursachen dieser Wirkungen konnten sie nie ergründen. Ausnahmen gab es und gibt es. Erinnern wir uns, die Religionen haben den Menschen Unmengen von Hilfsheiligen angeboten, gegen Spenden sollten diese auch aktiv werden. Beim innigen Bitten dieser Menschen um Hilfe, wenn sie ihre Seelen nicht unter Verschluss hatten, waren es ihre göttlichen Seelen, welche ihnen diese Hilfen angedeihen ließen, nicht die hölzernen Bilder oder steinerne Figuren. Das Flehen zu Gott war die Ursache und die Seele hat die befreiende Wirkung gebracht. Die Bilder oder Heiligenfiguren als Symbol waren natürlich als Ansprechpartner notwendig, weil der Mensch selbst ja nicht weiter nach oben kann. Ich hatte in früheren Zeiten öfter Gelegenheit, in einfachen, kleinen, vor allem ländlichen Kapellen (oder auch Wallfahrtskirchen) sogenannte Votivbilder mit herzzerreißenden schriftlichen Bitten, Versprechungen und ebensolchen Danksagungen zu sehen und zu lesen, so von 1780 bis 1950, einfach und großartig. Viele Schutzpatrone waren von einfachen Menschen besonders geachtet, sie waren für sie Spiritualität. Das Wesentliche, die inneren Bitten, verbunden mit einem brauchbaren Karma zeigte immer positive Wirkung. Menschen mit schlechtem Karma konnten schwerlich innig beten, weil ihnen ihre eingekerkerte Seele einfach keine fühlbare Wirkung bereiten konnte. Aber wer wusste schon die Wahrheit? Niemand.

In kirchlichen Kreisen, wenn überhaupt das wahre Wissen vorhanden war, herrschte dann großes Schweigen, denn es hätte ja sonst zu größerem Hinterfragen kommen können.

Kennen Sie einen Menschen, welcher von sich behaupten kann, er sei annähernd im *Gleichgewicht*, sein Leben hätte ein Gleichmaß? Er ist heute kaum zu finden. Das Animalische, unser Körper mit seinem Ich (ich bin) und seiner in ihm inkarnierten Seele, das ist ein Faktum. Das ist der Ausgangspunkt, das Zentrale, das ist der Mensch, wie Gott ihn geschaffen hat und nicht anders. Der reine Tierkörper (welcher wir ja auch sind) holt sein Gleichmaß aus einer direkten Verwandtschaft. Tier ist Natur und daher im Gleichgewicht. Das Gleichgewicht der Seele, das ist ohnehin ein Tabuthema. Bleibt nur mehr das Ich. In der Zähmung des Ichs liegt das wahre Problem. Das Ich will, will nicht, will das, will das nicht, will für sich Freude, will für andere keine Freude, will für sich kein Leid, will für andere Leid usw. Dieses Ich hat Tausende von Wahlmöglichkeiten, von gut bis schlecht, von göttlich bis teuflisch, von zufrieden bis unzufrieden. Das Ich ist ruhelos, es hat für sich keinen wertigen Halt, wenn es nicht Selbstdisziplin übt. Es sei denn, das Ich verbindet sich mit seiner Seele, diese gibt Stärke und das Ich ruht in sich selbst. Der tierische Körper passt sich an, er ist ja von Natur aus im Gleichgewicht. Also die ideale Trinität. Aus dieser Ruhe heraus, aus diesem Gleichklang, kann das Ich sein notwendiges Dirigat für seine Lebensform, für seine Vielfalt, ähnlich einem Orchester, überlegen führen. Je größer ein Orchester (Anzahl der Musiker), je größer die Vielfalt der Instrumente, umso schwieriger ist es für den Dirigenten, das erforderliche Gleichgewicht, die Harmonie, zu halten. Beginnen muss man jedenfalls mit einem möglichst kleinen, überschaubaren Orchester.

Die dazu menschliche Parallele: klein beginnen mit seinen Wünschen, mit seinen eingebildeten Erfordernissen, das in die richtige Reihung bringen, was zu einer zufriedenen Lebenshaltung unbedingt erforderlich ist.

Wie ein Dirigent, der alles immer überschaut und es im Gleichgewicht hält. Man darf selbst aber nicht glauben, man könne dann auch gleich ein großes Orchester leiten. Das ist nur wenigen gegeben, etwas Großes in Harmonie und Gleichgewicht zu halten, sein Leben immer überschaubar einzurichten und keine Disharmonie in der Art von aufkommender Gier zuzulassen. Gerade ein groß fühlender Dirigent merkt falsche Töne aus, sonst wäre der schöne Gleichklang, die Harmonie, gestört.

Egal, auf welchem allgemeinen Niveau, mit welchen positiven oder negativen Belastungen ein Mensch im Leben steht, man müsste das umgekehrte Prinzip anwenden. In der Annahme, dass der Großteil der heute lebenden Menschen seine mehr oder weniger stark ausgebildete Disharmonie, nämlich in Form seiner Gier, zur Anwendung bringt, stellt dies die grässlichste Disharmonie und das größte Ungleichgewicht dar. Mit so einer Veranlagung kann man sein Leben nicht in Ordnung bringen. Da gibt es nun wieder nur eine Möglichkeit, einen Kahlschlag gegen die Habgier in allen Varianten zu führen. Ein Mensch, der den Lebenssinn auch nur im kleinen Ausmaß erkannt hat und gewillt ist, sein Leben für sich wirklich sinnvoll aufzubereiten, der muss diesen Schnitt machen. Er muss deswegen nicht der

Armut huldigen, er muss nur verhindern, dass sich die Gier wie auch immer ausbreitet. Wenn Sie das schaffen, sind Sie bereits dabei, ein Gleichgewicht herzustellen, eine Harmonie, welche Ihnen im Laufe der Zeit riesige Zufriedenheit geben wird. Noch einmal, es ist egal, auf welchem wirtschaftlichen Niveau Sie sich befinden, Sie müssen nur in diesem Harmonie schaffen. Denn das ununterbrochene Habenwollen führt im Endeffekt zur größten Unzufriedenheit und ist nebenbei des Teufels liebstes Kind. Sie wenden enorme Energie auf, um das ständige Habenwollen zu befrieden, riskieren oft Ihre Gesundheit und trotzdem, dieses Verlangen nach mehr kommt immer wieder, besonders wenn Sie einer Art „Gesellschaft" gerecht werden wollen oder sogar müssen, damit Sie nicht eine gewisse hohle Anerkennung verlieren. Es wäre falsch zu glauben, mit einem Kahlschlag könnten Sie wirklich diese Gier besiegen. Sie werden sich schon mit kleinen Aktionen begnügen müssen.

Also: zuerst einen Status festlegen. Am besten machen Sie sich eine Notiz und schreiben alle Ihre Begehrlichkeiten auf. Wenn Sie ehrlich zu sich sind, kommen da sehr viele kleine oder auch größere dieser gemeinen Begierden zusammen. Wenn Sie es schaffen, einige wenige zu bekämpfen, dann schauen Sie in sich in eine andere Etage hinein. Dort, wo Zufriedenheit, Liebe, Stressminimierung, Gefühl für Partnerschaft und Ähnliches gelagert sind. Wenn sich in dieser Region Beifall regt, dann liegen Sie richtig. Dann oben nur so viel wegnehmen, wie unten nachwächst. Wenn Sie alle Formen von Gier so weit gestutzt haben, dass mit Ihrer neuen Freude am Leben eine Gleichheit besteht, dann haben Sie gewonnen. Das, was ich Ihnen in all diesen vielen Zeilen vorher gesagt habe, diese volle Wahrheit, hat nur das einzige kleine Ziel: Schaffen Sie sich Ihr eigenes Gleichgewicht und kämpfen Sie nicht mehr, um noch mehr zu haben. Vergeuden Sie nicht Ihre Lebensenergie, denn diese ist bemessen. Mit einer permanenten Unzufriedenheit, weil die Gier sehr lästig ist, lässt es sich nicht gut alt werden. Gerade im Alter benötigen Sie innere Ausgewogenheit, Ihren inneren Frieden, damit Sie dem Tod auf Augenhöhe begegnen können. Gierige Menschen sind immer unzufrieden, weil sie keinen wahren inneren Halt finden, und sie sind in Wahrheit ängstliche oder feige Menschen, denn den vorgetäuschten Mut haben sie sich nur aufgepfropft. Manche sind so feige, dass sie sich einreden, nach dem Tod sei alles aus, vielleicht aus Angst, es könne sie doch noch etwas erwarten und dieses Etwas wäre vielleicht schwierig und nicht zu beeinflussen. Dieses Etwas könne sogar grausam sein.

Wenn Sie durch Geschäftsstraßen bummeln, wo vieles Interessantes zu sehen ist, meldet sich meist die Kauflust. Wenn Sie aber Gefallen an all den Dingen haben und trotzdem aus voller Überzeugung sagen können, eigentlich benötige ich nichts von alldem, nicht weil Sie schon alles haben, nein, Sie haben einfach keinen Bedarf, dann meldet sich die Gier bei Ihnen auch nicht mehr. Das ist ein wirklich erhebendes Gefühl. Die Dinge sind schön, sie gefallen mir, aber ich muss sie nicht besitzen. Viel Besitz erfordert sehr viel Energie, um ihn auch zu erhalten. Den wahren Sinn des menschlichen Lebens habe ich schon sehr oft erläutert, diese Tatsache wird sich nicht ändern. Sie dürfen diese Wahrheit nie aus Ihrem Gefühl verlieren, weil Sie eines Tages geführt werden von dieser einen Wahrheit. Ihre Seele sagt Ihnen, wenn Ihr Gleichgewicht in Ihrem inneren Empfinden verankert sein wird. Der Teufel ist kein Schläfer, er sendet gerne Ärger über belanglose Dinge, dann setzt die Unzufriedenheit ein und die Gier liegt schon auf der Lauer. Daher ist die Kausalität wirklich schwer nachzuvollziehen, schon kleine Ursachen haben oft gewaltige Wirkungen. Ihr rechtes Gefühl muss daher ständig im Training bleiben, denn es gibt so viele Umstände, welche neue Entscheidungen erfordern, und diese müssen zwar mit den Gedanken des Gehirns, aber unbedingt unter Zuhilfenahme der seelischen Denk- und Gefühlswelt erfolgen. Bei richtiger Abwägung müssen nicht immer nur die materiellen Vorteile das Sagen haben. Nachteile sind oft auf lange Sicht energiesparender. Vor- und Nachteile hat ja nur die materialistische Welt ins Leben gerufen, niemals das seelische Prinzip, es war immer das luziferische Prinzip. Wenn Sie auch viele Menschen aus Ihrer Umgebung nicht mehr verstehen werden, keine Sorge, Ihr Weg der Ausgeglichenheit ist ein guter Weg. Wenn Sie vieles nicht mehr benötigen, ist es ja gar nicht schwer, bescheiden zu bleiben. Sie geben nicht etwas ab, nein, das ist nur ein Tausch. Sie tauschen das „endliche" Material gegen Ihre unendliche Seele in Ihrem Bewusstsein ein. Damit erfährt Ihr Leben eine noch nie gekannte Brillanz, verbunden mit einer einfachen, schönen Zufriedenheit. Wissen Sie, ich schwatze da nicht irgendetwas Fantasievolles daher, nein, in meinem langen Leben haben mich so ziemlich alle Tiefen gefasst, hochgeschleudert und wieder losgelassen. Also ich weiß schon, wovon ich spreche. Richtig ist auch, dass man ein Leben niemals fehlerfrei führen kann. Jeder Mensch hat seine eigene Waage eingebaut, sie ist nicht auf andere übertragbar, jeder ist für sich ein eigenes Wunder. Es ist schade, wenn man so ein Wunder vom Teufel zerstören lässt. Also dann tun Sie es auch nicht, geben Sie auf sich acht – Sie Wunder. Menschliche Verhaltensfehler können niemals auf null reduziert werden, weil das Intuitive des Tieres, welches ihm vom Herrn zugewiesen wurde, bestimmend ist. Ein völlig fehlerfreies Leben beim Menschen gibt es nicht, auch die karmische Gesetzgebung nimmt darauf Rücksicht.

Wenn Sie die Gier besiegt haben, könnte eine natürliche Bescheidenheit Ihr Partner für Ihr Leben werden.

Je weiter ich in das *weite Land der Seele* eindringen darf, je mehr der Herr mir die Wahrheit über die Seele sagt, umso mehr kommt in mir kindliches Erstaunen auf. Neugierig, mit dem Mut des Ahnungslosen bewaffnet, bin ich wieder vorangekommen, hineingezogen in eine für mich wesentlich erweiterte Welt des Erkennens. Die wahre Seele hat sich mir eröffnet und hat meine Gefühlswelt überrumpelt, aber auch gewaltig erweitert. So wie schon oft in meinem Leben. Vor allem in den letzten Jahren hat mir der Herr Wundervolles aus seiner Welt vorgestellt. Die Großartigkeit dieser Gefühlsweite muss man menschlich aber auch verkraften können.

Beginnen wir wieder von vorne. Ganz kurz: Wozu das Konstrukt Mensch von Gott erschaffen wurde, ist hinlänglich bekannt. Zuerst das von Gott auserwählte Tier, dann die Inkarnation der Seele in diesem, daraus erfolgte das selbstbewusste, entscheidungsberechtigte „Ich". Ich-Mensch und seine Seele = ich bin. Man spricht ja auch Ihr „Ich" an und Sie sprechen aus den Gedanken ihres „Ichs" heraus, es geschieht also das, was das „Ich" will. Durch die in Ihren animalischen Körper inkarnierte göttliche Seele wurden Sie erst mit diesem Körper zu einem „*Ich*". Sie haben dazu Ihre Seele benötigt, sonst wären Sie ein Ich-loses Tier geblieben, ein affenähnliches Tier, ohne „ich bin". Gott hat Ihnen unbestritten seine göttliche Seele zugeeignet. In diesem Duo treten Sie erst als Mensch auf. Ihre Seele und Ihr Ich, Ihr denkendes Ich, sind mit einer gewaltigen Energie aus der universellen Energie versehen. Diese Energie ist allerdings nur für Ihre Seele bestimmt. Das Warum dieser gesamten Konstellation wurde schon zur Genüge erläutert. Die Seele und das Ich wären eine großartige, positive Einheit. Der von Gott aus erforderliche, weise geschaffene Gegenpart – das negative Prinzip – ist dem Grunde nach ein Außenseiter, ein von außen angreifender Minus-Pol gegenüber dem positiven Pol des seelischen Prinzips. Das Ich sitzt am Äquator Ihres eigenen Lebens und bestimmt die Machtverhältnisse, denn Ihr eigenes Ich hat genügend Macht erhalten, um für sich Entscheidungen zu treffen. Ob das Ich gut oder schlecht sein will und mit welchem Prinzip dieses Ich lieber leben möchte, mit dem luziferischen oder mit dem göttlichen Prinzip. Möchte es sich gut oder böse verhalten, will es den Weg des Ego mit der Macht des Teufels gehen – oder besitzt für dieses Ich die menschliche, moralische Wertigkeit Priorität. Vielleicht wird daraus auch ein Mix gestaltet. Vergessen Sie nicht, Ihr Ich ist mit der Ihrem Körper zugeordneten Seele engstens verbunden. Ihre Seele und Ihr Ich sind eine fast ewige, unzertrennbare Einheit durch Ihr ganzes Leben hindurch, auch durch Tausende von erfolgten Wiedergeburten. Sie sind eine unzertrennliche Einheit vom Zeitpunkt Ihrer ersten Verkörperung vor ca. 100 000 Jahren an bis zu Ihrer Befreiung, d. h., bis das Rad der Wiedergeburt beendet sein wird und die Seele wieder mit dem in sich verschmelzenden Ich in die große Göttlichkeit, in die geistige, wunderbare Energie des Weltenmeeres eingeht. Die Seele mit Ihrem Ich ist eine verschweißte, niemals zertrennbare Einheit. Beide zusammen verkörpern sich immer wieder nach dem Aufenthalt im unteren Bereich der 4. Dimension, d. h. nach Ihrem letzten Tod in eine neue Geburt, in ein neu geborenes, tierisches

Wesen. Dann gehen Sie wieder zusammen durch das neue menschliche Leben, so, wie schon Tausende Male vorher. Nur die Seele weiß von den unendlichen Wiederholungen, das *Ich* weiß es nicht. Wenn allerdings das Ich es zuließe, würde die Seele dem Ich die Wahrheit sagen können. Das Ich darf wohl entscheiden, ob es gut oder böse sein will, Ihre Seele ist aber die graue Eminenz im Falle einer negativen Entscheidung vom Ich. Die Seele ist ein gewaltiger, göttlicher Energieträger im Menschen, aber meist unbekannt und nicht beachtet und das von Menschen, welche sich aus bekannten Gründen dem Schlechten zugewandt haben. Bei den leider immer weniger werdenden, positiven „guten Menschen" ist die Möglichkeit, sich aus dem unendlichen Kreis der Wiedergeburt herauszuarbeiten eher früher gegeben. Damit wird besonders klar, welche Macht Gott seiner Seele gegeben hat. Die *Seele hat drei* besondere Aufgaben. Sie schützt, sie liebt und sie straft.

Die Seele wird vom Ich, obwohl beide unzertrennlich sind, gedemütigt, verletzt bis zur Achtlosigkeit, damit diese Seele dem schändlichen Treiben seines Ichs keine Vorhaltungen machen kann. Jetzt kommt der Tod ins Spiel, eine weise Einrichtung von Gott. Die tierische Körperlichkeit samt dem Gehirn geht ihrer Verwesung entgegen. Der Teufel hat damit seine Macht verloren, denn er kann nur auf Erden wirksam sein und das „Ich" beeinflussen. Das Ich ist nun mit seiner Seele wieder allein nach diesem Tod. Jetzt aber kommt die Stunde der Seele. Diese hat ja jede Lebenssekunde mit dem Ich verbracht und kennt daher alle Gemeinheiten, welche das Ich vollzogen und für die es sich entschieden hat. So, wie das Ich im Leben seinen Partner, die Seele, behandelt oder verbannt hat, macht das jetzt die Seele mit ihrem Ich. Je nach Schandtaten verbannt sie das Ich in grauenvolle Leidensformen, unbarmherzig und mit saftiger Draufgabe. Der Strafexekutor ist nach dem karmischen Gesetz die jeweilige Seele, der Partner des

Ich selbst. Auf Erden gibt sie der karmischen Gesetzlichkeit für den jeweiligen Menschen dessen negative Belastungsstärken im *karmischen Sinne kund*. So werden, falls für den Menschen notwendig, auch in seinem normalen Leben Leidensformen ausgeteilt wie Unfälle, Krankheiten, Naturkatastrophen, Tragödien, Geben und Nehmen von Liebesverhältnissen usw. Zugleich ist die Seele auch der *Schutzengel*, welcher über den Menschen wacht.

Jedes einzelne Ich hat keine Ahnung, was es heraufbeschwört, wenn es Untaten begeht, Gewalt anwendet, Genuss strapaziert und der Gier frönt. Bei all diesen Handlungen setzt das Ich seine eigene Seele in Haft, um ihre Mahnungen nicht hören zu müssen. Die will das Ich nicht vernehmen. Das ist der Grund, warum die Seele Leid erfährt. Mein Appell geht an jeden einzelnen Menschen dieser Welt, einfach an jedes Ich. Lernt euren besten und engsten Partner erst kennen und entscheidet dann, ob ihr die rein von außen kommenden teuflischen Angriffe mithilfe eurer Seelen abwehren wollt.

Ich muss selbst eingestehen, ich habe diesen gewaltigen Aufgabenbereich unserer Seelen nicht geahnt, bevor ich die Wahrheiten erfahren habe. Die Seele zeigt es dem Ich gerne, wenn dieses dazu bereit ist, durch sinnvolles Tun seine Leidenszeit zu verkürzen.

Das, was der wahren Menschwerdung stark entgegensteht, sind die seit vielen Tausenden von Jahren gewachsenen, gesellschaftlichen Strukturen. Diese Strukturen haben sich in den letzten Jahrhunderten besonders verfestigt. Sehr hart, noch gieriger und enorm selbstgefällig ist die menschliche Gesellschaft geworden. Die Menschen haben ganz vergessen, dass sie im Grunde Säugetiere sind. Als Befehlshaber allerdings steht oben das Ich, das stark auf das Luziferische spekulierende und dadurch nach dem wohligen Leben trachtende Ich, das leicht manipulierbare Ich. Auch die durch mehrere Legislaturperioden hindurch aufgebauten politischen Strukturen sind kaum zu knacken. Die zum Beistand der Menschwerdung berufenen, religiösen Unternehmungen sind auch nicht in der Lage, die auf der Menschheit lastenden Strukturen aufzuweichen, wie auch? Sie können ja nicht einmal ihre eigenen wegräumen. Es gibt keine Kraft, welche willens wäre, diesen harten Panzerüberzug zu erweichen. Wir kommen immer wieder zur selben Tatsache. Jeder Einzelne muss für sich seine ihm in Wirklichkeit vorgegebenen Verpflichtungen erfüllen. Ein Mensch als Atom gedacht, viele Menschen bilden eine Atomkraft und sprengen die härteste Kruste auf, denn damit wäre der richtige Weg frei. Die Gesellschaft muss sich in einzelne Menschen aufteilen, der Einzelne denkt besser und klarer und ist vor allem nicht Manipulationen so stark ausgeliefert wie die Masse.

Nur, so eine echte Selbsteinschätzung, ein „In-sich-Gehen", erfordert beim Menschen eine ruhige Basis, ein Aussperren von allem, was er nicht selbst ist. Einfach einen Termin mit seiner Seele machen, Zeit für sich und seine Seele einplanen. Dadurch wird weder der Familie noch dem Beruf etwas genommen. So ein Date mit der Seele lässt sich natürlich nicht vorprogrammieren, weil sich Bereitschaft nicht in ein Zeitfenster zwingen lässt. Sie müssen lernen, es täglich, stündlich, jede Minute, in Ihr übliches Denken einfließen zu lassen, all das, was Sie innerlich ansprechen wollen, was Sie im Innersten interessiert. Wenn sich ein Mensch solchen Gedanken hingibt, sagen wir, über das, was die Gesellschaft bewiesen haben will, um etwas zu glauben, dann kann sie oft für sich selbst diese Beweise liefern. Wenn diese der Gesellschaft unangenehm sind, dann wird sie wieder ungläubig reagieren und bleiben, wie sie ist, weil das doch viel bequemer ist. Sie sollten Ihre Gedanken genau dorthin lenken, wo die Gesellschaft ungläubig wirkt, denn da werden Sie fündig. Egal, ob der Planet Erde von seinen menschlichen Bewohnern selbst zerstört wird oder ob die Natur sich rächt. Egal, welchen Tod jeder einzelne Mensch erleidet, sein „Ich" zusammen mit seiner Seele wird diesem Ich aufgrund des karmischen Gesetzes die Hölle heiß machen. Die Seele wird das Ich durch die Zeiten hetzen, von einer schrecklichen Leidensform zur anderen. Die Seele hat den göttlichen Auftrag, dies zu tun. Auch Ihr Ich könnte dabei sein. Der Hauptgrund für das Geschehen in der Menschheit ist der Glaubenswahn, nur einmal zu leben. Vielleicht war das der größte Coup, welchen der Teufel beim Menschen landen konnte, ihm zu suggerieren, du lebst nur einmal. Nur so entfachte er die Gier im Menschen, damit dieser in seiner knapp bemessenen Zeit möglichst viel schaffen könnte. Dabei ist es vollkommen wertlos, wenn ein Mensch nur rackert, lernt, studiert, Positionen erringt, reich wird oder arm bleibt, das alles hat keine wirkliche Bedeutung, wenn die von Gott gestellten, klaren Aufgaben nicht beachtet werden. Der Mensch hat in seinem gegensätzlich ausgebildeten Leben eine Form aufzuzeigen, welche einen maximalen Unterschied zwischen Gut und Böse darstellt. Bedenken Sie meine vorherigen Ausführungen, die immer wiederkehrenden Verkörperungen des menschlichen Ichs waren ja nur notwendig, weil sie permanent Schlechtigkeiten betrieben haben und dabei immer ihre Seelen einkerkerten, um den Wünschen des Teufels und damit irrtümlicherweise auch ihren eigenen nachzukommen. Das Leid, welche solche Menschen seit Urzeiten immer wieder anderen Menschen angetan haben, wird allerdings mit Zins und Zinseszinsen vergolten. Nach dem letztmöglichen Tod auf dieser Erde wird das vernichtende Urteil über jedes schuldige Ich wie ein Fallbeil verhängt. Ich hoffe, Ihr Ich ist nicht dabei, denn dafür beschreibe ich in diesem Buch, oft viele Male absichtlich und eindringlich wiederholt, den Weg, den Sie gehen könnten und sollten.

Also welche Aufgabe sollte nun der Mensch mit seinem Ich erfüllen?

Die im Körper von Gott inkarnierte Seele ist in Wirklichkeit ein Engel, ein Wesen aus dem Herrn, welches das Studium von der harmonisierenden Gegensätzlichkeit in der materiellen Welt absolvieren soll. Wenn die Körperlichkeit des Menschen mit seinem Ich *der Seele* das Studium in kurzer Zeit ermöglicht, ist der von Gott erwünschte Idealfall erfüllt. Der Körper geht den von der Natur vorgegebenen Weg, das Ich inkarniert sich in seiner Seele und diese Einheit führt direkt in die wunderbare, unvorstellbare schöne Welt des Herrn im universellen Bereich, als Elite für eine großartige Aufgabe im Bereich der harmonisierenden Dualität im Universum. Dieser Mensch mit seinem Ich hat sein ursprüngliches Verhältnis zum Teufel besser geortet, die Problematik erkannt und ist zusammen mit der Hilfe seiner Seele so in Abwehrstellung gegangen, dass sein Verhältnis zum Bösen ein Nichts wurde. Sie sehen, wertvoll ist nur eines, wie der Mensch sich mit Mut, Tapferkeit und Zähigkeit seines wahren Erzfeindes, der sich in sein Ich eingeschlichen hat, entledigt. Das ist ein harter Kampf, denn diese Härte hängt davon ab, wie weit dieser Mensch mit seinem Ich schon Abwehrarbeit geleistet oder wie weit sich das Duo Leib-Ich schon dem teuflischen Wohlleben hingegeben hat. Nochmals, denken Sie über sich nach, machen Sie Ihre eigene, ehrliche, innere Inventur und dann stellen Sie sich dem Bösen mutig entgegen. Kämpfen Sie gegen Ihre eigene Unzulänglichkeit, denn dort lauert der Feind. Ich weiß, wie schwer das ist, ich kenne aber auch den großartigen Lohn, der einem dafür gewiss ist.

Es wäre noch etwas Schönes zu besprechen:

Das Sphärische
In der Welt, von der wir nicht einmal die Idee einer Ahnung haben, findet eine Schönheit der Harmonie in ungeahnter Freude statt. Nehmen wir die Musik, die Harmonie der Musik in Anlehnung an die Sphärenklänge. Menschen von großer geistiger Harmonie durften sie erfahren. Menschen mit starker Intuition von musikalischer Harmonie haben das geeignete Umsetzungsvermögen, begnadete Musiker, die Töne gestalten, welche aus dem Sphärischen herunterklingen. Die großen Komponisten erfühlen die Schönheit dieser Klänge. Die Seelen solcher Musiker-Genies übertragen das ins Instrumentale und wir können großartige Symphonien durch Hören empfangen. Bei Menschen, welche mit ihren Seelen einen tiefen Umgang pflegen, treffen diese

wunderbaren Klänge nicht nur an das Ohr des Empfängers, sondern dringen bis in die Tiefe der Seele ein. Die wunderbarste Art eines Musikerlebnisses ist es, wenn Sie empfinden können, dass die Seele des Komponisten an seinem Werk beteiligt war. Dann tönen diese wunderbaren, eben fast sphärischen Klänge von Seele zu Seele. Wer das erleben darf, weiß, dass die Seele jubiliert, denn es sind Klänge aus ihrer Heimat. Das Schönste daran ist, wenn sich das Ich in diesen Momenten mit seiner Seele eins fühlt. Es gibt nicht so viele Menschen, denen dies vergönnt ist, es sind diejenigen, die sich auf diese Ebene vorarbeiten konnten. Gott sendet über diesen Weg seinen Seelen diese Schönheit, damit sie ihre Heimat nicht vergessen können. Die Musik ist wohl die edelste Form der Begegnung und über solche Empfindungen schreiben zu dürfen, ist für mich etwas Wunderbares.

Die Realität, die negativ beeinflusste, überwiegt leider. Deshalb kommen Schönheiten, wie zuvor erwähnt, gar nicht an sie heran. Die großen Erfindungen der Menschen führen immer wieder zu Bewunderung. Für den Teil der Menschheit, welcher sich die Umsetzung dieser Erfindungen im täglichen Leben leisten kann, ist das eine angenehme Lebensbereicherung im Sinne des Wohlergehens. Leider ist es auch eine Tatsache, dass gerade durch diese Möglichkeiten der Mensch am meisten von der Wahrheitsfindung abgelenkt ist. Wozu auch sich anstrengen und suchen, ein mit sich zufriedener und satter Mensch ist gegen solche Themen und Tätigkeiten ziemlich immun.

Es wäre eine Überlegung wert, welche Wohltaten dem Menschen aus göttlichen Sphären und welche aus luziferischem Boden zufließen. Wie viel jeweils in der Musik, in der Sphärenmusik, in Bauwerken, welche echt dem Göttlichen dienen sollten, in der Philosophie, in der Weisheit, in der Psychologie und in der Religion enthalten ist. Alle darin enthaltenen guten Empfindungen sind in der Lage, Sie auf Ihrem rechten Weg zu Gott zu begleiten. Alles andere können Sie einreihen in eine gewaltige luziferische Verzögerungstaktik mit Verblendungseffekt, um das Erkennen der Wahrheit für den Menschen so lange wie möglich hinauszuzögern. Verständlich, denn das teuflische Prinzip hat große Freude an seinen menschlichen Hampelmännern/-frauen. Der Luzifer hat sich sehr angestrengt, um mindestens zwei Drittel der Menschheit auf seine Spielwiese zu bekommen. Tatsächlich, die Menschheit auf unserer Erde hat es geschafft, sich in der vom Teufel injizierten angeblichen Allwissenheit an den gefährlichen Rand des Abgrundes zu steuern. Nach Meinung dieser Art von Menschen ist es erstrebenswert, noch alles Mögliche und Unmögliche zu genießen, konzentriert zu genießen, denn dann geht die Welt unter, ein kurzer Augenblick und alles ist aus und übrig ist nichts mehr. Die Angst vorher mag ja groß sein, denn sterben muss jeder Mensch für sich allein. Auch wenn enorme Menschenmassen zugleich sterben, ist das keine Erleichterung für den Einzelnen. Jeder Tod vollzieht sich individuell. Wenn Sie jetzt annehmen, durch den Weltuntergang sei das anders, dann irren Sie sich gewaltig. Die Menschheit, welche bis zu dieser Weltzerstörung wirksam war, selbst an dieser Zerstörung teilgenommen hat, ist durch ihren über sich selbst hinausgehobenen Wahnsinn nicht von ihrer Schuld befreit. Es müssen weiter alle Folgen getragen werden, nur eben auf einem anderen Planeten. Das würde jetzt sogar dem Teufel zu viel werden, denn es gibt Planeten, wo er überhaupt nicht evident ist, und so könnte eine immer wieder erfolgende neue Schuld des Ichs der Menschen entfallen. Ich weiß, eine kühne Behauptung, aber wahr. So gesehen wäre die Auflösung des Planeten Erde für die Menschheit ein Segen, Gottes Segen. Dann wäre das der Beginn vom Ende der Schuld.

Der Beginn der menschlichen Schuld auf Erden waren Kain und Abel.

Das Ende dieser Schuld kann auf einem anderen Planeten stattfinden. Auf einem der anderen sechs Planeten im Reich Gottes, wo das teuflische Prinzip keinen Zugang hat. Hier gibt es keine schlechten satanischen Einflüsse mehr. Hier wird die jeweilige karmische Belastung nur mehr leidvoll abgetragen, so lange, bis das „Ich" dieses Menschen durch das viele Leid geläutert ist und innig mit seiner Seele den Weg zur Wahrheit, zu Gott, antreten darf. Die Engel, die Experten des Himmels, die göttlichen Seelen als Gott selbst können nun in einer wunderbaren Einheit das Universum, das All, zum Vorteil aller neu gestalten in einer unbegrenzten Liebe und Schönheit. Alles Materielle im Universum wird durch einen Gedanken Gottes wieder zurückverwandelt, dorthin, wo es herkam, aus dem Gedanken des Herrn, aus seinem Alles und Nichts.

Daher meine Bitte an Sie, beginnen Sie jetzt schon damit, keine neue Schuld mehr bei ihnen zuzulassen. Sie kennen ja jetzt die Wahrheit. Jeder Tag, welcher im menschlichen Leid verbracht werden muss, ist ein Tag zu viel. Es rette sich jeder vor dem Bösen, es geht um Ihr Leben, es geht um Ihr Leid und es geht um Ihre Seele. Gott hat mir die Gnade erteilt, diese Schrift über den Sinn des menschlichen Lebens vom Anfang bis zum Ende zu verfassen. Ich kann es bis heute noch nicht glauben, wie mir das alles ermöglicht wurde. Ich selbst bin während des Schreibens noch viel weiter in diese Wahrheit hineingewachsen. Die Intuition dazu kam vom Herrn. Der Herr gibt dieser gesamten Schrift das Siegel der Wahrheit.

Gott ist Energie, sein Denken ist Energie, seine Engel sind Energiewesen, das All, *das Universum, ist Energie,* alle Welten mit ihren Planetensystemen sind Energie. Energie ist Kraft, Kraft ist Bewegung. Bewegung hat eine Richtung, diese Richtung zeigt hinaus. Dieses Hinaus bedingt Erweiterung, Erweiterung erfordert Verwaltung, neue Verwaltung sucht nach Experten und diese Experten sind die Engel.

Engel sind alle Seelen, sie sind in Material, in tierischen Körpern inkarniert. Ihr dortiges Studium betrifft die harmonisierte Dualität. Dieses Studium benötigen sie, um die gewaltige Erweiterung des Universums neu und richtig verwalten zu können.

Das Böse aus dem Gegensatz zwischen Gut und Böse hält diese göttlichen Engelsseelen im Menschen gefangen. Das Ich des Menschen ist dem Bösen hörig geworden und gibt dadurch diese Seelen nicht frei. Das ist der tatsächliche Stand im gewaltigen Reich des Herrn. Es ist nur eine Frage der Zeit und das Böse wird besiegt werden. Diese Zeit ist dem Menschen noch gegeben, um das Böse in ihm zu bekämpfen und dadurch die Seele freizubekommen. Somit wäre dieser schon unendlich lange bestehende Kreis aufgelöst. Das jeweilige Ich des Menschen zieht mit der Seele in eine wunderbare Zukunft, um ewig in Liebe und Harmonie zu „sein".

Das größte und umfangreichste Märchen der Welt.
Das größte, noch nicht abgeschlossene Märchen der Welt.
Das größte, leider schmerzvollste Märchen dieser Welt.
Dieser Schmerz verwandelt sich am Ende der menschlichen Zeit zum größten, schönsten und wunderbarsten Märchen.
Dieses Märchen benötigt Hilfe, *Ihre* Hilfe. Ihr Ich entscheidet, wann diese Zeit des Wunders kommen kann und wird.

Möge wenigstens dieses geschriebene „Feuerwerk" auf sie überspringen, denn auch Funken können ein Feuer entfachen.

Es gibt doch heute noch die Freude am Lärmenden, vor allem zu Neujahr oder bei sonstigen Festivitäten. Alle möglichen urigen Geschichten kommen da jährlich an den Tag. Es darf keine Wäsche über bleiben, Glücksbringer in allerlei Varianten müssen verteilt werden, Bleigießen zum orakelhaften Studium der neu geformten Stücke ist angesagt, der Kuchenfisch muss unbedingt beim Schwanzende angebissen werden – das alles, damit das neue Jahr besser und glücklicher wird. Und natürlich, wenn möglich, auch ein ohrenbetäubendes Feuerwerk. Das „Lärmmachen" in früheren Zeiten diente dem Verjagen von wilden Tieren, der Massenmeditation, dem Vertreiben böser Geister, später der Unterstützung großer Festlichkeiten mittels Böller usw.

Ein heute gemachter Lärm: z. B. ein toller Lärm mit Rennmotoren der Möchtegerns am Gaspedal. Erhalten hat sich auch seit Urzeiten das Brüllen des Mannes bei Streitigkeiten mit ebenbürtigen (mehr oder weniger) Gegnern oder auch bei kleinen, armen Geschöpfen wie Frauen und Kindern, dies gerne zwecks Respekteinflößung. Den Höhepunkt bilden völlig sinnlose Feuerwerke von gigantischen Ausmaßen. Für den Lichtgenuss nimmt man die stinkenden Rauchschwaden sowie auch Unfälle in Kauf, und auch Umweltsünden sind dabei kein Thema. Je größer der Lärm in der heutigen Zeit, umso mehr soll er die im Hintergrund lauernde Angst im Menschen übertönen. Viele Menschen vertragen nicht einmal mehr die Stille, denn eine gewisse andauernde Lärmkulisse sind sie schon gewohnt. Unsere früheren Artgenossen hatten nur die Zeiteinteilung der Natur. Das war lebenswichtig und sorgte für einen guten Jahresablauf. Da wurde noch keine Uhr benötigt, man lebte mit der Natur und mit ihren Tieren. Die göttliche Natur ist einfach das Maß aller Dinge.

Die „Zeit-Zerhacker" waren Rationalisten, sie verbanden menschliche Leistung mit Zeit, somit wurde die exakte Zeiteinteilung ein Kind der Mutter Gier. Ab jetzt wurde auf Zeit gearbeitet, wer in kürzerer Zeit mehr erreichte, war Sieger. Das ganze menschliche Leben wurde nicht mehr dem Rhythmus der Natur unterstellt, nein, diese neue Einteilung bestimmt heute unser Leben in oft sehr grausamer Art. Mit 2 Jahren Krabbelstube, mit 3 Jahren Kindergarten, mit 6 Jahren Schule, mit 14 Jahren Beruf oder mit 18 Jahren Matura, mit 26 Jahren Akademiker ... Jeder Mensch ist diesem brutalen System unterworfen, egal, wie weit er mit seiner von der Natur mitgegebenen Reife für die Lebensaufgaben bereit ist. Fällt in dieser Klug-Gesellschaft jemand aus diesem Schema, so lautet das brutale Urteil der viel unfähigeren Masse, die es nicht einmal geschafft hat, den von Natur aus gegebenen Lebensrhythmus eines jeden menschlichen Wesens zu erkennen: unfähiger Außenseiter. Dieses brutale Zeitschrecksystem für junge Menschen ist ein Werk der menschlichen Gier. Eine Spezialität von Auswüchsen der Macht, ein Zerstören der wunderbaren, fantasievollen Kindheit, welche in Wirklichkeit für das wahre Denken des Menschen die beste Grundlage zur Menschwerdung beinhaltet. Immer mehr junge Menschen fallen diesem grausamen Unsinn der Gesellschaft, dem gewaltigen Stress zum Opfer. Dies trifft auch schon längst die Erwachsenen. Es ist Grausamkeit diesen jungen Menschen gegenüber, ihnen jedwede Zukunft, ihr Lebensziel und Selbstvertrauen zu nehmen, wenn sie nicht in der Lage sind, diesem glaubenslosen, ziellosen Sammelsurium von Dummheit, Gier und Gemeinheiten dieser Gesellschaft zu huldigen. In Wirklichkeit ist es die Angst vor dem Versagen, vor dem Altwerden, vor allem vor dem Tod und deswegen erfindet die Gesellschaft ununterbrochen neue Spielregeln. Auch die Technik fordert immer wieder neue Höchstleistungen, auch zum Bestaunen und Bewundern der Erfinder, was dann in dem lustigen Satz endet, „das Leben sei ein Hit". Wer nicht dabei ist, wird ausgestoßen. Aber vielleicht ist es für diese Ausgestoßenen dann wirklich ein Hit, wenn sie danach über den Sinn des Lebens nachdenken können. Manche Menschen erkennen die Hohlheit dieses Lebens, wenn sie alt werden, wenn sie daran denken, Ordnung zu machen, ihr Hab und Gut aufzuteilen beginnen, denn bald kommt die Gier der Erben in Bewegung. Manche Menschen fühlen sich im Moment wohl erleichtert, für den Rest ihres noch zu erwartenden Lebens Ordnung geschafft zu haben. Wohl nur materielle Ordnung. Aber wo befindet sich die Ordnung oder auch Unordnung im tiefen Inneren des eigenen Wesens? Sicher dann, wenn man zu merken beginnt, das Leben sei doch kein „Hit". Das eigene Ablaufdatum rückt immer näher, den Aufkleber, auf dem steht, haltbar bis …, den sieht der Mensch allerdings nicht. Aber es gibt ihn exakt, diesen unsichtbaren Aufkleber. Erhalt bei Geburt, Abgabe bei Tod. Ablaufdatum wie bei einer Ware, dann erfolgt das Wegwerfen. Dieses Wegwerfen gestaltet allerdings ein anderer, ein viel, viel Größerer kümmert sich darum, dass das Ablaufdatum beim Menschen nicht überzogen wird. Das abgelaufene Material im Supermarkt weiß es nicht, der Mensch auch nicht. Nur, der Mensch könnte sich darauf vorbereiten, seine nagende Angst eindämmen. Er müsste nicht nur in seinem Material Ordnung schaffen, sondern auch in seinem Inneren. Was er im früheren Lärm seines Lebens versteckt hat, diese Angst, eines Tages nicht mehr bei der Hitparade dabei zu sein, die hat sich aufgestaut. Mit dem nicht materiellen Gut muss der Mensch beginnen aufzuräumen, zu sortieren, zu sondieren, damit er einmal das richtige Gepäck auf dem langen, unbekannten Weg mitnehmen kann. Symbolische Grabbeigaben von den Hinterbliebenen sind gut gemeinte Handlungen, aber dem toten Körper bringen sie gar nichts mehr. Auch einem toten Hund kann die beste Wurst keinen Reiz mehr bieten.

Im Unterschied zum Tier ist beim Menschen aber das Wesentliche nach dem Tode noch am Leben. Dieses viel zitierte „Ich bin", dieses Ich, das für alles verantwortlich war, Ihr Ich, mein Ich, jedermanns Ich, das kann nicht sterben. Genau dieses Ich sollte die Zeit vor dem menschlichen Ablaufdatum für sich selbst nützen, eben weil es nicht sterben kann. Diese Beigabe, dieses Gepäck, welches Ihr Ich mitbekommt auf den Weg in das weite Land, einzig und allein diese Beigabe ist enorm entscheidend. In welchem Verhältnis steht Ihr Ich zu Ihrer Seele? Das will der Tod wissen, wenn er Sie, Ihr Ich, empfängt. Die einzig nützliche und wertvollste Beigabe ist, wenn die Seele sagen kann, mein Ich hat mich im Leben gut behandelt. Das ist die Eintrittskarte für die vordersten Plätze in der neuen, nicht bekannten Welt, der „oberen" Welt. Das in Ordnung zu bringen, solange noch Zeit dafür ist, gilt Ihrem eigenen Interesse. Ihr Ich muss sich einmal selbst bewusst machen, dass es im Grunde genommen meist ein vom Teufel hochstilisiertes, hochgeschwemmtes, gieriges Etwas ist. Die Uhr tickt, beginnen Sie mit Ihrer Ich-Ordnung, beginnen Sie mit Ihrer eigenen größten Herausforderung, egal, welcher Schwierigkeitsgrad auf Sie wartet.

Jetzt zeige ich auf Sie mit dem Finger, damit sind Sie gemeint, Sie menschliches Wesen, was sind Sie eigentlich wirklich? Wissen Sie das? Ja, Sie sind Ihr eigenes, verantwortungsvolles oder -loses *Ich*. Wenn Sie nämlich nichts Schlechtes tun wollen, sondern Gutes, dann müssen Sie Ihre Gedanken erst bei Ihrer Seele vorbeischicken. Ihre Seele wird Ihren Gedanken sagen, was Sie tun sollten, damit Gutes geschehen kann. Sie spüren das sehr genau, wenn Sie Anständiges in Auftrag geben, weil Ihre Seele dann Ihr Ich streichelt. Bei ganz besonderen positiven Geschehnissen ist auch ein gefühlvolles Umarmen zu spüren. Es gibt Menschen, die dieses Gefühl verstehen, erleben und bestätigen können, leider sind sie in der Minderheit. Es sollte Ihnen klar sein, je mehr Gedanken Sie Ihrer Seele anvertrauen und gute Tätigkeiten durchführen, umso geringer wird Ihre karmische Belastung sein, wenn Sie der Tod begrüßt. Nutzen Sie die Zeit und nehmen Sie Kontakt mit Ihrer göttlichen Seele auf, ohne Gier, Hass und Egoismus. Sie wird Ihnen gerne helfen, Ihr kommendes Los nach dem Tod zu mildern, denn Ihre Seele ist es, welche mit Ihrem Ich diese Reise antritt. Glauben Sie mir, es ist für Sie besser, wenn Sie sich mit dem Guten vertraut machen.

Ich komme im Grunde immer auf denselben Punkt, vielleicht schon langweilig, aber die Sache ist viel zu ernst, zu leidvoll, um Sie nicht einer kleinen Gehirnwäsche unterziehen zu wollen. Sie sind nicht Zuschauer bei all diesem Geschehen und sitzen gemütlich vor dem Fernseher, nein, Sie sind reiner Akteur. Ob Sie nach dem Tod dem furchterregenden Geist, dieser unheimlichen Gestalt, gegenüberstehen werden, der alles über Ihre Taten aufgelistet weiß, oder ob ein glänzend liebliches Wesen auf Sie mit Ihrem Ich wartet, dies ist Ihre Entscheidung im jetzigen Dasein und das ist jede Verbesserung wert. Die mächtigsten Menschen in der Vergangenheit, die brutalsten Männer aus der Jetztzeit sowie auch die in der Zukunft, alle zusammengenommen sind sie ein Nichts gegen das Gesetz Gottes. Es gibt keinen einzigen Menschen auf der Welt, welcher nicht denselben Weg durch den Tod gehen muss, egal ob arm oder reich, ein jeder. Wir Menschen sind unglaublich weit von der Wahrheit abgekommen, wir haben Gott manipuliert für unsere materiellen, egoistischen Zwecke, wir haben Gott verlassen, ihn auch schon ermordet, wir haben alles Schädliche getan, um unserer Gier zu frönen. Sie ersehen daraus, welchen Qualen alle diese Seelen ausgesetzt waren. Dadurch, dass die Menschheit so irre weit vom wahren Sinn des Lebens abgedriftet ist, wird die Rückführung zur Wahrheit lange dauern. Je länger dieses Heimholen dauert, umso mehr muss eben auch gelitten werden. Für die Menschen, welche das Ziel der Wahrheit erreicht haben, geht im wahrsten Sinne des Wortes der Himmel auf, es ist die Seele, welche heimkehrt, heimkehren darf.

Der Mensch lebt grundsätzlich in seiner Überheblichkeit und lässt einfach nichts gelten, was etwas weiter über seinen Horizont hinausgeht, denn er will es erst bewiesen haben.

Suchen wir doch nochmals das Wahrheitsbild der Menschheit auf:

Gott hat unsere Welt in Form von sieben Planetensystemen materialisiert, Flora und Fauna hineingebracht. Das am weitesten vorangekommene Tier war für die Umgestaltung zum Ur-Menschen vorgesehen, dieser Prozess erforderte Millionen von Jahren.

Die Engel hatten sich zum Studium der harmonischen Dualität in eine Geistigkeit namens Seele in die noch tierische Körperlichkeit inkarniert und bildeten somit den Gegenpol zum von Gott installierten luziferischen Prinzip. Somit waren die Voraussetzungen für ein Studium geschaffen. Noch nicht ganz ...

Das gleichzeitige Entstehen der Bewusstwerdung des soeben geschaffenen Menschen fehlte noch. Die Gegensätzlichkeit benötigte schließlich jemanden, welcher das Positive sowie das Negative erkennen konnte. Das wurde Ihr Ich, das, was sagen kann: „Ich bin." Dieses Ich ist selbstständiger, verantwortlicher „Herr" über Ihren Körper als Säugetier und Ihre Seele als in diesem inkarniertes Geistwesen. Das ist das Konstrukt Mensch, welches Gott zu dem bestimmten Zweck geschaffen hat.

Sie mit Ihrem Körper und Ihrer Seele, Sie sind das, zusammen mit allem aus dem früheren Tier, voran dem Gehirn, welches sich wesentlich in der Denkkraft erweitert hat. Das ist der Mensch, wie er vor Hunderttausenden von Jahren war und im Prinzip heute noch ist.

Nun kommt der Teufel noch von außen ins Spiel, der mit dem Bösen und Negativen auf den Menschen einwirkt – als Gegenpart zur Seele, dem Prinzip des Guten, des Positiven.

Die von Gott gewünschte Basis zum Studium der harmonischen Dualität ist fertig. Die Studenten sind die menschlichen Seelen (Engel).

Das ist auch die einzige Möglichkeit für das Studium der Engel, die harmonische Gegensätzlichkeit zu erlernen.

Im gesamten Universum gibt es keine Dualität und deshalb musste von Gott dieses Erde-Mensch-Konstrukt geschaffen werden.

Der Gedanke Gottes war: Das teuflische Prinzip wird auf das Ich des Menschen negativ einwirken wollen. Die im Menschen inkarnierte Seele wird Paroli bieten und seinem Ich helfen, diesen Negativangriff abzuwehren.

So würde das einen vorprogrammierten Zeitraum hin und her gehen, d. h. weder das Positive noch das Negative sollten größeren Einfluss auf das Ich bekommen. Genau das wollte der Herr, eine harmonische Dualität in sich.

Damit wäre der Auftrag, welchen Gott den Menschen zugedacht hatte, gut abgelaufen und abgeschlossen gewesen. Die gesamte Materialisierung wäre wieder abgeschafft und das erweiterte All von seinen neuen Experten in der Art einer harmonisierten Dualität verwaltet worden.

Gott hatte also das Prinzip des Menschen zu einem gewaltigen Schiedsrichter erhoben. Das entscheidungsberechtigte Ich des Menschen hatte damit eine riesige Verantwortung übernommen.

Eines muss man dabei bedenken, das Gehirn und die daraus entspringenden Gedanken entstammen dem Gehirn eines Tieres. Auch wenn sich dieses Gehirn samt den Gedanken stark erweitert und entwickelt hat, bleibt es sterblich.

Es wäre alles wunderbar gelaufen mit dieser Konstruktion, hätte nicht das Ich herausgefunden, dass es sich zwischen Geburt und Tod ausgezeichnet leben lässt, besonders mit der Steigerung von Gier, Egoismus und Brutalität. Damit begann die Katastrophe, ihren Lauf zu nehmen.

Das Ich des Menschen, dem Gott vertraut hat und welches über Gut und Böse erhoben wurde, hat sich zum größten Teil dem Schlechteren zugewandt, weil es sich davon Vorteile versprach. Gott musste das mit Entsetzen sehen und hat in letzter Minute das Gesetz des Karmas und damit das Rad der Wiedergeburt eingeführt, sonst wären seine Engelkinder dem Teufel anheimgefallen. Mit dieser Gesetzeslage kann der Herr diejenigen bestrafen, welche Schuld auf sich geladen haben, das Ich der abtrünnigen Menschen. Kraft dieses Gesetzes kann der Herr seinen Plan trotzdem vollenden. Es muss nochmals betont werden, dass dieses Geschehen auf unserem Planeten alles in allem, von „oben" gesehen, ein notwendiges, aber ein sehr kleines Erfordernis darstellt. Aus der Perspektive des Universums ist das menschliche Wesen fast ein Nichts, ein Nebenprodukt für eine größere Notwendigkeit. Dieses kleine Nebenprodukt Mensch hat eine Eigenschaft entwickelt, welche zu einer ungeahnten, sich selbst verherrlichenden Aufplusterung geführt hat. In Wahrheit sind die lächerlichen Menschwesen mit Nichtwissen geschlagen und versuchen nun, in ihrer Nachbarschaft das Universum ein wenig anzukratzen. Dabei haben sie noch nicht einmal den Rand ihres Nestes erreicht. Beschmutzt haben sie ihr Nest allerdings schon bald bis zum Rand. Einige Exemplare dieser Spezies hegen schon Fluchtgedanken, um aus ihrer engen, verschmutzten Umgebung herauszukommen. Es gibt unendlich viele Wesen über uns, Wesen einer ganz anderen Art. Das sind keine materiellen Fleischwesen wie wir, das sind unsterbliche Energiewesen aus reinem Geist, mit einem ungemein weiten Glauben beseelt, mit großer Verantwortung behaftet. Alles Materielle ist für diese Wesen nicht vorhanden.

Natürlich sind solche Wesen für uns nicht vorstellbar, genauso wenig, wie Ameisen sich uns vorstellen können, obwohl beide Seiten aus Materie bestehen. Wir sind in diesem Verhältnis die Ameisen, allerdings gegenüber diesen gesellschaftlich völlig chaotisch. Die menschliche Gesellschaft lebt im Chaos, weil sie sich von der Natur und damit von Gott entfernt hat. Ameisen haben einen geordneten Staat, eine klar definierte Lebensform mit absoluter Disziplin. Die universellen Geistwesen über uns kennen uns sehr gut, jeden Einzelnen von uns. Sie können in uns hinein- und durch uns hindurchschauen. Wenn es einige Menschen gibt, die in ihrer Fantasie Geistwesen empfinden können oder sogar sehen, werden sie einfach als Spinner abgetan, denn da sind wir wieder bei dem Argument: „Das muss erst bewiesen werden."

In unseren Zeiten wird vor allem in den sogenannten industrialisierten Ländern die Machbarkeit fast für unendlich gehalten. Vor allem auch in Bezug auf das Reisen. Junge Menschen tummeln sich in Massen rund um den Globus in fast allen Ländern dieser Erde. Sie tun das aus den verschiedensten Gründen, verschiedensten Interessen oder auch nur aus Reiselust. Es sind viele Junge, welche sich denkend durch all diese gewaltige Vielfalt bewegen. Ich meine, nicht nur denkend, sondern auch fühlend und staunend darüber, welche Vielzahl an verschiedenen Glaubensformen sich ihnen bietet. Mit ihrer Vergangenheit, mit ihren Riten, mit ihrem Glauben an die jeweiligen Gottheiten und mit dem, was die Menschen heute daraus gemacht haben. Mit den sich überall zur Schau stellenden Priestern und Predigern, dazu bunte Fahnen, Umzüge, betende Mönche, Kampfsport zeigende Gebräuche, Asketen usw. All das und noch viel mehr bietet sich dem Betrachter in den verschiedensten Ländern. Dann erscheinen noch die täglich abrufbaren Bilder via Internet, Nachrichten mittels Satelliten auf den Bildschirmen, Ansagen im Radio. Wie soll sich da ein junger Mensch ein Bild über die Wahrheit des Lebens machen? Eltern und Schule sind längst nicht mehr in der Lage, in dieses Chaos Ordnung hineinzubringen. Ein junger Mensch, falls er die ausufernden Dinge über das Leben in eine Sinnhaftigkeit hineinbringen will, steht allein vor dem Problem der Lösung. Und doch gibt es viele, welche für sich Lösungen zum richtigen Glauben suchen und auch finden. Nur werden das meistens Einzelgänger, die ihre Glaubensart für sich behalten, dabei wäre gerade in diesem Bereich Kommunikation so wichtig. Das Glaubensempfinden ist letztlich nur in sich selbst vollziehbar, man muss es aus der Kindheit mitnehmen. Die Vielzahl von sogenannten Glaubensangeboten der heutigen Welt hat aber auch Vorteile. Man muss sich der Mühe unterziehen, zumindest die wahren Inhalte der großen Religionen zu studieren, und dann dazu das karmische Gesetz beiziehen. Die Anerkennung dieses Weltengesetzes ist eine absolute Bedingung, sonst werden Sie die Wahrheit nie begreifen können, auch nicht über die Religionen.

Die Jugend: Ich gebe dieser Jugend von heute deshalb einen Vertrauensvorschuss in Sachen Glauben, weil sie ein enormes Spektrum vor sich ausgebreitet sehen. Von dem düsteren Grauenvollen bis zur liebenden Hellsichtigkeit. Die Jugend hat viel mehr als früher intellektuelles Denken gelernt und dadurch das öfter schon durchschimmernde Ende aller menschlichen Machbarkeiten in ihrer Ahnung aufgenommen. Auch wenn dieses Denken den Schwerpunkt Intellekt hat und ein anderes, wertvolleres Ziel ausnehmen kann, wird das Interesse daran erwachen. Wenn dann solche jungen Denker ihre Seele um Hilfe bitten, dann kommt die Wahrheit über den Sinn des menschlichen Lebens viel rascher ans Licht, weil diese Wahrheit eine absolute Logik ist und die Jugend Logik im hohen Ausmaß beherrscht. Daher liegt ein Großteil meiner Hoffnung auf dem unendlichen menschlichen Chaos der Jetztzeit, dieses Chaos wird die Jugend sezieren. Sie wird durch ihre Logik erkennen, hier kann keine Reihung mehr stattfinden. Sodann wird sie sich auf die Suche nach der Wahrheit machen und diese auch finden – und das noch zur rechten Zeit. Nur die möglichst unverdorbene Jugend mit ihrer gedanklichen Wendigkeit und der noch vorhandenen Gefühlswelt ist fähig, die einbetonierte, meist falsche Orientierung aufzubrechen.

Karma

Die *karmische Belastung* eines Menschen bei seiner Geburt hat einen bestimmten Wert aus seinem Vorleben. Dieser Wert ist identisch mit dem Wert seines letzten Todes. Danach kommt der Zeitraum, in dem das Ich in der Art eines geistigen Wesens durch die Grauzone nach dem Tod wandelt, von seiner Seele, je nach dem Wert der schlechten Taten im Leben vorher, von einem Schrecken zum anderen gejagt, unter Sichtbarwerdung der Bilder derjenigen Menschen, welche dieses Ich zu Lebzeiten geschunden, geschlagen, gequält oder gar ermordet hat. Die Schmerzen und das Leid, welche diese Wesen ertragen mussten, quälen jetzt das Ich. Allerdings in sehr gesteigerter Form, weil die Steigerung das Strafausmaß bildet. Die normal zu tragenden Leiden sind obligat, denn diese mussten auch die Opfer erleiden. Dasselbe gilt genauso für alle Menschen, deren Ich nur Befehlsgeber war. Auch ihr Ich muss durch diesen Weg des Schreckens und des Leidens wandern. Der Zeitraum dieses Weges nach Erdzeitmaß erstreckt sich etwa über 50 bis 300 Jahre. In der Grauzone selbst gibt es keinen Zeitbegriff, auch keine Gnade, keine Hilfe- und keine Fluchtmöglichkeit. Dieses Grau ist furchtbar. Die im Leben geschändete Seele des Ichs ist jetzt, wie schon öfters erwähnt, der Scharfrichter des Ichs geworden. Wenn jeder Mensch dies wüsste und sich vor allem an diese Zeit des Schreckens erinnern könnte, würde das Gute in der Menschheit rasant zunehmen. Das eherne karmische Gesetz hat diese Möglichkeit aber nicht vorgesehen, denn mit der Einführung des Rades der Wiedergeburt hat das Ich ja eine Chance, sich zu verbessern in einem neuen Leben. Dann wird diesem neuen Menschen nach geraumer Zeit bewusst, sein Leben läuft von seiner Geburt wieder bis zu seinem Tod. Die mitgebrachte Belastung des Karmas ist fixiert, die karmische Uhr läuft, welche jede Sekunde + oder − aufzeigt. Je nach Verhalten dieses Ichs bis zu seinem nächsten Tod gibt es wieder einen neuen Wert. Ist dieser Wert gesunken, sind die Leiden in der Grauzone verringert, denn es kommen nicht mehr so viele Leidensbilder zur Ansicht, und die nächste Wiedergeburt wird in einer besseren Gesellschaft erfolgen als vorher. Ohne katastrophale Umwelt, einfach mit besseren Lebensbedingungen, die wieder gut genützt werden sollten. Es ist natürlich problematisch, so ein Postulat zu akzeptieren, es fehlen noch mehr Anhaltspunkte. Nicht ganz − alle großen Religionen sprachen zumindest in ihren nicht verwässerten Anfängen im Prinzip dasselbe aus, allerdings mehr in Gleichnissen. Schauen wir zurück in die Menschheitsgeschichte. Immer und überall Aufbau, Zerstörung, Aufbau, Zerstörung … Das muss man sich vorstellen können, immer dieselben Menschen mit ihrem Ich und Seelen, welche zigmal leidend durch die Grauzone gingen, tausendmal wieder verkörpert auf der Menschheitsbühne erschienen. Gott hat die Oberhand, durch seine Maßnahmen eilt das Ich leidvoll von einem Leben zum anderen, zu guter Letzt wird die Seele das Sagen haben und alles dem Guten zuführen, so, wie es von Anfang an von Gott gedacht war, nur mit einer enormen Zeitverzögerung.

In der Menschheitsgeschichte gab es zwei gewaltige Ereignisse, um dem schlechten menschlichen Tun Einhalt zu gebieten.

1. Die Sinflut
(Strafvollzug)
Die Sintflut war das erste große Ereignis mit der Absenkung der atlantischen Platte. Der Rest der damaligen Menschheit setzte sich teils nach Osten und teils nach dem Wes-

ten ab sowie in die Gegend des heutigen amerikanischen Kontinentes. Gewaltig dezimiert war damals die Menschheit. Der westliche Mensch begann, seine Gläubigkeit von außen in sich hereinzuholen, in den Gegenden vom Zweistromland über Ägypten, die Ägäis bis zum Nordland. Der östliche Mensch befasste sich mit seiner Seele und wuchs von innen heraus in die Gläubigkeit, in den Gegenden von Indien, China, Tibet usw. Er fühlte das Göttliche in sich. Der westliche Mensch suchte das Göttliche außerhalb seiner Seele, seines Ichs. In der Glaubenskultur dieser jeweiligen Völker ist das nachvollziehbar. Sicher saß der Schock aller damaligen Menschen samt ihren nachfolgenden Generationen tief. Über die Sintflut wird bis heute noch gesprochen. Das Ich der Menschen setzte sich im folgenden Zeitraum wieder mehr und mehr negativ durch.

2. Golgatha
(Das Licht in die Dunkelheit,
doch die Finsternis hat das Licht nicht begriffen.)

Dieses zweite Ereignis stellte sich vor ca. 2000 Jahren ein, auf Golgatha. Und dieses Ereignis zeigt wunderbarerweise bis heute kleinere Nachwirkungen, leider zu wenig. Das Gros der Menschheit wendet sich schon seit längerer Zeit immer mehr dem Schlechten zu, dies merkt man an den Auswirkungen.

In den sehr armen, oft auch noch durch Kriege zerstörten Ländern, wo Hunger, Krankheiten, Verbrechen usw. die Menschen zusätzlich peinigen und die Sterberaten besonders hoch sind, vermehren sich die Menschen sehr stark und vermehren dadurch auch das Elend der Einzelnen. Es gibt auch Gegenden, in denen die Natur furchtbar wütet. Überschwemmungen, Erdrutsche, Seuchen und dgl. mehr sind die Folge, sodass sehr viel menschliches Leid erzeugt wird. Wenn die Annahme, welche ich in diesen Schriften getroffen habe, richtig ist, dann müsste jede dieser armen menschlichen Gestalten die karmische Folge von wiedergeborenen Menschen sein, welche in ihren vorhergegangenen Leben Schlechtes getan haben – das Gesetz der Kausalität. Warum sollte es diesen Menschen aus dem Nichts heraus in so großen Massen, auf dem gesamten Globus verteilt, immer schlechter gehen und vor allem in immer größer werdenden Zahlen? Erderwärmung, dadurch bedingte Dürre, Überflutungen, Erdbeben, und die Kriege, die aus der Gier heraus geführt werden, sind alles Auswirkungen des karmischen Gesetzes. Ein Menschenleben in Gier und Verbrechen verbracht, hat das nächste Leben desselben Ichs in Elend und Verzweiflung zur Folge. Die alten Religionen haben das auch gewusst und in weisen Schriften verbreitet, noch heute erkennbar. Die wenigen Menschen aber, die das heute noch wissen, halten sich im Hintergrund, um nicht verlacht und verspottet zu werden. Sie wollen diese große menschliche Wahrheit für sich behalten, weil sie ohnehin niemand versteht oder verstehen will. Diese für die Menschen fast unglaublich anmutende Wahrheit über den wahren Sinn ihres Lebens gehört ans Licht gezerrt, im Dunklen kann diese Wahrheit ja niemand wahrnehmen. Helfen Sie alle mit, diese Wahrheit endlich zu erkennen, jedes einzelne Ich trägt die Verantwortung von jedem einzelnen Menschen. Das Ich ist gefordert, wenn es auch schwerfällt. Ich kann jeden Menschen, welcher sich der Mühe unterzieht, sich diese Wahrheit zu erkämpfen, nur beglückwünschen, ihm im Namen der Menschheit gratulieren, wenn die Wahrheit siegt. Die Ursache von allem Elend sind die schlechten Taten von jedem Einzelnen, die Wirkung ist das Elend, welches ihn trifft – jeden Einzelnen im nächsten Leben.

Die Menschen weisen ständig darauf hin, welche gewaltigen Errungenschaften ihre Spezies in der gesamten Geschichte erarbeitet hat. Das ist auch nicht zu leugnen. Ich gehe auch davon aus, dass ein Teil der Menschheit überzeugt ist, dass wir eine höhere Macht über uns haben. Der Rest, der dies nicht in seinem Lebensrepertoire hat, wird noch überzeugt werden. Es gibt Gott, denselben Gott, welcher für alle Menschen eben dieser eine Gott ist. Er hat alles geschaffen, auch uns Menschen. Menschen, die sich mit der Natur im Einklang bewegten, sich in ihrem ganzen Lebenssystem mit Gott im Hintergrund empfanden und ihr Leben in einer gewaltigen harmonischen Gegensätzlichkeit zu gestalten wussten. Menschen, welche die Aufgabe zu erfüllen hatten, die himmlischen Wesen in ihr Alltagsleben mit einzubeziehen und diesen eben ihre Art des Lebens mit all den Unbilden nahezubringen. Diesen Wesen zu zeigen, dass es möglich ist, trotz vorhandener Widerwärtigkeiten ein harmonisches Miteinander zu gestalten und einen freiwilligen Gehorsam allen Eigeninteressen voranzustellen. Das Leben dieser Menschen war nicht einfach, aber sie liebten, jeder für sich, ihre Aufgaben. Das Empfinden in sich tragend, dass sie einem großen, übergeordneten Göttlichen dienen durften. Diese himmlischen Wesen lernten sehr viel von diesen so einfachen, bescheidenen Menschen. Sie lernten genau das, was sie für ihre neue himmlische Mission benötigten. Ihre intuitiven Lehrmeister waren demnach die Mensch-Wesen, welche aus einem tierischen Körper und einem verantwortungsbewussten Ich bestanden, zusammen mit den himmlischen Wesen, welche – für die Menschen unbewusst – in ihnen als ihre Seelen fungierten. Der Lohn Gottes für diese Lehrtätigkeit des verantwortlichen Ichs war ein sehr schöner. Am Ende des Studiums durfte das himmlische Wesen als Dank an das menschliche Ich (beide waren in dieser nicht immer leichten Zeit sehr gute Freunde geworden) dieses mit sich nehmen in die himmlischen Sphären, einer göttlichen Aufgabe entgegen, mit sich hinein in ein wunderbares Leben mit Liebe, ohne Leid, ohne Krankheit und ohne Tod.

Konfuzius: *Der sittliche Mensch* liebt seine *Seele, der Gewöhnliche sein Eigentum.*

Die menschliche Seele nennt man heute das Unbewusste im Menschen. So wie in philosophischen Traktaten kommen auch hier ungewöhnlich komplizierte Wortgebilde mit den verschiedensten Skizzen zur Bestätigung dieser zusammen. Das Wort Seele wird bei diesen Traktaten völlig ausgesperrt, weil man ja trotz höchster Wissenschaft nicht mehr weiß, was die Seele eigentlich sein soll. Oh ja, das überkomplizierte Unbewusste, das hat man der höchst einfachen Seele übergestülpt. Die menschliche Seele bedeutet für den guten Menschen auch in der heutigen Zeit, wenn er sich nicht scheut, seinen Gott nicht zu verleugnen, einen wunderbaren, großartigen und hilfsbereiten Freund in Freud und Leid zu haben. Das Wissen der Seele reicht in die Ewigkeit. Was Gott am Menschen liebt, übernimmt die Seele. Ihr oberstes Wesen beginnt mit der Liebe. Ein Mensch sollte unkompliziert leben, seine Gier im Zaum halten, treu zum Guten und zum Wesen seiner Seele stehen. Die Seele des Menschen hilft dabei, seinen Glauben hin zu Gott zu wenden. Die Fantasie ist unendlich, dazu sollte sie mit den guten menschlichen Gedanken verbunden sein, dann ergibt das den richtigen Weg. Gegen Unrecht auftreten, die Liebe zu Gott und die Liebe zu sich selbst einfordern.

Den Sinn des menschlichen Lebens kennenlernen, dem Tod ruhig und aufrecht beggnen. Gott in der Seele tragen, die Angst dem Ängstlichen überlassen, in der jeweils bestmöglichen Einfachheit sein Leben einrichten. Dafür ist die Seele der großartigste Partner. Fehltritte rechtzeitig erkennen und verbessern, denn auch dabei hilft die Seele ihrem Partner. Das Endziel ist für beide, für die Seele und für das menschliche Ich, gemeinsam einzugehen in die Heimat der Seele bei Gott. Das ist das Wesentlichste, was ich wahrheitsgemäß über die Seele aussagen kann. Achten Sie auf Ihre

Seele, wenn Sie sie nicht finden, dann gehen Sie auf die Suche und sperren Sie dabei böse Gedanken aus.

Ich will hier anschließend nochmals die göttliche Wahrheit in Kurzform aufzeigen, auch auf die Gefahr hin, dass Sie das einfach nicht mehr lesen wollen.

Durch die gewaltige, von Gott gestaltete kosmische Erweiterung trat das Erfordernis ein, diese enormen Weiten auch unter Kontrolle und Verwaltung zu bekommen. Es ist die Energie Gottes und die geistige Energie seiner eigenen Wesen, der Engel, welche das Universum bisher in absoluter Harmonie zu verwalten hatten. Für die erweiterte Größe bedurfte es einer höheren Fähigkeit der Engel, damit war eine entsprechende Ausbildung erforderlich. Bisher war alles eine gleichgestellte Einheit gewesen. Es wurde ein sogenanntes Expertenteam aufgebaut, bei dem die Gleichstellung nicht mehr so ganz eingehalten wurde. Für die Erweiterung war daher eine sanfte Gegensätzlichkeit zwischen Normalengel und Expertenengel nötig. Deswegen hat Gott die Menschheit zum Studium dieser Expertenengel mit dem Prinzip der harmonischen Dualität erschaffen. Durch die Inkarnation dieser Engel in die Menschwesen war die Notwendigkeit zum Studium dieser erfüllt. Durch das Scheitern des Ichs der Menschen entstand jedoch ein Weltenproblem, da für den Aufgabenbereich viel zu wenig Expertenengel einberufen werden können.

Dass mir diese doch enorme Aufgabe aufgetragen wurde, die Wahrheit über den Sinn des menschlichen Lebens aufzuschreiben, ist mir unverständlich und verständlich zugleich. Verständlich deshalb, weil ich mit jeder Zeile immer mehr in diese Wahrheit hineingewachsen bin. Der Herr hat mich dabei geführt. Unverständlich ist, dass er mich, den kleinen, unscheinbaren Menschen, dazu auserwählt hat.

Ich habe Ihnen den sogenannten spirituellen Lebenslauf von mir kurz geschildert. Dieser Weg zur Wahrheit kommt mir heute ganz einfach vor. Jetzt darf ich täglich mit dem Herrn wegen neuer Erkenntnisse die Verbindung aufnehmen, um mein Begriffsvermögen und mein Verständnis für viele Vorgänge auszuweiten. Seit dem 24.8.2010 (meinem Todestag) hat sich das Gefühls- und Denkvermögen in mir so enorm erweitert, dass ich mir mein „früheres Dasein" gar nicht mehr vorstellen kann. Mein normaler irdischer Lebensablauf ist weitgehend gleich geblieben, nur mit einem Unterschied. Die Energieaufteilung ist 70 % für „drüben" und 30 % für die Erde, also Familie, Beruf und Sonstiges. Mein Energiezustrom gleicht dafür alles wieder aus. Heute kann ich klar empfinden, dass sich mein Leben auf zwei Ebenen befindet. Für irdische Normalverbraucher ist das unverständlich, vor einigen Jahren war es das auch noch für mich. Trotzdem ist alles absolute Wahrheit, was mit mir geschehen ist. Zu Gott habe ich eine nicht beschreibbare, innige, oft auch humorvolle Beziehung, ähnlich wie zu einem übermenschlich großartigen Vater. Meinen Verpflichtungen, welche mir auferlegt werden, komme ich gerne nach. Offenheit und Ehrlichkeit sind ein Faktum. Mein Staunen über alles ist oft nicht zu verbergen. Meine Familie, allen voran meine Frau, ist für mich absolute Voraussetzung für das, was ich zu leisten habe. Der Grund, das Fundament auf Erden, muss mir erhalten bleiben. Mein Kräftepotenzial erhalte ich von „oben", meine Frau hilft mir großartig, es hier real umzusetzen. Viele Gespräche mit ihr über unser „Thema" erweitern oft mein geistiges Denken und geben mir neue Impulse.

Dieses Buch für die Menschen zu schreiben, ist an mich als Auftrag Gottes ergangen.

Bevor ich begonnen habe, mich für den Sinn des menschlichen Lebens zu interessieren, war auch meine Seele im Käfig und Gefangene meiner ungebührlichen Gedanken und nicht immer guten Taten. Wenn Sie sich längere Zeit mit diesen Sinngebungs-Studien befassen, werden Sie merken, dass alle Philosophie und Religion, die Psychologie und sonstige Weisheiten ihnen immer nur Bruchstücke über Wahrheiten liefern können. Nur mit meiner angeborenen regen Fantasie konnte ich einiges überbrücken und stieß nach längeren Studien auf das Zentrum allen irdischen Geschehens, eben auf das Sterben. Ich versuchte zunächst, möglichst viel aus dem reinen Gehirn-Gedanken zu begreifen. Was ich nicht verstand, das war anfänglich sehr viel, ich versuchte, es in einzelne Worte aufzugliedern und so lange zu studieren, bis ich schrittweise immer weiter in dieses Mysterium eindringen konnte. Meine Neugierde, mein Mut und mein Interesse ließen nicht locker, obwohl ich mich nicht mehr ganz wohl dabei befand. Plötzlich setzten langsam meine Gedanken aus. Meine Seele begann, vor Freude darüber, dass ich mich diesen so schwierigen, numinosen Anforderungen stellte, meine Gedanken-Gefühlswelt zu überschwemmen. Mein Ich versenkte sich, meine Gedanken fanden nur mehr sehr schwer den ihnen vertrauten, intellektuellen Halt. Ich befand mich sozusagen in einem geistigen Delirium. Mein sonst so ausgeprägter Frontkampf hatte zur Nachhut gewechselt. Eine schlimme Zeit. Meine gesamte Energie, soweit sie noch vorhanden war, musste aufgewendet werden, um mein äußeres Erscheinungsbild provisorisch zu erhalten. Es war eine arge Zeitstrecke. Aber ab dem Ende dieser Ereignisse hat sich in mir etwas langsam umgepolt. Ein numinoses Gefühl machte sich immer mehr breit in mir, das Leben fühlte sich heller an, die Wertigkeiten begannen sich zu verschieben. Was meine damalige Umgebung dazu zu sagen hatte, will ich lieber nicht kommentieren. Irgendwie gestaltete sich in mir ein anderer Mensch. Mein Mut kam wieder an die Front und nahm die Neugierde und das Interesse mit. Der Wille, die Wahrheit über das menschliche Sein zu finden, nahm wieder Fahrt auf. Es ist für mich heute fast unverständlich, dass ich damals die Wahrheit und das Göttliche auf zwei getrennte Schienen setzte. Erst an meinem gewaltigen Finale erkannte ich den Zusammenhang. Meine wechselnden karmischen Belastungen in dieser Zeit waren trotzdem hurtig unterwegs und die notwendigen Leidensformen stellten sich auch jedes Mal prompt ein. Mein früheres Leben betreffend erkenne ich erst heute diesen Zusammenhang.

Der Name Seelsorge hat ein Charisma. Aber ein wahrer Seelsorger kann nur derjenige sein, der die Wahrheit und seine Seele erkannt hat, ein Mensch, den Gott angenommen hat.

Es wird viel vom Unbewussten gesprochen, aber nur wenige erkennen, dass das Unbewusste schlicht und einfach die göttliche Seele im Menschen ist. Sie hat nur einen Wunsch, sich mit den guten Gedanken des Ichs zu verbinden, damit eine Symbiose mit dem Ich einzugehen und dann den freien Weg zur Rückkehr anzutreten. Sämtliche religiösen, philosophischen und psychologischen Schriften bemühen sich, um den Menschen Klarheit über die sogenannten letzten Dinge zu bringen. Nur besteht hier in diesem Bemühen eine Zweiteilung. Schriften, welche vor dem Tod haltmachen und über den Tod hinaus nur gut formulierte Vermutungen anstellen. Die anderen, allerdings in der absoluten Minderheit, sprechen und schreiben darüber, was hinter dem Tod beginnt. Meistens nur in Gleichnissen, aber immerhin, es gibt etwas nach dem Tod – ein Weiterleben. Allerdings nicht mehr in einer körperlichen Form, sondern in einer geistig energievollen Art. Das kann man aus den großen Philosophen herauslesen.

Nur zur Erläuterung dieser Wahrheit musste dieses Buch geschrieben werden, ich habe das gerne getan.

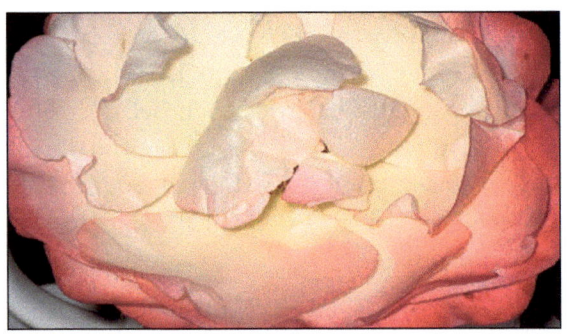

Die stärksten Empfindungen im Menschen beziehen sich hauptsächlich auf folgende Inhalte im Leben wie:
Die Sucht
Die Sehnsucht

> Die Sucht ist ein definierbares Empfinden
> im Augenblick der Endlichkeit.
> Die Sehnsucht ist ein nicht definierbares Gefühl
> aus Liebe und Leid.

Die Sucht endet in der Kälte
der menschlichen Katastrophe.
Die Sehnsucht findet durch
das wärmende Seelen-Ich seine Helligkeit.

Die Sucht findet Befriedung durch die Gier
und endet fast niemals.
Die Sehnsucht findet Befriedung
durch Abwenden von der Gier.

Die Gier in all ihren Varianten bildet das größte Übel der Menschheit. Der Teufel bedient sich der Gier für den animalischen Körper und das Ich des Menschen. Die Gier bereitet dem Ich nach ihrer Befriedung furchtbares Leid. Die Gier verfolgt das Ich bis nach dem Tod, auch hinein in das nächste neue Leben.

**Menschen, ihr sollt nicht töten,
die Gier aber in euch müsst ihr töten,
erst dann werdet ihr leben.**

Die Worte des Herrn an mich zur Fertigstellung dieser Schrift lauteten:

**„Das Leben in dieser Welt ist Philosophie
und nicht die Untersuchung von Methode
und Theorie durch die Wissenschaft."**

Der Verfasser
1.5.2012

Nachwort

Wenn Sie dieses Buch gelesen haben, egal welche Wirkung diese Schrift auf Ihr Innenleben, auf Ihre Seele ausgeübt hat oder auch nicht, dann betrachten Sie diese Auswirkung als Ihre ganz persönliche, intimste Angelegenheit. Aller Wahrscheinlichkeit nach wird Ihre Seele jubeln, Ihr Intellekt zweifeln und so könnten schon gewisse Turbulenzen in Ihnen entstehen. Diese wahre Betrachtungsweise hat es in dieser Konzentration von Beginn der Zeiten an bis weit hinauf zum Herrn meines Wissens kaum gegeben. Unendlich viele großartige Weisheiten, in Gleichnisse gehüllt aus Scheu vor den geistlosen Mächtigen, konnten deshalb nie eine große Wirksamkeit und Verbreitung erreichen und es fehlten außerdem die heutigen Kommunikationsmöglichkeiten.

Ich selbst habe diese Schrift in all ihren Facetten erleiden müssen. Eine solche Wahrheit wird nicht einfach so gegeben, geschenkt. Nichts in diesem irdischen Leben, in dieser sich polarisierenden Welt, erhält man umsonst, schon gar nicht das „Geistige", an jemand nur „Denkende". Lassen Sie sich von dieser Wahrheit nicht überrollen, lassen Sie nur so viel in sich hinein, als Ihre Seele zusammen mit ihrer Denkenergie verkraften kann (mein Rat schon jetzt für Teil II). Lesen Sie sich langsam vor, machen Sie lange Pausen, denn Sie benötigen viel Zeit zum denkenden Fühlen. Sie müssen sich doch vorstellen, dass in den unendlich langen Zeiträumen unseres Daseins die Wahrheiten immer nur bruchstückweise an das Tageslicht kamen und das auch nur für auserwählte Menschen. Heute ist jeder Mensch auserwählt, sich seiner eigenen Wahrheit anzunehmen, sein eigenes Dasein zu durchleuchten. Also gehen Sie mit Ihrem Fühlen vorsichtig um, denn diese Schrift ist nicht für die intellektuelle Gedankenwelt, sondern diese für „fühlende Denker" unvorstellbar wertvoll, zusammen mit der Überwindung des Zweifelns.

Wenn Sie das, was hier auf Sie einwirkt, in Ihre seelische Gedankenwelt hineinwachsen lassen, könnten Sie eines Tages mit einem wissenden Gefühl aufwachen, im tiefen Glauben an die Wahrheit. Dieses Gefühl ist deshalb so wunderbar, weil Ihnen der Sinn Ihres wahren Daseins in dieser Welt in Ihrer fühlenden Gedankenwelt offenbart wird. Das Leid bekommt eine Ursache, denn bisher konnten Sie immer nur die Wirkung bekämpfen. Der Tod verliert seine Schrecken, aus Ihrem nur gedanklichen Leben erwächst der Geist und führt Sie hinaus, hinaus über diesen gefürchteten Sensenmann, und Sie sehen hinter die Kulissen dieses irdischen Lebens von uns allen. Sie werden eine innere Wandlung durchmachen müssen, welche für manche Menschen schwierig sein mag, aber das ist eben der Preis der Wahrheit. Hilfe erwartet Sie bei dem Glauben von dem, der alles geschaffen, auch Sie geschaffen hat, von Ihrem persönlichen Gott, egal wie Sie ihn benennen.

Danke

Der Autor

Andrä Christ, geboren im Bundesland Salzburg, lebt heute in Wien und ist als Baumeister tätig.

Sein Werk „Gott-Engel-Mensch-Teufel-Wahrheit" beruht auf Erleben sowie intensiven Recherchen zu Metaphysik und Philosophie.

novum VERLAG FÜR NEUAUTOREN

Der Verlag

„Semper Reformandum", der unaufhörliche Zwang sich zu erneuern begleitet die novum publishing gmbh seit Gründung im Jahr 1997. Der Name steht für etwas Einzigartiges, bisher noch nie da Gewesenes.

Im abwechslungsreichen Verlagsprogramm finden sich Bücher, die alle Mitarbeiter des Verlages sowie den Verleger persönlich begeistern, ein breites Spektrum der aktuellen Literaturszene abbilden und in den Ländern Deutschland, Österreich und der Schweiz publiziert werden.

Dabei konzentriert sich der mehrfach prämierte Verlag speziell auf die Gruppe der Erstautoren und gilt als Entdecker und Förderer literarischer Neulinge.

Neue Manuskripte sind jederzeit herzlich willkommen!

novum publishing gmbh
Rathausgasse 73 · A-7311 Neckenmarkt
Tel: +43 2610 431 11 · Fax: +43 2610 431 11 28
Internet: office@novumverlag.com · www.novumverlag.com

Bewerten Sie dieses Buch auf unserer Homepage!

www.novumverlag.com